Joachim Krause

Am Abend mancher Tage

Eine Spurensuche in Mitteldeutschland

Bibliografische Information der Deutschen Nationalbibliothek:
Die Deutsche Nationalbibliothek verzeichnet diese Publikation
in der Deutschen Nationalbibliografie; detaillierte bibliografische Daten
sind im Internet über http://portal.dnb.de abrufbar.

ISBN 978-3-86729-293-1

5. Auflage (2. Auflage der Neuausgabe)
Alle Rechte vorbehalten
© Joachim Krause / Sax-Verlag, Beucha • Markkleeberg, 2024
Gesamtherstellung und Layout: Sax-Verlag
Umschlaggestaltung: Birgit Röhling, Markkleeberg
www.sax-verlag.de

Inhalt

Wahre Geschichten?   5

Aus den ersten Jahren
(1946 bis 1953)   6

Dorfkinderzeit
(1953 bis 1961)   14

**Flugversuche –
Oberschule und Studium**
(1961 bis 1970)   78

**Das volle Leben in der DDR –
Beruf, Familie und Opposition**
(1970 bis 1990)   118

**Die gewendete Welt –
Aufbruch zu neuen Horizonten**
(1990 bis 2021)   200

Zum Autor   242

Spurensuche in Mitteldeutschland (Foto: Verfasser)

Wahre Geschichten?

Geschichten erzählen. Davon berichten, wie das so war, damals. Geschichten, die nur ich erzählen kann, einfach weil ich dabei gewesen bin. Aber ist das, woran ich mich erinnere, wirklich so gewesen, wahr auch in einem objektiven Sinne? Oder ist es wahr nur für mich, so aufbewahrt nur in meiner Erinnerung? Ist vielleicht vieles in der Wirklichkeit anders gewesen oder hat überhaupt nicht so stattgefunden, oder an anderem Ort, oder mit anderen beteiligten Personen?

Wie geraten Erlebnisse als »mein Leben« ins Gedächtnis? Weil ich etwas als besonders eindrücklich erlebt habe, weil eine Begebenheit, an der ich beteiligt war, von anderen immer und immer wieder erzählt wurde – mit Betonung auf bestimmten Details, gefiltert, geglättet, ausgeschmückt, weil manche Geschichten beim Erzählen »gut ankamen«? Und im Nebel des Vergessens liegt begraben, was eben nie erzählt wurde und keine Chance hatte, bewahrt zu werden, oder was unbequem war oder schamhaft und listig verschwiegen blieb?

Ich bin im Laufe der Jahre unsicherer geworden, wo authentische Wahrheit ist und wo die Erlebnisse und Erzählungen anderer sich mit meinem Erinnern verschmolzen haben. Ich werde also versuchen, Geschichten zu erzählen vom Leben, wie ich es erlebt habe, eingebettet in ein bisschen Geschichte. Private Dinge aus dem inneren Kreis der Familie bleiben dabei weitgehend ausgespart. In wenigen Fällen werden zur Anonymisierung die Namen von Personen und Orten nur verkürzt als X.Y. wiedergegeben.

Als ich anfing diese Erinnerungen aufzuschreiben, war ich neugierig, wie viele Geschichten so etwa zu einem – zu meinem – Leben gehören könnten. Würden es fünfzig, hundert oder noch mehr sein? Es sind dann weit über zweihundert zusammengekommen, dabei auch zahlreiche Texte aus meinen »Jahresbriefen« und aus meinem Buch »Die Verschiebung des Horizonts – eine Spurensuche im Terminkalender« (2014, Wartburg Verlag Weimar) aufgenommen worden.

Aus den ersten Jahren
(1946 bis 1953)

Nebel nach dem Urknall
Es beginnt mit Katastrophen und Wundern
Die Schwester brennt ❖ *Die Quakfrosch-Theorie*
Drachentöter und Götterspeise
Der Mörderhahn wird geschlachtet
Wadenwickel ❖ *Froschkinder* ❖ *Vertrauensbruch*
Der Traum vom Fliegen: mit und ohne Atombombe
Wetterleuchten

Lebenslauf-Skizze I
Ich bin ein Nachkriegskind. Mein Vater war Pfarrer. Meine Mutter hatte eigentlich den Beruf einer »landwirtschaftlichen Lehrerin« erlernt. Aber Pfarrersfrau zu sein, brachte für sie so viele Verpflichtungen und Verbindlichkeiten mit sich, dass sie zeitlebens »Hausfrau« blieb. Wir lebten zunächst sechs Jahre in der Stadt Meerane in Südwestsachsen. In dieser Zeit wurden meine Geschwister geboren, eine Schwester und ein Bruder.

Nebel nach dem Urknall

Geboren bin ich – wenn ich den Berichten anderer Leute und den hierzu vorliegenden Urkunden trauen darf – mitten im bitterkalten Dezember des Jahres 1946 im großelterlichen Haus in einem Thüringer Dorf. Ich konnte erst durch heftige Schläge dazu bewegt werden, überhaupt Luft zu schnappen, und ich muss – als Kind der Nachkriegshungerzeit – ziemlich mickerig von Gestalt auf die Welt gekommen sein, sodass meine Überlebens-Chancen zunächst gar nicht rosig eingeschätzt wurden. Aber ich hielt durch, genährt von Muttermilch. Und ich konnte mich revanchieren. Meine Eltern bekamen für mich ja zusätzliche Lebensmittelkarten, die wiederum ihr Überleben erleichtert haben. Im zarten Alter von zwei Wochen wurde ich in dicke Kissen gepackt und nach Sachsen gebracht. Dort lebte ich dann fast sieben Jahre lang in einem Mietshaus, das neben der Kirche einer kleinen Stadt stand. In meiner Erinnerung blieb, dass es dort viele Steine und Mauern gab, einen klitzekleinen Garten, und dass in jedem Treppenhaus und vor jeder Haustür viele viele andere Kinder warteten.

Es beginnt mit Katastrophen und Wundern
Was sind eigentlich so die frühesten Erinnerungen, die für mich zu greifen sind? Noch Jahrzehnte später wehen manchmal Gerüche oder Töne vorbei, die irgendwelche Ur-Erlebnisse zum Schwingen bringen, aufgeregt machen, aber das Graben und Grübeln nach konkret fassbaren und beschreibbaren Erinnerungen bleibt erfolglos – da war etwas Wichtiges, aber da waren keine Worte und Begriffe, es festzuhalten.

Dann nehmen einzelne Bilder konkretere Gestalt an. Oft sind solche Erinnerungen laut und grell und aufregend – Katastrophen merkt man sich einfach besser.

Die Schwester brennt
Als meine kleine Schwester zwei Jahre alt wurde – da war ich schon dreieinhalb –, gab's eine Geburtstagsfeier. Ich sehe die Details noch sehr deutlich vor mir: wie wir in der Küche saßen, wie das Schwesterchen seinen blonden Lockenkopf weit nach vorn reckte, um die lustig flackernden Kerzen ausblasen zu können, wie die Flamme ihre Lockenpracht erfasste. Der Vater schnappte geistesgegenwärtig sein Kind, schleppte es zum Waschbecken, der Wasserhahn ward geöffnet und das Kind gelöscht.

Irgendwann in diesem Alter hopste meine Schwester die Steintreppe in unserem Mietshaus hoch und runter, wuselte ständig in der Nähe der Mutter herum, die dabei war, die Treppe zu wischen. Neben ihr stand ein Eimer, voll mit kochend-heißem Wasser. Er war schon für Mutters nächste Tätigkeit bestimmt, für die Wäsche im Waschhaus. Ein Fehltritt, ein spitzer Schrei – und Schwesterchen saß mit dem Po im Eimer. Aufregung, Arzt, Krankenhaus, sehr gedrückte elterliche Stimmung – und so blieb auch das im Gedächtnis eingebrannt.

Die Quakfrosch-Theorie
Wenige Monate später wurde mein jüngster Bruder geboren, zu Hause übrigens, wie es damals 1950 noch weithin selbstverständlich war; auch ich und meine Schwester waren zu Hause zur Welt gekommen. Man hatte uns Größere an diesem Tag wie immer in den Kindergarten gebracht, aber als wir heimkamen, war beim Mittagessen irgendetwas anders, hektische Betriebsamkeit, ungewohnte Geräusche. Kindliche Vermutungen wurden angestellt, schon meinte die Schwester es zu wissen: »Ein klein Kindlein ist angekommen.« Meine boshaft-ironische Antwort geriet in die Familien-Überlieferung: »Wenn's kein klein Kindlein ist, dann ist es ein Quakfrosch.«

Drachentöter und Götterspeise
Drei Jahre trabte ich tapfer an Mutters Hand quer durch unsere Kleinstadt in den Kindergarten. Manchmal wurden auch zwei bis drei Kinder gleichzeitig auf einem Fahrrad hin jongliert. Gemerkt habe ich mir fast gar nichts, außer dem Namen von »Schwester Hildegard« – es war noch verwirrender, denn diese »Tante« war eigentlich »Diakonisse«.

Aber Heldentaten bleiben doch im Gedächtnis. Wir spielten im Freien an einer Mauer aus großen Natursteinen, als plötzlich die Mädchen schreiend wegliefen. Panik. Da war irgendetwas Schreckliches. Ich fasste Mut, nahm meine Spielzeugschaufel fest in die Hand und wagte mich an den Ort des Grauens. Dort wartete auf mich ein grimmiges schwarzes Ungeheuer. Es hatte eine nie gesehene grässliche Gestalt – das musste ein Drache sein. Fairerweise muss ich gestehen, dass ich kein Feuer aus seinem Maul kommen sah. Ich nahm die Schaufel, stürzte mich todesmutig – und in Erwartung mädchenhafter Verehrung – auf den Feind und hieb ihn in Stücke. Wirklich, ich habe den armen Kamm-Molch – ein solcher muss es gewesen sein – wohl getötet. Das tut mir heute leid, aber den Stolz von damals kann ich noch immer spüren.

Ein Wunder aus der Kindergartenzeit war auch bedeutsam genug, um erinnert zu werden. Einmal im Jahr gab es dort irgendein besonderes Fest. Geheimniskrämerei, Warten aller Kinder auf dem dunklen Gang vor dem Zimmer. Dann die offene Tür, Kerzenschein und – auf den Tischen stand etwas, das nur direkt vom Himmel stammen konnte. Grün und rot glitzerte ein verführerisches Geheimnis in Glasschälchen. Götterspeise! Einmal im Jahr. Heiß ersehnt. Und dass die aus dem »Westen« kam – dort musste der Himmel seinen Ort haben! –, das habe ich damals schon mitbekommen.

Der Mörderhahn wird geschlachtet
Ich war vier oder fünf Jahre alt und war zu Besuch bei den Großeltern. Großer Garten, Hühner, Neugier. Irgendwann beim Spielen im Hühnergarten war ich wohl dem stattlichen Hahn in die Quere gekommen, der hier der eigentliche Herrscher war. Jedenfalls stürzte er sich unvermittelt auf mich, kollerte und kratzte, saß schließlich auf meiner Schulter und hackte immer wieder auf meinen Kopf ein. In meiner Erinnerung war das gar nicht so schlimm, ich stand einfach da mit dem hackenden Hahn auf dem Kopf, wohl schon leicht unter Schock. Aber der Großmutter gefiel das überhaupt nicht, wie ihr Hahn immer weiter auf den blutenden Enkel losging. Großes

Geschrei, der Enkel wurde gerettet und gepflegt. Der Hahn wurde gefangen und kam noch am gleichen Tag erst unters Beil und dann in die Suppe – die ich mit essen durfte!

Irgendwann in dieser Zeit bin ich der gleichen guten Großmutter im Garten etwas bockig begegnet, jedenfalls rannte sie dann – nach einer Weile auch lachend ob des absurden Wettlaufs, weil sie mich nicht einkriegte – kreuz und quer über Wiese und Beet hinter mir her, und in der Hand hatte sie einen »Ochsenziemer« oder auch »Sieben-Riemer«. Das war ein durchaus übliches, kommerziell gefertigtes und gehandeltes Werkzeug, das aus einem schön gedrechselten Holzgriff bestand, an dessen oberen Ende sieben halbmeterlange dünne Leder-Riemchen fest angebracht waren – eine richtige Prügel-Peitsche, mit der man in der »guten alten Zeit« versucht hatte, Kinder wirksam zu »erziehen«. Zu der Zeit, als Großmutter damit hinter mir herrannte, war das Ganze wohl (hoffentlich) nur noch eine Drohgebärde.

Wadenwickel
An das familiäre Zuhause der ersten Jahre sind kaum Erinnerungen geblieben. Die eine heißt: Krank sein. Das Gefühl von Langeweile, das stundenlange Starren an die Zimmerdecke über dem Bett, in dem man liegen bleiben musste. Die ersehnte Abwechslung, wenn Mutter endlich wieder kam und den Wadenwickel erneuerte, der das Fieber herunter treiben sollte. Kaltes nasses Tuch wird um heißes Kinderbein gewickelt, dazu gab's irgendeinen Hustentee – so einfach war das damals mit dem Gesundwerden, Ärzte habe ich als Kind kaum zu sehen bekommen. Und wenn Nachbars Töchterlein Masern oder »Ziegenpeter« hatte, dann wurden wir alle zum Spielen hin geschickt, damit wir uns ansteckten und das, was zum Leben an Beschwernissen eben dazu gehörte, schnell hinter uns bringen konnten. Ab und zu wurden wir geimpft, mit der Pieksnadel gegen Pocken und Tuberkulose oder würfelzucker-schluckend gegen Kinderlähmung. Das geschah als staatlich-fürsorgliche Selbstverständlichkeit, und ich halte das auch heute noch für richtig.

Froschkinder
Zur frühen Kindheit gehörten auch Spaziergänge in das nahe »Kirchenholz«. Dort war ein Teich, an den ich mich erinnern kann, weil beim Liegen auf dem Bauch Erstaunliches und Wundersames zu Tage trat. Da krabbelte und wimmelte vielerlei Getier in einer kleinen Unterwasser-Welt. Käfer

schwammen durch das Spiegelbild der Wolken, grimmige Libellenlarven entpuppten sich als gefräßige Räuber. Höhepunkt der Entdeckungsreise war, dass ich – vorsichtig transportiert in einem Marmeladenglas – einige seltsame schwarze Wesen mit nach Hause ins Kinderzimmer nehmen durfte: Froschkinder. Richtig hießen die Kaulquappen, so wusste ich bald aus dem Bilderbuch. Sie wurden in einem alten Topf einquartiert, ihre Wohnung mit Pflanzen möbliert, und dann sahen neugierige Kinderaugen stundenlang zu, wie sie herumtollten, wie ihnen erst hinten, später dann vorn Beinchen wuchsen, wie der Schwanz zum Stummel wurde. Am Schluss krabbelten sie in einem angeschlagenen Blechteller auf Steinen herum. In meinem Frosch-Buch stand, dass sie nun richtige Frösche werden sollten. Sie wussten das aber nicht, behielten starrsinnig ihre Schwänze, und so trug ich sie eines Tages zurück zu »ihrem« Teich.

Vertrauensbruch
Herr K. war mein Freund. Er war Zahnarzt und ich ging gern zu ihm. Schon der weiße Kittel machte Eindruck, dazu roch es interessant, und geduldig erklärte er mir die Funktionsweise der technischen Geräte in seiner Praxis. Ich setzte mich immer gern auf seinen Stuhl und war neugierig, was kommen würde.

Eines Tages hatte er wieder einmal mit Lampe und Spiegel meinen Mund besichtigt, in allen Ecken mit seiner Nadel herumgestochert – und dann tuschelte er mit meinem Vater. Warum konnten die beiden nicht laut reden, es ging doch offenkundig um mich! Dann kam Herr K., hielt die Hand merkwürdig verkrampft hinter dem Rücken und forderte mich auf, den Mund zu öffnen. Ich wollte – unter Freunden – erst wissen, was er vorhatte, ob es weh tun würde. Er verneinte, ich blieb angesichts der verborgenen Hand misstrauisch – und mein Mund blieb zu. Nach einer Weile kindlichen Widerstandes riss dem Mann der Geduldsfaden, und er brüllte mich an. Der Mund ging auf, eine Zange erschien, ein Ruck. Das tat mehrfach weh. Ich hatte einen Zahn weniger und Tränen in den Augen und von Stund an Misstrauen gegenüber allen weißen Kitteln.

Der Traum vom Fliegen: mit und ohne Atombombe
Menschen haben zu allen Zeiten davon geträumt, fliegen zu können. Ich auch. Der Traum davon ist mir das erste Mal im Alter von sechs oder sieben Jahren gekommen, und er war wohl so wichtig, dass ich ihn später immer wieder einmal geträumt habe. Hintergrund für die »Urfassung« war eine

Mutprobe, bei der wir im Treppenhaus einen Wettbewerb veranstalteten. Man musste versuchen, immer eine Stufe höher zu gehen und von dort bis hinunter zum Treppenabsatz zu springen. Und im Traum gelang es mir auf einmal, über beliebig viele Treppenstufen hinunter zu schweben, ich konnte es nicht nur – und war mächtig stolz –, sondern es war auch ganz einfach: Solange ich die Beine anzog, gab es keinen Bodenkontakt. Endlos immer weiter schweben können – ein herrliches Gefühl. Am Ende des Traums stand jedes Mal der feste Entschluss, sofort nach dem Aufwachen der Welt diese Entdeckung zu offenbaren. Und bisher hab ich das jedes Mal vergessen ...

Irgendwie muss auch mich kleinen Kerl die Atom-Bomben-Angst Anfang der 1950er Jahre erreicht haben. Eines Nachts im Traum flog ich durch eine Welt, die vollgestellt war mit schwarzen militärischen Geräten, durchwogt von kämpfenden, ebenfalls schwarzen Gestalten, Lichtblitze flackerten durch die Szenerie – das waren wohl meine Vorstellungen vom Krieg. Ich saß beim Fliegen auf einer Kugel – da spielte irgendwie Münchhausen hinein – und entdeckte plötzlich: Die Kugel, das ist eine Atom-Bombe! Schrille Angst, aber dann explodierte sie auch schon. Und dann – bei jeder Wiederholung dieses Traumes besonders beeindruckend, weil ab da in Farbe! – sah ich blau-fluoreszierend mein Gerippe; ich träume heute noch »Gerippe«, obwohl ich längst weiß, dass das richtiger »Skelett« heißen müsste.

Wetterleuchten

Es waren heiße Tage in meinem letzten Kindersommer in der Stadt. Gedrückte Stimmung bei den Erwachsenen, die auch uns Kinder beschwerte. Vater drehte öfter als sonst an dem schwarzen Radiokasten und lauschte den von Pfeifen und Quietschen (Störsender!) verzerrten Nachrichtensendungen des »Feindsenders« RIAS (»Radio Im Amerikanischen Sektor« – von Westberlin). Irgendwo – noch weit weg – war die Welt aufregend und gefährlich in Bewegung gekommen. Aber dann plärrten auch die rostiggrauen Lautsprecher-Trichter los, die überall in den Straßen unserer Kleinstadt hingen. Eine blecherne Männerstimme verlas immer wieder einen kurzen Text mit Meldungen und Befehlen, der dann wenig später in gedruckter Form an die Häuserfassaden geklebt wurde: Ausnahmezustand! Verbot der Zusammenrottung! Abendliche Ausgangssperre! Sofortiger Schusswaffengebrauch! Gedämpfte Stimmen auf Treppenfluren, immer neue Nachrichten und Gerüchte: von einem Arbeiter-Aufstand, von Konterrevolution, von Terror und von Toten. Angst stand in den Gesichtern der Erwachsenen, Angst, die auch in mich hineinkroch. Weglaufen ging nicht. Aber Verkriechen unter Vaters Schreibtisch. Wenige Tage später war alles vorbei, wie ein schlimmes Gewitter abzieht, aber es blieb ein Schatten auf dem Alltag, der DDR-Staat hatte in meinem Kindergemüt einen ersten deutlichen Ein-Druck hinterlassen.

Dieser 17. Juni des Jahres 1953 war meine früheste Erfahrung mit Politik. Ein paar Wochen später kam ich in die Schule, wir zogen um aufs Dorf. Und all das Neue ließ schnell die dunklen Tage vergessen.

Dorfkinderzeit
(1953 bis 1961)

Aufbruch in die Neue Welt ✦ *Zwergschule* ✦ *Sport mit Hindernissen*
Der große Knall ✦ *Fahnenappell* ✦ *Kirchturmhorizont* ✦ *Beim »Bäcke«*
Spielplatz Bauernhof ✦ *Besuch in der »Guten Stube« und Scheunen-Artistik*
Tetzners Holz und Dietzmanns Sandgrube ✦ *Kirschen klauen*
Kinderarbeit ✦ *Kühe hüten und Sonnenfinsternis*
Federvieh und Russenjagd ✦ *Liesel von der Post*
Zu Hause leben und sterben ✦ *Röntgenreihenuntersuchung*
Wirtshaus ✦ *Bach andämmen* ✦ *Bettel-Kinder* ✦ *Blasebalg-Treten*
Die Einsamkeit von Straßendorf-Kindern ✦ *Umsiedler*
Lange Leitung zum Fräulein vom Amt ✦ *Himmelhupp und Gliggser*
Rodelspaß und Zwirnseln ✦ *Der Landfilm kommt* ✦ *Nasspresssteine*
Lebenskunde ✦ *Karbid und Motzen* ✦ *Weiden-Ernte* ✦ *Sintflut*
Seuchenalarm ✦ *Feuerläuten* ✦ *Der erste Fernseher* ✦ *Absatz-Reißer*
Eulenkinder ✦ *Als es noch Maikäfer gab* ✦ *Für'n Groschen frisches Brot*
Hamsterschreck ✦ *Der Alltag zum Selbermachen: Von Heu-Wenden und*
Kartoffel-Anbau, Narzissen-Beeten und Wasserleitung-Graben
Leibchen ✦ *Der Postbus* ✦ *Zwischen Küche und Keller* ✦ *Waschtag*
Mein erster Indianer ✦ *Geburtstagsrituale, schwarzer Streuselkuchen*
und Laubsäge-Stress ✦ *Sommerfrische* ✦ *Goldene Zeiten (?)*
Der Frosch in der Wasserleitung ✦ *Autoreparatur mit Säge und Hobel*
Goldrandteller und Messerbänkchen ✦ *Der Tunnel von Altenburg*
Der Karpfen in der Badewanne ✦ *Karriereknick*
Das Dienstfahrrad ✦ *In Stellung* ✦ *Die Kammer mit dem Hammer*
»Doktor Hungers Kräutertee« ✦ *Lebensperspektiven* ✦ *Der schreiende Hase*
Eisige Cola und Hula-Hoop ✦ *Hinter Mauern* ✦ *Verwaltet und betreut*
»Pfarrer Krause lehnt den Frieden ab« ✦ *Stalinismus hautnah*
Flugblätter ✦ *Kartoffelkäfer und Klassenkampf*
Frösi und Zündplättchen-Pistole ✦ *»Dokument!«* ✦ *LPG Typ I*
Projekt Offenstall ✦ *Radio Luxemburg* ✦ *Wie weit schießt eine MPi?*
Schlange stehen und Sparen ✦ *Friedensfahrt-Patriotismus*
Intelligent – oder nicht? ✦ *Abgang*

Lebenslauf-Skizze II
Kurz nach meinem Schulanfang übernahm mein Vater eine Pfarrstelle auf einem Dorf, in Schönberg bei Meerane. Dort verbrachte ich meine gesamte Grundschulzeit.

Aufbruch in die Neue Welt
Im Spätsommer des Jahres 1953 entstand erhebliche Unruhe in der Familie. Wir sollten umziehen. Möbel wurden gerückt, Kisten gepackt, Teppiche gerollt. Dann eines Tages emsiges Treiben treppauf und treppab. Die Zimmer leerten sich. Stunden später wurde ich hinuntergeführt vors Haus, wo ein ältlicher Möbelwagen schon mit unserem Familienkram bepackt war. Für mich war hinten auf der Ladefläche ein Plätzchen freigehalten. Ich setzte mich, die Hände hielten krampfhaft das schwappende Aquarium umklammert, in dem meine geliebten Guppys schwammen. Rings um mich war ein Urwald aus Grünpflanzen. Und dann setzte sich die Fuhre schwankend und ruckelnd in Bewegung. Richtung Dorf. Ein fremdes unbekanntes Land. Da gab es keine verlässlichen Wege, keine vertrauten Gesichter – und so fuhr eine erhebliche Portion kindlicher Angst und Beklemmung auf dem Möbelwagen mit.

Meine erste Entdeckung nach der Ankunft war, dass es in der neuen Welt viel viel mehr Platz gab als in der Stadt. Der Horizont war unendlich weit weg, und auf dem Weg dorthin gab es sicher einiges zu entdecken. Alles roch aufregend neu. Neben meinem Bett stand an diesem Abend auch die Zuckertüte, die mich daran erinnerte, dass ich am nächsten Tag meine neue Schulklasse kennen lernen würde. Aufregend.

Zwergschule

Es war Mitte September im Jahr 1953, als ich zum ersten Mal den Berg hinaufging zur Schule. Ich wurde als »der Neue aus der Stadt« vorgestellt und verkroch mich schüchtern auf der ersten Bank, kritisch beobachtet von dreizehn Dorfkindern. Schulzeit auf dem Dorf Anfang der 1950er Jahre. Der Unterricht fand in der alten Kirchschule statt. Ein Lehrer nebst Familie wohnte gleich in dem Gebäude. Er war ein sogenannter »Neulehrer«, das hieß, dass er politisch nicht durch eine Tätigkeit in der Nazizeit belastet war, und deshalb hatte man ihn ohne große Umschweife oder umfangreiche Ausbildung nach dem Krieg gleich zum Lehrer ernannt. Es gab viele Kinder und zu wenig Räume und zu wenig Lehrer. So fand der Unterricht im Normalfall in einem Raum mit zwei Klassen gleichzeitig statt. Das ging so: Mit der einen Hälfte löste der Lehrer an der Tafel Rechenaufgaben, die anderen erledigten inzwischen irgendwelche schriftlichen Arbeiten. Ein andermal verband der Lehrer das Angenehme mit dem Nützlichen, und dann las ein Zweitklässler denen aus der »Ersten« eine Geschichte vor. Zu Beginn und am Ende jeder Stunde wurde ein Schüler losgeschickt, der mit einer Glocke in der Hand treppauf und treppab rannte und das Zeitmaß kundtat. Und das Raumproblem fand eine für uns Pfarrerskinder äußerst günstige Lösung. Der Schul-Unterricht wurde stundenweise in das Pfarrhaus verlagert, sodass wir vom Frühstückstisch in Hausschuhen herunterhuschen konnten. Zwergschule. Schlimm war's nicht. Eher gemütlich, gemeinschaftsbildend. Und je Klassenstufe nur mit 10 oder 15 Kindern zu tun zu haben, das wäre heute für manche Pädagogen wohl der Himmel auf Erden!

Ich erinnere mich an etwas merkwürdige Unterrichts-Fächer. Eines hieß »Handarbeiten«; auch wir Jungen sollten lernen, mit Stopf- und Häkelnadeln zu hantieren. Später lernten wir »UTP«, »PA« und »ESP« kennen. Das hieß in der Langform »Unterrichtstag in der Produktion«, »Produktive Arbeit« und »Einführung in die sozialistische Produktion« – letzteres vermittelte uns das ABC der sozialistischen Betriebswirtschaftslehre.

In der dritten und vierten Klasse mussten wir jeden Schultag ins Nachbardorf laufen. Das meinte wirklich laufen, Busse oder gar PKW-besitzende Eltern gab es nicht, und so marschierte mancher kleine Kerl morgens drei Kilometer hin und mittags drei Kilometer wieder zurück nach Hause, das Ränzlein tapfer geschultert.

Zu unserer Standardausrüstung gehörte ein Ranzen – oft schon von Geschwisterkindern genutzt –, der auf den längeren Fußmärschen zur Schule natürlich auf dem Rücken getragen wurde. Im Ranzen waren damals nur wenige Bücher und Hefte. Aber immer darin war in den ersten Schuljahren ein hölzernes Feder-Kästchen. Darin steckten ein paar Blei- und Buntstifte, vor allem aber ein Feder-Halter und ein verschraubbares gläsernes Tintenfässchen. Die Schreibfedern aus Metall konnten ausgewechselt werden; es gab breitere und schmalere, und sie mussten immer erst eine Weile »eingeschrieben« werden, ehe sie nicht mehr kratzten. Und dann galt es, die Feder vorsichtig ins Tintenfass einzutauchen – aber nicht zu tief, sonst gab es Kleckse im Heft! –, ein Wort oder zwei zu schreiben, erneut einzutauchen usw. Da die Tinte nur langsam trocknete, war immer ein Block mit Löschpapier zur Hand und durch Aufdrücken eines Löschblatts wurde der geschriebene Text getrocknet.

Irgendwann hatte jemand den ersten »Füller«. Zunächst ein unnötiger und unerreichbarer Luxus. Aber ein solcher Füllfederhalter erwies sich als viel komfortabler und klecksverhindernd, weil die Tinte hier gleichmäßig floss. Es gab sogar noch eine weitere Steigerung: Ich wünschte mir ein Jahr lang – und am Ende mit Erfolg – einen »GEHA-Schulfüller mit Reservetank«. Wenn bei diesem Wundergerät – »aus dem Westen« – die Tinte im Füllhalter-Reservoir zu Ende ging, brauchte man nur einen geheimnisvollen grünen Knopf zu drücken und konnte noch ein paar Minuten weiterschreiben.

Wir saßen auf altertümlichen Schulbänken, hohe, dunkle Holzmonster auf geschnörkeltem Eisengestell, mit eingelassenem gläsernem Tintenfass und einer Mulde zur Stiftablage. Generationen von Schülern vor uns hatten sich darauf mit Schnitzereien und Malereien verewigt.

Sport mit Hindernissen
Unsere Sportstunden verbrachten wir in den ersten Schuljahren auf dem Schulhof oder im Pfarrgarten. Wir spielten »Faules Ei« oder »Völkerball« oder »Brennball« (das war eine kindgerechte Baseball-Variante). Bei schlechtem Wetter blieben wir gleich im Klassenzimmer. Dann hieß es: Auskleiden bis auf Unterhemd und Turnhose, alle Mann hinter auf die letzte Reihe, und dann krabbelten wir paarweise im Wettstreit über die Bänke nach vorn. Eine andere Disziplin hieß: Herunterrutschen auf schräg gestellten Bänken. Der ältere und an Sport nur mäßig interessierte Deutschlehrer notierte unkonzentriert die Sieger. Das war nicht so toll.

Mitte der 1950er Jahre bekamen wir dann einen ausgebildeten Sportlehrer. Nun wurde im Dorf ein »Sportraum« gesucht. An der Dorfstraße stand ein kleines Schuppengebäude, der Raum vielleicht acht Meter lang, drei Meter breit. Im alten Gasthof fanden sich – aus früheren Turnvereins-Tagen – einige angestaubte Matten, ein knarrender Barren, ein Bock, ein Pferd, und wir begannen begeistert diese Welt zu erkunden. Wenn wir »Bockspringen« üben wollten, stellten sich alle Kinder draußen auf der anderen Straßenseite an und liefen dann über die Straße, durch die Tür in den dunklen Raum, und sprangen über das Gerät. Wenn am Barren geturnt wurde, stießen größere Jungen schon einmal beim Schulterstand mit den Beinen an der Decke des Raumes an. Aber jetzt machte Turnen schon viel mehr Spaß. Der ehrgeizige Lehrer brachte uns etwas tapsigen Dorfkindern Disziplin und (Körper-)Haltung bei. Stolz traten wir dem Sportverein »TRAKTOR« bei, nähten die gelben Embleme auf unsere blauen Turn-Hemden. In vielen Übungsstunden und mit manchem Muskelkater im Gefolge lernten wir die Welt von »Schulterstand« und »Hocke« und »Flick-Flack« kennen – und eines Tages war es dann so weit. Ein wenig zitternd traten wir zu Wettkämpfen an, zu Stadt- und zu Kreismeisterschaften – und wir gewannen! Viele Jahrgänge von kleinen Dorfschülern kriegten so Selbstvertrauen und einen Kick fürs Leben.

Der einmal geweckte sportliche Ehrgeiz trieb manchmal schon merkwürdige Blüten. Ich erinnere mich an den Federball-Rekord, den ich nach vielen Wochen täglichen Trainings mit Nachbarsjunge Götz erzielt habe. Als Spielregel galt, den Federball immer abwechselnd zu schlagen und ihn zwischendurch nicht auf den Boden fallen zu lassen. Fast drei Stunden »wanderten« wir ballspielend kreuz und quer durch den großen Obstgarten und hörten schließlich nach 2222 Berührungen auf, weil es inzwischen stockdunkel geworden war. Ein andermal war unter uns Jungen »Stabhochsprung« als bisher nicht erprobte Sportart in Mode gekommen, und in Ermangelung besserer Möglichkeiten entwendeten wir zu Hause Mutters hölzerne Wäschestützen und sprangen damit über die bis zu zwei Meter hoch liegende Latte. So manche morsche Holzstange brach bei unserem eifrigen Hüpfen einfach mitten durch.

Der große Knall

Schule war wohl so schön normal, dass ich mir aus acht Jahren kaum etwas Besonderes gemerkt habe. Bis auf den großen Knall. Zwar kennt wohl jedermann den Spruch: »Chemie ist das, was kracht und stinkt, und was am Ende nie gelingt!« Aber wir haben das live erleben dürfen. Unser junger Lehrer machte eines Tages vorn an seinem Pult ein Experiment. Aus einem Glas wurde ein Brocken Natrium hervorgeholt. Davon schnitt er ein – wirklich kleines – Stückchen ab und gab es in eine kleine Wanne mit Wasser, um uns vorzuführen, dass nun eine chemische Reaktion einsetzt und dabei Knallgas entsteht. Das Natrium-Stückchen begann auf dem Wasser hin und her zu sausen. Und dann knallte es. Nicht nur der übliche Knallgas-Sound, so »Pfchiit«, sondern es krachte, richtig heftig. Als wir Schülerlein verängstigt wieder unter den Bänken hervorkrochen, konnte Bilanz gezogen werden. Der blasse Lehrer zählte durch – alle waren gesund geblieben. Aber der ganze Raum (und wir Kinder) war übersät von feinen Glassplittern, die zwei Zentimeter dicke Deckplatte des Lehrertischs hatte ein suppentellergroßes Loch – und wir kriegten für den Rest des Tages schulfrei.

Ich habe später – trotzdem oder gerade deswegen? – Chemie studiert.

Fahnenappell
Fester Bestandteil des Schullebens war der »Fahnenappell«.

Zu ihm versammelten sich an jedem Montag vor der ersten Unterrichtsstunde alle Lehrer und Schüler auf dem Schulhof. Wir traten im Karree an, dann trat ein »Junger Pionier« – das waren die Mitglieder der sozialistischen Kinderorganisation – vor und schrie »Seid bereit!«, und das Volk antwortete brüllend »Immer bereit!«. Die blaue Pionier-Fahne wurde feierlich am Mast hochgezogen. Dann kamen noch ein paar politische Richtigkeiten, die uns der Direktor für die nächste Woche nahelegte, und danach stürmten alle ins Schulgebäude. Zu diesem Anlass sollten eigentlich alle »Pioniere« in ihrer Uniform erscheinen (dunkle Hose, weißes Hemd), zumindest aber ihr rotes oder blaues Halstuch tragen. So waren »Abweichler«, wie ich einer war, schon äußerlich klar zu erkennen.

Die Jungen Pioniere hatten sogar ihre eigenen »Zehn Gebote«. Eines davon hieß zum Beispiel: »Junge Pioniere halten ihren Körper sauber und gesund!«. So richtig ernst genommen wurde das aber alles nicht.

Kirchturmhorizont
Unser Dorf war in den 1950er Jahren noch ein weithin in sich geschlossener Lebensraum. Ältere Bauersfrauen haben berichtet, dass sie damals in der Regel nur ein Mal im Jahr in die nur drei Kilometer entfernte Stadt »gereist« sind – sie hatten keine Zeit dafür, aber auch keinen Bedarf. Vieles erledigte sich auf kurzen und in Generationen erprobten Wegen, einer lieferte das, was sein Nachbar brauchte, die lebens-notwendigen Verrichtungen fanden buchstäblich im Horizont des heimatlichen Kirchturms statt.

Da gab es in unserem Straßendorf auf einem Kilometer die Straße hinauf und hinunter in vielleicht vierzig Grundstücken:

- ein Dutzend Bauernhöfe; in den Familienbetrieben wurde noch mit Pferden oder Ochsen als Zugtieren, selten auch mit kleinen Traktoren gearbeitet,
- zwei Gasthöfe im Abstand von zweihundert Metern (ein Ortsteil hatte früher zum Herzogtum Sachsen-Altenburg gehört, der andere zu den Schönburgischen Herrschaften in Sachsen),
- zwei Schmiede; sie waren auch für Klempnerarbeiten und fürs Beschlagen der Pferde zuständig, in beiden Schmieden wurde zusätzlich ein kleiner »Tante-Emma-Laden« betrieben,
- einen Sattler; der erledigte alles, was mit Pferdegeschirren, Sätteln, Kumten, Riemen, Taschen und Koffern zu tun hatte,
- einen Herren-Frisör; wir Kinder saßen dort auf einem erhöhten Stuhl, der vorn einen Pferdekopf hatte, und durften nach dem Schnitt (für 60 Pfennige) entscheiden, ob »Brillantine oder Ihle« (= Haar- Pomade oder Haar-Öl) in unsere Haare geschmiert wurde,
- einen Böttcher; der stellte Fässer, Wannen (= Bottiche!) und andere Holzgefäße her,
- einen Stellmacher; der produzierte hölzerne Speichen-Räder und Wagen für die bäuerlichen Betriebe, auch Leitern,
- zwei Postfrauen mit je eigenem Postamt,
- einen Tischler; der machte Möbel und Särge, sogar Ski-Bretter wurden auf Bestellung gefertigt,
- zwei »Rollen«; das waren Miet-Einrichtungen zum »Bügeln« großer Wäschestücke; anderswo hieß solch eine Einrichtung »Wäschemangel«,
- einen Bäcker, vor allem für Weißgebäck und Kuchen,
- einen Milchmann; da ging man morgens mit eigener blecherner Milchkanne (»Lase«) hin, die Milch wurde aus einer großen Kanne mit dem Viertel-Liter-Schöpf-Maß abgemessen,
- einen »Schuster« im Nachbarhaus; der nähte noch richtig selbst Schuhe nach Maß aus großen Lederstücken; weiter unten im Dorf gab es eine zweite Schuhmacherwerkstatt,
- einen Wiesenjäger (Maulwurfsfänger); der hielt den Bauern durch das Aufstellen von Fallen oder das Auslegen von Giftködern Maulwürfe, Mäuse, Ratten, Schaben usw. vom Leibe,
- einen Schlachter,

- zwei (oder waren es sogar drei) Schneiderinnen; diese konnten auch Anzugsjacken oder Hochzeitskleider nähen,
- eine kleine Verkaufseinrichtung, KONSUM genannt, mit Frau Schwarz und Frau Weiß als Verkäuferinnen besetzt; diese Einrichtung hielt – wenn nicht gerade ein »Engpass« in der Versorgung bestand – das bereit, was später »WtB« hieß, »Waren des täglichen Bedarfs«, zum Beispiel jene herrliche lauwarme rosa und grüne Limonade in Flaschen mit Schnappverschluss, für die mancher Taschengeld-Groschen draufging,
- eine Grundschule; die besuchten alle Kinder bis zur 8. Klasse; im dritten und vierten Schuljahr wanderten wir ins Nachbardorf, später kamen die Kinder von dort zu uns,
- einen Kindergarten; der war in den 1950er Jahren zunächst als »Erntekindergarten« eingerichtet worden für die Kinder der in der Landwirtschaft tätigen Mütter,
- eine »Gemeindeschwesternstation«; dort tat eine Krankenschwester Dienst und behandelte kleinere »Wehwehchen« ambulant.

Vieles machten die Leute noch selbst: Auf den Bauerhöfen gab es nicht nur intensiv genutzte Gärten – mit fruchtbarer dunkler Erde und gesäumt von akkurat geschnittenen Buchsbaumhecken – für den eigenen Gemüsebedarf, da wurde selbstverständlich auch zu Hause geschlachtet, Vorrat an Obst und Wurst eingekocht, aus Äpfeln Saft gemostet, und man buk selbst aller zwei bis drei Wochen Brot im eigenen Backofen, große runde Sechs-Pfund-Brote.

Beim »Bäcke«
Wir Nicht-Bauern hatten auch Brot zu essen. Das gab's beim »Bäcke« (Bäcker) zu kaufen. Immer ofenfrisch, und das war schon das Verhängnis. Da wurde ich schnell noch losgeschickt, um ein Drei-Pfund-Brot zu holen, betrat das betörend duftende Ladengeschäft neben der Backstube, legte meine 78 Pfennige auf die Ladentafel, klemmte den Laib unter den Arm und verließ unter dem Gebimmel der Glocke den Laden. Kaum auf der Straße, überwältigte mich jedes Mal ein Gefühl aus Hunger und Sucht, die Finger brachen eine Ecke aus dem Brot heraus oder puhlten ein Loch an unverdächtiger Stelle. Unübertrefflich, dieser Geschmack von richtig frischem Brot! Die Mutter zu Hause hatte nicht immer Verständnis für die Löcher. Was ein Brot kostete, hätte einem in den 1960er Jahren jeder auf der Stra-

ße sagen können. Zum einen war Brot in den Nachkriegsjahren noch ein Wertgegenstand – damals gab eine Familie in Deutschland die Hälfte ihres Einkommens für Nahrungsmittel aus – und zum anderen hielt die DDR aus Prinzip über Jahrzehnte die Preise für Grundnahrungsmittel konstant.

Meine Mutter machte auch gern Kuchen. Einen eigenen Herd besaßen wir nicht, nur eine elektrische Backform für kleine runde Kuchen. Das »Abbacken« von »richtigen« Kuchen war Sache des Bäckers. Zu Hause wurde der Teig gerührt und geknetet, auf einem runden Blech ausgebreitet und mit Früchten belegt oder mit Streuseln bestreut. Das Blech wurde in den Hof getragen, vorsichtig auf dem Handwagen verstaut, und ich durfte zum Bäcker wandern. Dann stand ich in der Backstube, verwies auf den von Mutter bestellten Termin, und das Kuchenblech verschwand in der tiefen Höhle des heißen Backofens. Unser Kuchen blieb dort nicht allein, zum gleichen Termin lieferten auch andere Leute ihre Backware ab, und in jeden Kuchen wurde zur genauen Kennzeichnung eine Blechmarke eingestochen. Ein paar Stunden später holperte ich wieder mit dem Wagen das Dorf hinunter »zum Bäcke«, die duftenden Kuchen wurden anhand ihrer Marken den jeweiligen Besitzern zugeordnet, ich bezahlte 30 Pfennige fürs Backen und trat den Heimweg an. Auch von den frisch duftenden, noch warmen Kuchen hat keiner je unser Haus erreicht, ohne dass es Knabberspuren gab.

Ein richtiges Back-Festival fand jedes Jahr im Advent statt. Da tauchte zunächst ein großer Trog in der Küche auf, die »Backmulde«, die nur zu diesem Anlass zum Einsatz kam. Darin wurden kiloweise Mehl und Zucker, Butter und Schmalz, Hefe und Milch verrührt und verknetet. Mandeln kamen dazu und Nüsse und Rosinen und Zitronat. Die letzteren Zutaten gab's manchmal nur sehr sparsam. Das war davon abhängig, ob »Vater Staat« dem Volk gütigerweise eine Weihnachts-Extra-Ration zukommen ließ – oder ob die Westverwandten rechtzeitig an die stollenbackende Ost-Verwandtschaft gedacht hatten. Der mehlbestäubte Trog wanderte zunächst auf den Kachelofen, damit der Teig richtig »gehen« konnte. Schließlich gab es wieder den Weg mit dem Handwagen zum Bäcker. Der Termin war Wochen im Voraus bestellt. In der Backstube wurden aus dem großen Kloß in der Wanne ordentliche Stollen geformt und mit dem obligatorischen blechernen Namensschild gekennzeichnet. Dann konnten wir erst mal wieder nach Hause gehen. Manche misstrauische Kundinnen blieben stundenlang beim Bäcker sitzen und behielten die Ofentür fest im Blick, um ganz sicher zu gehen, dass es wirklich »ihr« Stollen war, der da später aus dem

Ofen geholt wurde. Es hätte ja sein können, dass irgendwas vertauscht wurde und man einen Stollen ohne seine wertvollen West-Rosinen oder seine West-Mandeln kriegte ... Bei uns zu Hause lagerten dann zwölf und mehr braunkrustige Laibe auf Regalen und Schränken. Einige davon gingen als Weihnachtsgeschenk auf Reisen, manche in Richtung Westen, woher die Zutaten stammten. Einmal wurde ein vergessener Stollen zur Osterzeit gefunden – und er erwies sich als »gut durchgezogen« und durchaus noch essbar.

Spielplatz Bauernhof
Bauer zu sein bedeutete einen harten Alltag. Früh zeitig (sommers wie winters um 4.30 Uhr!) ging es los mit Grünfutter holen, Füttern und Melken, dann erst gab es Frühstück, danach raus auf das Feld, mittags zurück – jetzt waren zwei Stunden Pause für Mensch und Pferde –, nachmittags noch einmal raus, dann war Dämmerstunde, aber danach war noch einmal Arbeit angesagt bis spät in den Abend hinein. 12 Arbeits-Stunden umfasste ein normaler Arbeitstag. So etwas wie Freizeit war selten, »Urlaub« gar ... ein Fremdwort. Und die ganze Familie war fest in die Arbeitsrhythmen eingespannt.

Manche armen Bauern pflügten mit einem Ochsen. Die meisten besaßen aber Pferde für die Feldarbeit. Selten tuckerte auch ein Traktor durchs Dorf, zum Beispiel eine Lanz-Bulldog aus Vorkriegszeiten.

In der Mitte der Vierseithöfe befand sich fast immer ein großer Misthaufen, umkreist von Schwalben, die nach Fliegen schnappten und in den überall vorhandenen Lehmpfützen reichlich Baumaterial für ihre Nester fanden. Im düsteren Kuhstall war die Wand schwarz von Fliegen, deren sich die Kühe durch heftiges Schwanzwedeln zu erwehren versuchten. Neben der Kuh hockte auf einem dreibeinigen Holzschemel die Bäuerin und molk das nervöse Tier; ein Ertrag von einem Eimer Milch am Tag war damals schon eine ordentliche Menge für eine Kuh. Die große zerbeulte Aluminium-Kanne mit der Milch für die Ablieferung (das »Soll« für den »Staat«) kam raus auf die »Rampe« an der Straße. Auf dem Hof wurde der Kartoffeldämpfer angeheizt. Darin garten gleich eimerweise Kartoffeln, die für das Viehfutter bestimmt waren, aber auch uns Kindern köstlich mundeten. Wir halfen, mengten gequetschte Getreidekörner in den Futterbrei, und manchmal wurde er mit »Siede« gestreckt, das war die Spreu, die Getreidespelzen, von denen immer ein Haufen hinter der Dreschmaschine lag. Damals wurde das Getreide auf dem Feld noch vielfach von Hand mit der Sense gemäht und anschließend zu »Garben« zusammengebunden. Später übernahm diese beiden Arbeitsgänge eine Maschine, die »Mäh-Binder« hieß. Mehrere Garben wurden dann in Handarbeit zu »Puppen« aufgestellt – die sahen aus wie kleine Häuschen und eigneten sich wunderbar zum Versteck-Spielen! Ausgedroschen wurde das getrocknete Getreide später auf dem Hof, in den ersten Jahren nach dem Krieg manchmal noch von Hand: Auf der Scheunen-Tenne schlugen vier Leute im Takt reihum mit Dreschflegeln die Körner aus den Garben. Mit der Schaufel wurde hin und wieder das Gemisch hochgeworfen, wobei der Wind die Spelzen wegtrug und sich so die »Spreu« vom Weizen trennte. Als ich mich dafür interessierte, wurde aber meist schon mit der Dreschmaschine gedroschen. Dazu legte der Bauer den ledernen Treibriemen auf das Schwungrad der Dreschmaschine, das Ungetüm ratterte los, die Körner rieselten in den Sack und hinten stiebte die »Siede« heraus.

Die Oma fegte derweil mit einem Reisigbesen die »Heiste«, das war der mit Ziegeln gepflasterte erhöhte Hofteil vor dem Eingang zum Wohnhaus. Beim Spielen in der Scheune sammelten wir Kinder nebenbei auch die Eier ein, die die Hühner irgendwo (ab-)gelegt hatten; manchmal fanden wir auch ein gut verstecktes Gelege nicht, dann stolzierte drei Wochen später eine aufgeregte Glucke mit einer Schar gelber Küken auf dem Hof herum.

Die Bauern produzierten mit strengen staatlichen Auflagen und unterlagen ständiger Kontrolle. Sie hatten für alle erzeugten Produkte (Getreide, Kartoffeln, Rüben, Milch usw.) ein »SOLL« zu erbringen, eine Pflicht-Menge, die an den Staat »abzuliefern« war. Wenn sie etwas darüber hinaus erwirtschafteten, konnten sie das als »freie Spitzen« auch selbst vermarkten.

Zur Landwirtschaft gehörten die Pferde. Und die Pferde mussten immer mal zum Schmied geführt werden. Dort bekamen sie neue »Schuhe« angemessen, Hufeisen. Die Schmiedewerkstatt war eine düstere Höhle, in der immer das Schmiedefeuer glimmte. Das Pferd wurde hineingeführt in die Werkstatt und stand ergeben zwischen Zangen und Rohren und Hämmern und Blechen. Der Schmied nahm den Huf in die Hand, suchte mit fachmännischem Blick aus vorhandenen Rohlingen ein passendes Hufeisen aus. Das Koksfeuer wurde mit einen Handblasebalg zu heller Glut entfacht. Darin wurde das Eisen hellglühend erhitzt, auf den Amboss gelegt und dann sprühten unter den Schlägen des schweren Hammers die Funken. Das Eisen wurde immer mal wieder an den Pferdehuf gehalten, bis es endlich die richtige Form hatte. Schließlich wurde es – noch heiß, wodurch es nun ganz fürchterlich nach verbranntem Horn stank – auf den Huf gepresst und mit besonderen Hufnägeln angenagelt. Manches Pferd ertrug das alles in stoischer Ruhe und ging danach klirr-klappernd die Dorfstraße hinunter. Manchmal musste aber auch ein zweiter Mann das nervöse Tier während der ganzen Prozedur festhalten und beruhigen.

Besuch in der »Guten Stube« und Scheunen-Artistik
Zu Besuch bei Bauern. Erste Regel: Wenn und solange das Hoftor offen steht, darf man rein. Zweite Regel: Eine Klingel gibt es nicht – wenn die Haustür nur angelehnt ist, einfach weiter geradeaus und durch bis in die (Wohn-)Küche. Dort fand das Leben statt. Meist waren das Mehrzweck-Räume, stets gut geheizt, mit einem Sofa für die Mittagsruhe und einem großen Tisch für die Mahlzeiten. Ziemlich geheimnisvoll war in allen Bauernhäusern ein gleich daneben gelegener, viel größerer Raum, dessen Fenster oft dunkel verhangen waren und der nur selten betreten wurde, die »gute Stube«. Als Ende der 1950er Jahre die ersten Fernsehgeräte Einzug in den Bauernhöfen hielten, bekamen sie – ihrem Wert entsprechend – ihren Platz in der guten Stube, die von da an auch regelmäßig von den Familien genutzt wurde. Ich als Kind aus einer nicht-Fernseher-besitzenden Familie war natürlich auch scharf auf das schwarz-weiße Geflimmer. Also schlich ich manchen Abend – gegen die ausdrückliche Weisung meiner Eltern – in die verdunkelten Stuben der Familien befreundeter Bauernkinder und genoss Freud und Leid irgendwelcher amerikanischer Familienserien. Zu Hause gab's dann zur Strafe kein Abendbrot.

Für uns als Kinder viel attraktiver als die Wohnzimmer waren freilich die großen Scheunen der Bauern. Dort gab es nicht nur Eier zu finden, die die Hühner überall fallen ließen, da lagerte vor allem in riesigen Haufen goldenes Stroh. Man konnte ins Gebälk hochklettern und sich dann wohlig runterfallen lassen, Mutsprünge vorführen, vielleicht auch einen Salto-Sprung tief hinunter riskieren; manchmal fiel man dabei auch mal eine Etage tiefer bis auf die harte Tenne hinunter. Das war ein kratziges und durchaus lebensgefährliches Vergnügen.

Tetzners Holz und Dietzmanns Sandgrube
In den 1950er Jahren war die dörfliche Welt noch recht übersichtlich, kleinräumig strukturiert und gerade deshalb sehr abwechslungsreich. Das Land gehörte den Bauern, die es auch als Familienbetriebe selbst bewirtschafteten. Es gab noch immer Standesunterschiede. Ein »Vierspänner«, das heißt ein Bauer, der vier Pferde einspannen konnte, war etwas Besseres als ein

Zweispänner oder gar ein Landwirt, der nur mit einem Ochsen pflügte (»Kühbauer«). Viele Bauern hatten nicht nur ihre Felder, sondern besaßen auch ein eigenes Stück Wald. Am Ende von Tetzners Feld war dann eben »Tetzners Holz«. An anderen Stellen gab es Lehmgruben für die Gewinnung von Lehmziegeln oder Sandgruben, die auch nach ihren Besitzern benannt waren (»Junghannsens« oder »Dietzmanns Sandgrube«). In diesen Gruben, die nur bei Bedarf betrieben wurden, gab es herrliche – und gefährliche – Spielplätze für Kinder, oft haben wir dort Höhlen gegraben und als Indianer vielerlei Abenteuer bestanden.

Es gab zusätzlich noch namenlose Hecken und Waldstückchen, die die Landschaft auflockerten; eine kleinere Baumgruppe in Dorfnähe hieß »Maiglöckchenwäldchen«, weil dort im Frühjahr Tausende der kleinen weißen Trauben blühten. Und zwischen den Feldstreifen lagen überall Feldwege, oft nur im Abstand von hundert Metern, bestanden mit Holunderbüschen, Pflaumenbäumen oder einzelnen Eichen. Manche waren seit Jahrhunderten genutzte Verbindungen ins Umland, zum Beispiel der »Marktsteig«, auf dem die Bauersfrauen früher ihre Kiepen zum Markt in die Nachbarstadt geschleppt hatten.

In Senken der Landschaft begegneten uns herumstreifenden Jungen immer wieder kleine Teiche, die von Weiden gesäumt waren und bei Sturzregen das Wasser aufhalten sollten. Dort versuchten wir uns als Angler oder beobachteten Wiesel.

Beliebter Ort für Spiele aller Art war »die Bach«. Der Dorfbach ist bei uns bis heute (grammatisch) weiblich. Die Bach konnte man in stundenlangen Bemühungen versuchen »anzudämmen«. Man konnte Angeln bauen und versuchen, kleine Fische zu fangen (Elritzen oder Schlammpeitzger – die wir »Schlammbeißer« nannten). Man konnte sich von den älteren Dorfbewohnern berichten lassen, dass es zu ihrer Kinder-Zeit hier noch Krebse gegeben hatte. Mutproben fanden statt, zum Beispiel galt es, Bachwasser zu trinken, obwohl einige Meter weiter oberhalb eine tote Ratte im Wasser lag, oder wir versuchten, an einer besonders breiten Stelle über die Bach zu springen.

Beginnend mit der »sozialistischen Umgestaltung« in der Landwirtschaft sind viele von diesen Elementen aus der Landschaft verschwunden. Bachläufe und Teiche wurden zugeschüttet, unter der Erde fortgeleitet oder mit Stall-Abwässern buchstäblich »versaut«. Feld- und Flurwege wurden zur Gewinnung größerer Flächen überackert, Feldgehölze und Wäldchen störten die Geradeausfahrt moderner Großtechnik und verschwanden.

Und mit ihnen verschwanden auch Rebhühner, Hamster, Elritzen – und spielende Kinder.

In den 1950er Jahren wurde noch alles Stroh nach der Getreideernte geborgen und in den Scheunen eingelagert, um später als Einstreu in den Vieh-Ställen zu dienen. Als dann die Mähdrescher Einzug hielten, wurde immer öfter das Stroh auch direkt auf dem Feld zu großen Ballen gepresst und aufgestapelt. Diese »Strohfeimel« (eigentlich »Feime«) waren herrliche Abenteuerspielplätze, geeignet zum Burgenbau und für Sprungartistik.

Kirschen klauen
Wir hatten selber Kirschbäume im Garten. Aber fremde Kirschen sind erstens meist eher reif als die zu Hause, und sie schmecken einfach viel besser. Und frisch auf dem Baum sollten sie sowieso verzehrt werden!

Es war ein bisschen Sport dabei. Da waren auf der einen Seite die Bauern, denen die Kirschbäume gehörten. Meistens hatten sie mehrere davon, oft außerhalb der Grundstücke gepflanzt an Wiesen- und Wegrändern. Und die Bauern wollten ihre Kirschen eigentlich auch selbst ernten, die wurden auf den Markt gebracht oder für den Winter eingekocht. Aber auch wir Kinder hatten Appetit – auf eben diese Kirschen. Vorsichtig wurde ein weiter Anmarsch von hinten übers Feld eingeleitet, vom Dorf aus durften wir nicht gesichtet werden. Wir machten uns an die Bäume heran, die am wenigsten Einblick ermöglichten, schwangen uns hinauf und begannen zu futtern. Einer stand Schmiere. Und das war notwendig, denn die Gegenpartei passte gut auf. Manchmal war jemand aus der Besitzerfamilie zum »Stare-Hüten« abkommandiert, und dazu gehörte neben dem Vertreiben der Stare eben auch, das schändliche Treiben von Dieben zu melden. Dann schnaufte wenig später ein brüllender Bauer den Weg herauf – oder er schlich sich leise heran, stand plötzlich unter den Bäumen und griff sich einen der jugendlichen Diebe, der nicht schnell genug das Weite gesucht hatte, und das tat dann »handfest« weh! Einmal rannte uns sogar Bauer Schnabel mit der Mistgabel hinterher – zum Glück hat sein Wurfgeschoss nicht getroffen!

Kirschbäume waren ein wertvoller Besitz. Auf halbem Weg hinüber zum Nachbardorf stand direkt an der Straße, die von Kirschbäumen gesäumt war, das sogenannte »Kirschhäusel«. Das war ein kleines gemauertes Gebäude, einzig und allein zu dem Zweck errichtet, um die mit Kirschen oder anderem Obst gefüllten Kisten in der Erntezeit lagern und vor dem Zugriff Fremder schützen zu können.

Kinderarbeit
Manchmal beneidete ich die »richtigen« Bauernkinder. Es gab Zeiten im Jahr, da erschienen sie gleich für ein paar Tage überhaupt nicht zum Unterricht. Auf den Entschuldigungs-Zetteln, die sie von zu Hause mitbrachten, stand, dass sie für Arbeiten auf den heimatlichen Höfen gebraucht wurden. Die Bauernwirtschaften waren im Wesentlichen Familienbetriebe. Und die Kinder waren Arbeitskräfte, auf die in Stoßzeiten nicht verzichtet werden konnte.

Ich bin ziemlich bald und ganz freiwillig zur Arbeit mit auf die Felder gezogen. Im Herbst ging's zum »Kartoffellesen«. Vornweg der Bauer mit dem Pferd, der zunächst einen »Damm« Kartoffeln freilegte. Dahinter wir Kinder: Gebückt oder auf Knien rutschend sammelten wir die gelben Knollen zusammen (»Kartoffellesen« meint also Kartoffeln auf-lesen) und warfen sie in große Körbe. Erwachsene trugen die vollen Kiepen weg und entleerten sie in einen Wagen am Feldrand. Zwischendurch gab es kurze Pausen, in denen man den schmerzenden Rücken gerade machen konnte und zusah, wie der Bauer das Pferd durch die nächste Kartoffelfurche trieb, wobei rotierende Gabeln die leuchtend gelben Knollen auswarfen. Dann galt es wieder, sie schnell in unsere Körbe zu sammeln, ehe Bauer und Pferd schon die nächste Reihe freilegten. Der schönere Teil des Kartoffellesens nahte punkt vier Uhr nachmittags. Die Bauersfrau tauchte am Feldrand auf, schleppte auf dem Feldweg eine Kanne heran – sie hieß richtig »Lase« –, in der köstlicher, mit Milch und Zucker versetzter Malzkaffee schwappte, und in einem Korb brachte sie die Vesper-Brote, riesige vom »Sechs-Pfünder«-Brot geschnittene Scheiben mit gesalzenem Schmalz darauf oder Leberwurst oder Blutwurst. So mit den anderen am Feldrain zu sitzen und zu schwatzen und dazuzugehören – das war es wert, zuvor einige Stunden lang den Rücken krumm zu machen! Am Ende des Arbeitstages brannten dann manchmal noch Feuer aus getrocknetem Kartoffel-»Krätsch« (= Kraut), in deren Aschglut köstliche Bratkartoffeln geröstet bis angekohlt wurden.

Im Frühsommer stand auf den Entschuldigungs-Zetteln der Bauernkinder als Grund des Fernbleibens: »Rüben verziehen«. Rüben wurden zunächst in lückenlosen Reihen ausgesät. Dann zogen Gruppen von Frauen mit Hacken über die Felder und hackten Unkraut und überzählige Rübensaat aus. Anschließend krochen wir – Kinder und Frauen – auf Knien über den Acker und rissen von Hand aus, was jetzt noch den Aufwuchs der zarten Rübenpflänzchen störte. Da gab es in glühender Sonne und bei steinhartem Boden manchmal Anlass zum Stöhnen, aber auch zum Staunen, wenn plötzlich mitten auf dem nackten Boden ein paar winzige Eier lagen und hoch oben eine Lerchenmutter sorgenvolle Ablenkungs-Gesänge erklingen ließ. Und spätestens beim Vesperbrot war die Welt wieder in Ordnung. Und die 60 Pfennige Arbeitslohn je Stunde, die prompt am Ende jedes Arbeitstages ausgezahlt wurden, waren auch nicht zu verachten.

Übrigens gab es damals noch eine und zwei Mark nur als Geld-Scheine und 50 Pfennige kursierten nicht nur als Messing-Münzen, sondern es gab sie zusätzlich als kleine blaue Banknoten.

Kühe hüten und Sonnenfinsternis

Es fanden sich noch mehr Arbeiten auf dem Bauernhof, für die Kinder eingespannt wurden. Eine davon war »Kühe-Hüten«. Jeder Bauer hatte einige Kühe, die sommers manchmal hinaus auf die Weide mussten. Feste Zäune um die Wiesen anzulegen lohnte nicht, elektrisch geladene Zäune gab es noch nicht, aber Kinder hatte jeder Bauer. Und so saß ich dann mit meinem Freund Lothar viele Nachmittage lang auf Wiesen herum, wir bliesen Pusteblumen aus, zählten Ameisen oder beobachteten den Flug von Schäfchenwolken, immer ein halbes Auge auf die fünf Kühe habend, die träge vor sich hin käuten, aber manchmal urplötzlich zielstrebig in Nachbars Feld strebten, weil es dort im prallen Rübenblättergrün viel besser schmeckte. Dann trieben wir die störrischen Tiere zurück auf unsere Wiese und träumten im Liegen weiter. Beim »Vesper« wurden wir auch hier nicht vergessen, wir machten eine richtige, notwendige Arbeit und die war ihres Lohnes wert – in Gestalt von Schmalzbroten.

Beim Kühe-Hüten haben wir einmal auch eine totale Sonnenfinsternis erlebt. Irgendwas hatte in der Zeitung gestanden. Wir hatten Glasscherben über einer Kerzenflamme mit Ruß geschwärzt, saßen auf unserer Wiese und warteten. Dann kam sie, beziehungsweise er kam, der Schatten, der die Sonnenscheibe Stück für Stück auffraß. Die Kühe wurden unruhig, die Vögel schwiegen. Immer dunkler wurde die Welt. Ein bisschen Weltuntergangsstimmung. Wir guckten gebannt durch unsere Gläser. Und dann war's auch schon vorbei, viel zu schnell – ich hatte mir ein Drama von mehrstündiger Dauer vorgestellt, das man in aller Ruhe genießen konnte. Also Schluss mit der Grusel-Romantik, die verstörten Kühe kümmerten sich wieder um das Gras.

Federvieh und Russenjagd
Beim Herumstöbern in Feld und Flur begegnete uns allerhand Getier. Manchmal piepste es aufgeregt im Getreide. Rebhühner stoben mit einem typischen pfeifenden Geräusch im Tiefflug davon. Und wenn wir dann aufmerksam weiter gingen, saßen bald am Boden zwischen den Halmen vor uns winzig kleine Federbällchen und stellten sich tot. Rebhuhn-Küken! Man konnte sie sogar anfassen und hochnehmen. Sie wurden stets wieder frei gelassen und wuselten dorthin, wo die Alten lockten. Fasane stolzierten auch viele Jahre lang als regelmäßige Gäste auf der heimischen Wiese bei uns zu Hause am Hang herum, krakeelten und posaunten im dichten Gebüsch und schliefen hinten im Garten im Geäst der großen Eiche. Und Hasen – richtige Feldhasen, keine Kaninchen – begegneten einem immer und überall. Wer sommers oder winters über ein Feld stiefelte, stöberte bald einen dieser Springer aus seinem warmen Loch-Lager auf.

Es gab auch gezieltes Hasen-Stöbern. Irgendwann an einem klaren kalten Wintertag tauchten jedes Jahr »die Russen« auf (Wir wussten natürlich, dass es sich hier um Menschen aus der Sowjetunion handelte, mit ganz unterschiedlicher Nationalität, aber wir bezeichneten sie einfach alle – und leider wohl auch etwas abschätzig – als »Russen«). Zwei, drei Lastwagen voller aschgrau gekleideter Soldaten rollten ins Dorf. Die jungen frierenden Muschkoten wurden losgeschickt und zogen in breiter Reihe über die kahlen Felder, unlustig Krach schlagend. Ihre Offiziere luden die Jagdgewehre, stellten sich auf der Höhe auf und ließen sich die Hasen zutreiben. Dann knallte es hin und wieder, mal schlug einer der braunen Läufer einen letzten Salto und blieb liegen, mal raste einer trotz der wütenden Rufe der Treiber quer durch ihre Linie in die Freiheit. Wir Kinder zogen neugierig hinter den Soldaten her. Und manchmal sahen wir auch, wie heimlich einer der Uniform-Bemützten einen toten Hasen nicht zum Sammelplatz trug, sondern ihn unter der Jacke versteckte, gezielt einen Busch am Feldrand ansteuerte – dort fand er die Wodkaflasche, die als Tauschäquivalent von einem Dörfler deponiert worden war. Es gab auch Leute im Dorf, die in ähnlich funktionierenden »Geschäfts«-Beziehungen von den Russen Benzin ertauschten, gleich fässerweise.

Liesel von der Post
Wer wissen wollte, was im Dorf los war, musste auf die Postfrau warten. Jeder Ortsteil hatte seine eigene Postfrau. Bei uns war das lange Zeit »Bergers Liesel«. Zu uns kam sie – weil wir am Ende des Dorfes wohnten – immer

erst gegen Mittag. Die dicke Amts-Tasche am – natürlich gelben – Postfahrrad war da schon fast leer. Und während Zeitungen und Briefe hervorgekramt wurden, sprach man über dieses und jenes und über diese und jenen – und war dann auf dem Laufenden, wer mit wem, und wo ein Kind geboren war, und wie es Schmidts Dorchen ging ... Manchmal gab's auch einen – natürlich selbstgemachten – Eierlikör zum Abschied. Und jeden Sonnabend nahm die Postfrau ein Beutelchen mit getrockneten Brotkanten mit, die wir während der Woche gesammelt hatten – für ihre »Karnickel« zu Hause.

Zu Hause leben und sterben

In den Häusern rundum spielte sich das Alltagsleben der Menschen ab – in voller Breite. Die meisten Kinder wurden in den 1950er Jahren noch zu Hause geboren. Und genauso selbstverständlich fand dort auch das Sterben statt. Es gab keine Kühlzellen beim Bestatter, keine Leichenhalle auf dem Friedhof. Verstorbene blieben zu Hause, wurden von den Angehörigen zurechtgemacht und einige Tage aufgebahrt. So waren Besuche möglich, man konnte von dem Verstorbenen Abschied nehmen und mit den Hinterbliebenen reden. Am Tag der Beerdigung wurde der Sarg am Sterbe-Haus abgeholt. Er rollte im offenen Wagen – von Pferden gezogen – aufgebahrt durchs Dorf, manchmal kilometerweit. Vornweg gingen der Pfarrer und der »Kreuzträger«, ein Kind im schwarzen Umhang. Hinter dem Wagen schritten die Trauernden, die älteren Bauern trugen damals noch schwarze Anzüge und Zylinder.

Röntgenreihenuntersuchung

Die Lungenkrankheit Tuberkulose hatte in der Nachkriegszeit verheerend gewütet. Nach und nach wurden Schilder an den bäuerlichen Ställen angebracht mit dem Hinweis »Tuberkulosefreier Rinderbestand« und machten so deutlich, dass die Seuche allmählich eingedämmt werden konnte. Um aber erkrankte Menschen rechtzeitig ausfindig machen und behandeln zu können, wurde in der DDR ein engmaschiges Früherkennungs- und Vorsorgesystem eingeführt.

Einmal im Jahr war deswegen das ganze Dorf auf den Beinen. Jeder Bürger musste antreten, um seine Lunge röntgen zu lassen. Dafür stand ein großer bauwagenähnlicher weißer Wagen auf dem Platz vor dem Dorfgasthof, auf der Seitenwand stand in großen Lettern geschrieben: »Röntgenzug«. Die Leute standen Schlange, Karteikarten wurden verglichen, dann hieß es: »Bitte den Oberkörper freimachen«, nun war man allein in der großen Maschine, presste seine Brust an eine kalte Platte, »Luft anhalten«, es rasselte und war irgendwie unheimlich, und dann war der nächste dran. Wir Kinder gingen gleich in Schulklassenformation während des Unterrichts dorthin.

Einmal im Jahr kam der Zahnarzt in die Schule und inspizierte die Gebisse aller Kinder. Und auch der Landarzt kam jedes Jahr und kontrollierte den Gesundheitszustand aller Kinder gleich im Klassenzimmer. Wir wurden »abgehört« und abgeklopft, bei Auffälligkeiten zur Behandlung in die nächste Sprechstunde bestellt. Und wir wurden gleich klassenweise in der Schule geimpft, zum Beispiel gegen Pocken, Tuberkulose oder Kinderlähmung; Impfen war Pflicht, und das war gut so! Und da eine vollwertige Nahrungs-Versorgung für viele Kinder in der Nachkriegszeit zu Hause nicht gewährleistet war, gab es für alle Kinder jeden Tag kostenlos einen Viertelliter »Schulmilch«. Und an der »Schulspeisung« – als Mittagessen angeboten zu sehr moderaten Kosten – nahmen fast alle Schüler teil.

Die medizinische Versorgung wurde staatlich organisiert. Im Nachbardorf gab es ein »Landambulatorium«, in dem ein vom Staat gegen Gehalt angestellter Arzt täglich Sprechstunden hielt. Einmal in der Woche kam auch ein Zahnarzt dorthin. Dem Arzt zugeteilt waren »Gemeindeschwestern« in den einzelnen Dörfern, die in den Gemeindeschwesternstationen kleinere Versorgungsfälle selbst »verarzten« konnten. Auch in diesen Außenstellen hielt der Arzt regelmäßig Sprechstunden ab.

Wirtshaus
In der Dorfkneipe hatten wir Kinder eigentlich nichts zu suchen, höchstens gab's da mal Limonade zu holen. Aber weil's manchmal am Wochenende dort hoch her ging, schlichen wir doch hin und wieder in der Dämmerung hin. Durch die offenen Türen drangen die rustikalen Klänge der Tanz-Kapelle nach draußen. Paare knutschten an der Hecke des Kneipengartens. Besoffene entleerten sich. Schlägereien gehörten (leider) auch zu einem »richtigen« Tanzabend. Erst gab's Rempeleien aus nichtigem Anlass, schließlich krachte ein gläserner Liter-Bierkrug auf den Tresen. »Komm mal mit raus«, hieß es, und dann war Remmidemmi.

Interessanter für mich als 13-jährigen war ein Geld-Spiel-Automat, der in der Wirtsstube an der Wand hing. Da konnte man Spielmarken kaufen und versuchen, sie mit Geschick in die richtigen, gewinnträchtigen Löcher zu schnipsen. Ich war ein paar Wochen lang richtig süchtig und habe alles Geld, das ich zu Hause in meiner Sparbüchse – und anderswo – fand, in diesem Kasten versenkt.

Bach andämmen
Durch unser Grundstück floss ein kleines Rinnsal, auf der anderen Straßenseite war der Dorfbach – genug Verlockung für tagelange bauliche Unternehmungen. »Bach andämmen« hieß das Stichwort, das ganze Gruppen von Jungs beflügelte. Wir rückten mit väterlichen Spaten an, erweiterten das Bachbett zu kleineren Seen, schleppten Bretter und Steine heran, um daraus Dämme und Sperrmauern zu errichten. Mit Schlamm und Grasbüscheln versuchten wir, die Bauwerke abzudichten. Das Wasser stieg, die Tümpel füllten sich, man konnte Schiffchen fahren lassen ... und was eigentlich noch? Irgendwann zogen die Bautrupps ab, am Ende siegte immer das Wasser, das unsere Dämme durchbrach und die errichteten Barrieren wieder wegriss.

Bettel-Kinder
Einmal im Jahr brach im Dorf die »große Armut« aus. Betroffen waren vor allem Kinder, kleinere zumal. In Lumpen und Decken und großväterliche Jacken gehüllt zogen sie klagend von Haus zu Haus:

»Ich bin dr gleene Geenich,
gebbt mr nich zu weenich,
lassd mich nich zu lange schdehn,
ich will e Heisel weidergehn.«

– und was der Sprüche mehr waren.

Wenigstens ein »Gedicht« dieser Art musste jeder aufsagen können. Denn erst nach dieser Mühe kriegten wir was. Faschingsdienstag war Betteltag. In kleinen Gruppen zogen die Kinder verkleidet von Haus zu Haus, rumpelten an den Türen, warfen Konfetti in die Hausflure und zogen erst ab, wenn Bonbons oder extra gebackene »Kräppelchen« – aus Pfannkuchenteig – oder auch kleine Geldmünzen in ihre Beutel gefüllt wurden. Abends wurde die klebrige Beute zu Hause bilanziert.
    Eine weitere Gelegenheit zum Betteln waren Hochzeiten. Während ein Paar in der Kirche feierlich vermählt wurde, sammelten sich heimlich am Weg den Kirchberg hinunter kleine Wegelagerer. Hier, wo das Brautpaar auf jeden Fall vorbeikommen musste, wurde ein Seil quer über den Weg gespannt. Oft waren einige schnell gepflückte Blumen hineingebunden. Und dann erschien der würdevolle Brautzug. Wehe dem Bräutigam, der solche

Spiele nicht kannte. Mancher war vorbereitet und hatte eine Tasche mit Kleingeld gefüllt, das er nun mit Schwung über das sperrende Seil warf. Auf der anderen Seite wartete eine Kinderschar, die sich jauchzend auf den Geldregen stürzte und zum Dank anschließend das Seil losband. Manchmal hatten wir besonderes Glück, wenn nämlich der Bräutigam sich in der Aufregung oder in Unkenntnis nicht mit Kleingeld eingedeckt hatte und nun erst einmal selbst bei den Hochzeitsgästen betteln gehen musste – da war unter den anschließend geworfenen Geldstücken auch manches Mark- oder Zwei-Mark-Stück. Ganz böse Buben haben manchmal auch zwanzig Meter weiter noch ein zweites Seil gespannt.

Blasebalg-Treten
In jeder Kirche in unseren Dörfern stand eine Orgel zur Begleitung der sonntäglichen Gesänge im Gottesdienst. Meist gab es schon ein elektrisch getriebenes Gebläse, das Luft in die Orgelpfeifen blies und sie zum Klingen brachte. Aber in unserem Nachbardorf Pfaffroda war das noch wie vor hundert Jahren. Dort musste, wenn der Kantor Orgel spielen wollte, ein zweiter Mensch da sein und den Blasebalg treten. Manchmal war ich dieser Blasebalgtreter. Der Gottesdienst begann, ich hockte auf der Treppe zum Glockenturm – in Bereitschaft. Dann bekam ich ein Signal vom Kantor, dass jetzt Luft nötig sei. Ich rannte eine Etage höher in den Turm. Dort war eine Extra-Kammer. Darin befand sich ein großer Kasten, in zwei Teilen aus Holz gefertigt und mit Ziegenleder abgedichtet. Der obere Kastenteil war beweglich. Man konnte ihn mit einem Tretbalken als Hebel nach oben drücken, dadurch wurde Luft angesaugt, und dann hatte man ein Luftreservoir, aus dem mit gleichmäßigem Druck ein regelmäßiger Luftstrom in die Orgel gehen konnte; der Blasebalg war also ein Luft-Vorrats-Gefäß, in der Funktion ähnlich wie ein Dudelsack. Zum »Luftpumpen« stellte ich mich auf zwei Balken, die im Wechsel nach unten getreten werden mussten, um den Blasebalg-Kasten ständig neu mit Luft zu füllen.Misslich war es, wenn man – weil das Orgelspiel weit weg stattfand – das Blasebalgtreten zu zeitig beendete: Dann erstarb der Choral in einem jämmerlichen Gewimmer der Orgel.

Die Einsamkeit von Straßendorf-Kindern
Unser Dorf zog sich an einer Straße hin. Häuser und Gehöfte waren fast durchweg nur auf einer Seite errichtet worden. Einen richtigen Dorfkern gab es nicht. Das führte dazu, dass die Leute weit auseinander wohnten, dass es wenig Nachbarkinder gab, denen man einfach mal so über den Weg

lief und die man zum gemeinsamen Spielen mitschleppen konnte. Wenn man überhaupt einen Freund hatte, dann war es der, der zufällig am nächsten wohnte – und das konnte schon bei Klassenkameraden einen Kilometer weit sein. Man musste sich richtig verabreden für irgendwelche Lausbübereien, und deshalb saß ich oft dann allein in der Wohnung und las Indianerbücher.

Umsiedler
Eigentlich sprachen alle im Dorf sächsisch. Aber manche Leute sprachen ganz anders. Wir bekamen mit: Das waren »Umsiedler«. Praktisch in jedem Haus waren in den Nachkriegsjahren solche Familien einquartiert. Sie waren nach dem verlorenen Krieg aus ihrer Heimat vertrieben worden, stammten aus Dörfern, die jetzt zu Polen oder der Tschechei gehörten. Meist waren sie ohne Hab und Gut gekommen und lebten recht ärmlich; wie schlecht es bei ihnen zu Hause wirklich aussah, merkten wir in der Schule an der geflickten Kleidung und den fehlenden Schulbroten.

Ich habe erst später begriffen, dass es im Dorf doch ein Unterschied war, ob eine Familie schon immer dort lebte, oder ob jemand ein »Zugereister«, ein »Eingeheirateter« oder eben ein »Umsiedler« war – die gehörten so ganz richtig nie »dazu«. Vier Jahrzehnte DDR-Zeit hatten eigentlich vieles im Sozialgefüge nivelliert. Die ehemaligen Bauern und deren Kinder waren in dieser Zeit Traktoristen, Schlosser, Viehpfleger, Agraringenieure, eben gleichberechtigte »Kollegen« geworden. Aber doch feierten noch immer nur die Familien miteinander Geburtstage und Kindstaufen, deren Großväter »Vierspänner« oder »Sechsspänner« gewesen waren, die also vier oder sechs Pferde anschirren konnten; Leute mit nur einem Pferd oder gar ohne eigenen Grund und Boden lebten in einer anderen (Preis-)Klasse.

Lange Leitung zum Fräulein vom Amt
In den 1960er Jahren ein Telefon zu haben, war ein großes Privileg. Die meisten Leute mussten andere Wege beschreiten, um Mitmenschen eine Nachricht zukommen zu lassen. In dringenden Fällen rief man dann bei jemandem an, der in der Nähe der Zielperson wohnte und von dem man wusste, dass er ein Telefon besaß, und bat ihn, doch einmal bei den Großeltern vorbeizugehen und ihnen folgendes auszurichten ... Oder man schickte ein Telegramm, das per Formular-Vordruck am Postschalter »aufgegeben« wurde oder auch über's Telefon. Dann rief man das »Fräulein vom Amt« an, das den Text entgegennahm. Die Nachricht wurde dem

Empfänger von einem Telegrammboten überbracht und handschriftlich oder in Form ausgedruckter schmaler Textstreifen, die auf ein größeres Formular-Blatt aufgeklebt waren, ausgehändigt. Da stand zum Beispiel: VERGISS NICHT KOMMA DEN KUCHEN MITZUBRINGEN STOP MUTTER. Man konnte auch Telegramme mit bezahlter Rückantwort aufgeben, die Antwort war dann auf eine bestimmte Anzahl von Worten beschränkt. In diesem Fall wartete der Bote und nahm die Antwort gleich entgegen.

Bis in die 1970er Jahre hinein war freies Telefonieren nur im eigenen Ortsnetz und in der unmittelbaren Umgebung möglich. Alle anderen Gespräche wurden von Hand vermittelt, das bedeutete, man rief das Fernamt an, bekam, wenn man Glück hatte, eine nette Frau an den Apparat, sagte ihr, dass man ein Gespräch anmelden wolle, in welchen Ort und zu welcher Rufnummer. Manchmal konnte die gewünschte Verbindung gleich hergestellt werden, aber oft legten beide Seiten erst einmal den Hörer wieder auf, und zehn Minuten oder auch zwei Stunden später rief das »Fräulein« vom Amt (die wurden wirklich so angesprochen) erneut an und konnte nun endlich den gewünschten Kontakt herstellen.

Die Post hatte es in jenen Jahren auch nicht leicht. Wenn zum Beispiel jemand aus Pirna an uns schrieb, konnte auf dem Brief stehen »Familie Krause, Schönberg bei Meerane, Pfarre«. Keine Postleitzahl, keine Hausnummer (obwohl unser Haus eine hatte) – »Pfarre« war eine ältere Bezeichnung für das Pfarrgut bzw. die Pfarrstelle, auf der ein Pfarrer Dienst tat. Oder wir waren zu suchen unter »Schönberg/Sa.«, wobei es Sachsen als Land in den 1950er Jahren in der DDR offiziell gar nicht mehr gab.

Himmelhupp und Gliggser

Mit etwas Abstand habe ich – als Junge – die komplizierten Spiele beobachtet, mit denen sich die Mädchen vergnügten. Eines davon hieß »Himmelhupp«. Ein gern genutzter Platz dafür war die Mitte der Straßenkreuzung vor unserem Grundstück. Erstens kam da nur höchst selten ein Gefährt schneller als im Pferdeschritt daher, und zweitens hatte die Straße noch keine Asphaltdecke, sondern bestand einfach aus festgefahrenem Kies und Sand. Für das Spiel mussten zunächst viele rechteckige Felder auf den Boden geritzt werden. Dann wurden kleine Porzellanscherben geworfen, die bestimmte Felder treffen mussten. Diese Steinchen hießen »Gliggser« – das bedeutete vielleicht so etwas wie »Glückser«, Glückssteine. Und nun hopsten die Mädchen, mal auf einem Bein und mal auf zweien, mal vorwärts und mal rückwärts, und dabei sammelten sie die Steine wieder ein. Ohne auf eine Linie zu treten, verstand sich. Dann war die nächste dran.

Einmal habe ich aber doch bei so einem Mädchen-Wettbewerb mitgemacht. Plötzlich hatten alle Kinder in der Nachbarschaft ein »Strickliesel«. Die kleinen bunten Püppchen gab's zu kaufen, aber es tat auch eine große hölzerne Garnrolle, in die vier kleine Nägel geschlagen wurden. Mit einem solchen Gerät, mütterlicher Wolle und etwas Geschick war es möglich, einen bleistiftdicken hohlen Schlauch zu stricken. Daraus ließen sich zum Beispiel Topflappen fertigen. Uns aber hatte der Ehrgeiz gepackt, wer den längsten Strick produzieren konnte. Und so sah man wochenlang überall im Dorf Kinder, die in jeder freien Minute strickten und meterlange bunte Woll-Schlangen mit sich herumschleppten.

Rodelspaß und Zwirnseln
Richtiger Winter war früher natürlich jedes Jahr! Und wenn es dann endlich knackig kalt war und der Schnee die Landschaft weiß bedeckte, gab es kein Halten mehr. Nach der Schule flog der Ranzen in die Ecke und wir trabten, den Rodelschlitten hinter uns her ziehend, übers Feld. Rechts und links stoben die aufgeschreckten Hasen davon. Unser Ziel waren die Hügel und Wiesen-Hänge im Dorf, an denen sich auch die anderen Kinder sammelten. Und dann stapften wir stundenlang immer wieder zur Höhe hinauf, um die kurze Seligkeit des Hinabgleitens zu genießen. Manchmal »kettelten« wir auch zwei oder mehrere Schlitten fest zusammen und fuhren »Bob«, jeweils der auf dem hinteren Schlitten steuerte den vorderen. Eine dicht gedrängte Kinderschar hockte auf dem Schlitten-Wurm, der mit Schreien und Quieken zu Tale schoss und – nicht ganz unbeabsichtigt – unterwegs oft alle Insassen im tiefen Schnee abkippte. Später hatten wir manchmal auch Schneeschuhe an den Füßen. Da wurden fachkundig Sprung-Schanzen aus Brettern und Schnee errichtet, über die wir kühn hinuntersprangen ins Tal – manchmal auch tollkühn, nach zehn Metern Flug gab's da schon mal einen verstauchten Knöchel, oder das Leben eines Ski-Bretts endete im »Spitzen-Salat«.

Auch der schönste Wintertag ging irgendwann zu Ende. Müde und hungrig schlappten wir über die Felder nach Hause. Und erst dort – in der Wärme der Stube – tauten die klammen Finger und frierenden Füße langsam wieder auf, begleitet von einem typischen Schmerzgefühl, das »Zwirnseln« genannt wurde und erst allmählich nachließ, wenn die Füße auf mütterlichen Befehl in heißes Wasser gesteckt wurden. Heißer Tee – natürlich Marke »Doktor Hungers Kräutertee« – und viele Wurstschnitten brachten den Abend wieder ins Lot. Und vorsichtshalber wurden an kalten Tagen vor dem Schlafengehen auch noch die Bettdecken am Wohnzimmer-Ofen aufgewärmt.

Im Winter hatte der Schulweg seine besonderen Reize. Am Straßenrand gab es tiefe Schneewehen. In diese konnte man sich hineinfallen lassen, dann die Arme ausbreiten, und am Ende sah der hinterlassene Eindruck aus wie ein Vogel, der sein Gefieder ausgespreizt hat, oder auch wie der Abdruck eines »Engels«. Wir waren voller Schnee, schön nass, und eine überzeugende Ausrede für die Verspätung in der Schule war auch noch fällig.

Der Landfilm kommt
Den ersten Film meines Lebens habe ich zu meinem sechsten Geburtstag gesehen. Feierlich schritten Eltern und Tanten mit mir als Ehrengast in eines der zwei Kinos, die in der Kleinstadt nebenan existierten, und wir bewunderten »Das doppelte Lottchen«.

Wenige Jahre später gehörte Kino auch auf dem Dorf zum Alltag. Aller 14 Tage hingen neue Plakate am Kötheler Gasthof: »Der Landfilm kommt«. Und drunter stand noch, welchen Film für Erwachsene und welchen für Kinder er im Gepäck hatte. Der Landfilm war für uns Kinder ein Mann, der mit einem klapperigen Auto vorfuhr, eine beeindruckende Menge an Gerüsten und Technik und Kisten auspackte und auf einer Seitenfläche des großen Tanzsaales Leinwand und Kino-Projektor installierte, ständig beobachtet und unterstützt von einer neugierigen Kinderschar. Der Landfilm spielte für Kinder zum Preis von 25 Pfennigen, abends bei den Erwachsenen verlangte er 80 Pfennige Eintritt. Als Gegenleistung brachte er Kultur zu uns, manchmal heitere und unterhaltsame, meist aber revolutionär-belehrende Filme. Wiederholungen waren häufig; einige Jungen aus meiner Schulklasse hatten in kurzer Zeit das – aus Sicht der Politabteilung »Agitation und Propaganda« offensichtlich pädagogisch bedeutsame – Werk »Schüsse an der Grenze« fünfmal gesehen und sprachen die Dialoge mit. Aber da es zu dem Zeitpunkt noch kein Fernsehen gab, bot der Landfilm willkommene Abwechslung und die Vorstellungen waren gut besucht. Wichtiger Bestandteil des Programms war die Wochenschau »Der Augenzeuge«, die immer zum Start gezeigt wurde, zwar schon Monate alt war, aber ein Stück Information – und Agitation – über die große weite Welt draußen ins Dorf brachte. Kino war auch im kältesten Winter. Dann wusste das Publikum Bescheid, jeder klemmte ein paar Scheite Holz oder einen Beutel mit Braunkohlen-Briketts unter den Arm, in der Saalecke bullerte rotglühend ein Eisenofen, und dort herum scharte sich das Volk. Die

Städter hatten's da besser und die beiden Kinos im Nachbarstädtchen in den noch weithin fernsehfreien Zeiten der 1950er, 1960er und auch 1970er Jahre guten Zulauf.

Nasspresssteine
Ein Stück außerhalb des Dorfes gab es eine »Kohlengrube«. So richtig was von Grube war eigentlich nicht zu sehen, wenn man von den ständigen Einbrüchen und Absenkungen der Straße absah, die dort vorbeiführte. Aber es war tatsächlich ein Braunkohlen-Schacht, meines Wissens der südlichste im Mitteldeutschen Revier. Man merkte das am Inhalt von einer Art großen Regalen, die die Straße säumten. Dort lagerten ordentlich gestapelt ziegelgroße dreckig-dunkle Quader. Sie bestanden aus sehr minderwertiger Braunkohle – eher von Blumenerde-Qualität –, die gepresst worden war, und sollten an der Luft trocknen. Nasspresssteine hießen sie amtlich und waren in den Nachkriegsjahren das einzige käufliche Heizmaterial in unserer Region. Gewonnen wurde der Rohstoff in etwa fünfundzwanzig Metern Tiefe, untertage, in mühsamer und gefährlicher Handarbeit mit Hacken und Schaufeln. Bei uns zu Hause wurden die Torfsteine im Keller gestapelt und zusammen mit Holzabfällen im Kachelofen verbrannt. In den 1960er Jahren wurden sie von Braunkohlebriketts abgelöst. Vom Braunkohlebergbau im Dorf zeugen heute nur noch Bergschäden in Gestalt einer – durch Einbrüche – ungewöhnlich »gewellten« Straße. (Erst als ich mich als Rentner gründlicher mit der Geschichte meiner Heimat beschäftigt habe, wurde mir klar, dass schon seit Mitte des 19. Jahrhunderts einige Bauern im Nachbardorf im Nebenerwerb Braunkohlenbergbau betrieben hatten. Untertage! Und mit bis zu 40 Beschäftigten in einem Betrieb!)

Mit Braunkohle zu heizen war eine richtige Kunst. Zunächst mussten die im Keller gebunkerten Briketts mit Eimern in die Wohnung geholt werden. Der Kachelofen hatte zwei Türchen. Im oben liegenden Feuerraum des Ofens wurde auf einem Eisenrost aus Zeitungspapier und dünnen Holzscheiten ein kleines Nest gebaut und zum Brennen gebracht. Wenn der Schornstein richtig »zog« und das Holz Feuer gefangen hatte, wurden vorsichtig und mit System Briketts darum und darüber geschichtet. Die Ofentür wurde geschlossen, und nun konnte über die offene Tür des darunter befindlichen Ascheraums richtiger »Zug« entstehen. Die Intensität des Brennvorgangs konnte durch das Öffnen oder Schließen der unteren Klappe geregelt werden. Wenn nach einer halben oder einer Stunde die Briketts »durchgebrannt« waren – das heißt nur noch helle weißrote Glut zu sehen war –, konnte der Ofen »zugeschraubt« werden; jetzt waren also beide Ofentüren fest verschlossen. Die durch kleine Fugen und Spalten neben der Tür weiter einströmende Restluft reichte aus, um den Brennvorgang langsam zu Ende zu bringen. Wenn man den Ofen zu zeitig schloss, bestand die Gefahr, dass nicht vollständig verbranntes giftiges Kohlenmonoxid in den Wohn-Raum zurückströmte!

Da das Anheizen ein recht mühsamer Prozess war, ist das Verfahren manchmal abgekürzt worden. Dann wurde mit einer Schaufel direkt aus dem Feuerraum eines »durchgebrannten« Ofens ein Teil der Glut entnommen und vorsichtig zum nächsten Ofen getragen und bildete die Grundlage für ein neues Feuer. Im eisernen Aschekasten unter dem Feuerraum sammelte sich die weißlich-graue Asche, die später durchs Haus hinunter zur Aschengrube getragen werden musste. Die Asche fand auch als Dünger im Garten und auf winterglatten Wegen als Streumittel Verwendung.

Lebenskunde
Unterricht für wesentliche Dinge, die man fürs Leben wissen muss und brauchen kann, gab's gratis und nebenbei. In fast jedem Haushalt fanden sich mehr oder weniger gut gezimmerte Bretterkisten, in denen Stall-Hasen – die ja eigentlich Kaninchen sind – hausten. Hin und wieder wurden die weiblichen Tiere in eine Ledertasche gepackt. Und ab ging es zum Nachbarn, der einen »Rammler« hatte. Die beiden Tiere wurden zusammengesperrt, beschnupperten sich ein Weilchen, dann saß das männliche Tier kurz obenauf, knurrte und »rammelte«, und das war's schon. Ein paar Wochen später »warf« »die Alte«, und es gab junge Hasen zu besichtigen. So war das also mit dem Kinderkriegen. Der Hahn und die Hühner in Kirbachs Garten machten es ähnlich.

Eine Katze, manchmal war's auch ein Kater, gehörte natürlich auch all die Jahre zu unserem Haushalt. Und Katzen begnügten sich nicht mit ihrem Job, Mäuse zu fangen, zweimal im Jahr ließen sie sich auch von Katern umwerben. Im Ergebnis der lautstarken und nervtötenden Gesänge in den Hochzeitsnächten kamen regelmäßig kleine Katzen zur Welt, und einmal fand die Geburt ganz öffentlich auf dem Sofa in unserem Wohnzimmer statt. Also war auch das klar.

Tiere gehörten zum Haushalt, auch irgendwie zur Familie. Umso schlimmer, wenn dann einer unserer Hausgenossen starb. Manche Katze hat ein richtiges Begräbnis erhalten, mit Sarg (Schuhkarton), Blumenkreuz und Gedenkstein. Tiere zu haben war nicht nur Lust, es brachte auch Pflichten.

Das »Katzenklo« – bei uns ein eiserner Kasten, gefüllt mit Braunkohlenasche – musste täglich geleert und neu befüllt werden, die »Hasen« hockten auf schnell wachsenden Mistbergen, die irgendwann ausgeräumt werden mussten, natürlich von mir, dem stolzen Besitzer.

Karbid und Motzen
Das ist einer der Gerüche, die ich nie loskriegen werde: faule Eier, vergammelte Kartoffeln, etwas Rettich ...
Karbid hatte jeder ordentliche Mann zu Hause, jedenfalls, wenn er nachts Rad fahren wollte. Da wurde nämlich die Karbidlampe angezündet. Dazu war zunächst ein Behälter mit trockenen Karbid-Brocken zu füllen. Darüber befand sich ein kleines Gefäß mit Wasser. Aus diesem tropfte – vorsichtig zu regulieren mit einem Hahn – Wasser ins Karbid. Durch eine chemische Reaktion wird ein Gas freigesetzt (Azetylen), das man anbrennen kann. Das so erzeugte flackernde Licht half dem Mann, den Weg von der Männerchor-Probe nach Hause zu finden.
Auch wenn der Schmied schweißen wollte, benutzte er Karbid zur Herstellung von Schweiß-Gas.
Und wir Jungens hatten noch ganz anderes gehört: Wer Karbidpulver in eine Blechdose oder Glasflasche füllt, gleich richtig viel Wasser reintut, das Gefäß schnell fest zudeckelt und in einen Fischteich wirft, der hat – nach einer ordentlichen Explosion – zu Mittag Fisch in der Pfanne. Geredet haben wir viel, getraut hat sich's keiner. Aber die größeren halbwüchsigen Jungen ließen es schon manchmal schrecklich in den Sandgruben krachen.
Jedes Jahr im Frühling frönten wir Kinder – und auch manche Erwachsene – einem anderen zweifelhaften Vergnügen. An Wiesenhängen und Wegrändern fanden sich überall schwarze Brandstellen und glimmende Grasreste. Wir gingen »motzen« (mit »langem« ooo zu sprechen). Mit der Begründung, dass das gut sei für den Neuaustrieb des Grases im Frühling, wurde alles alte Gras abgefackelt. Und wenn sich die Flämmlein züngelnd durch dicht und dünn vorwärts fraßen, dann hatte das einen verführerischen Reiz, dem wir jahrelang einfach nicht widerstehen konnten.

Weiden-Ernte
Jedes Jahr einmal stand ein Mann vor unserer Tür. Er fragte artig meinen Vater als Grundstückseigentümer, ob er unsere Weiden schneiden dürfte. Er durfte natürlich. Und dann ging er hin an den Dorfbach, wo die Kopfweiden standen. Aus ihren Stümpfen war im letzten Jahr ein Schopf ein-

zelner, dünner, langer Ruten hervor geschossen. Und die brauchte er. Der Mann war nämlich Korbmacher. Er flocht aus den Ruten, nachdem er sie getrocknet hatte, allerlei nützliches Gerät und Korbartiges. Und er pflegte gleichzeitig durch den regelmäßigen Schnitt unsere Weiden und sorgte dafür, dass sie nicht ins Kraut schießen konnten.

Sintflut
Aller paar Jahre gab's eine Überschwemmung. Nach längeren Regenperioden oder katastrophalen Gewittergüssen konnte der Dorfbach die Wassermassen nicht mehr fassen. Eine wilde lehmig-braune Sturzflut schoss im Bachbett hinunter und trat bald über die Ufer. Kisten und Balken und allerlei Unrat aus den oberhalb gelegenen Grundstücken trieben in schneller Fahrt vorbei, bestaunt von neugierigen Kinderaugen. Das Spektakel dauerte nur ein oder zwei Stunden. Dann wurden wir zu Katastrophen-Touristen. Gummibestiefelt wanderten wir das Dorf hinauf. Und da war wirklich was los: Manche Grundstücke lagen deutlich tiefer als das Bachbett und hatten bei überlaufendem Wasser keine Chance. Zwar gab es Vorrichtungen, die dem Wasser den Weg in die Wohnstuben versperren sollten, aber oft saßen dann doch hilflose Nachbarn neben ihrem tropfnassen Hausrat. Für uns Kinder war es interessanter, dass nun auch der Sportplatz tagelang unter Wasser stand und dort Fische herumschwammen. Einmal, als nach einem Gewitterguss das Wasser quer durch unseren Garten geschossen war, lagen zappelnde Fische sogar vor unserer Haustür.

Seuchenalarm
Alle paar Jahre brach große Hektik aus. Plakate hingen an den Häuserwänden und warnten vor der »Maul-und-Klauen-Seuche«. Quer über die Dorfstraße wurden am Dorf-Ein- und Ausgang »Seuchenmatten« errichtet, flache Holzkästen, mit Sägespänen gefüllt und mit einem Desinfektionsmittel getränkt – und da mussten unter Kontrolle alle Pferde und Fuhrwerksräder und Fußgänger durch, um die Krankheitserreger nicht weiterzutragen.

Feuerläuten
Ich habe mir meine erste Uhr mit 14 Jahren zur Konfirmation gewünscht. Uhren brauchte man eigentlich nicht im Alltag, die Rhythmen des Tages waren klar, und bei Notwendigkeit wurde daran erinnert. Den Pulsschlag der Zeit gaben die Kirchenglocken an. An Werktagen wurde früh um sechs Uhr – winters um sieben – geläutet: Der Arbeitstag begann. Dann ertönten

die Glocken wieder mittags um 11: Das war das Signal an die Bauern auf den Feldern, damit sie rechtzeitig zu Mittag wieder auf dem Hof waren, um zu essen und sich selbst und den Pferden zwei Stunden notwendige Pause zu gönnen. Das dritte Mal läutete es abends um 6 Uhr – winters um 5 –, alle kehrten jetzt heim, und auf vielen Höfen gab es eine »Dämmerstunde« im wahrsten Sinne des Wortes. Man wartete ab, bis es richtig dunkel wurde und »dämmerte« zur Erholung vor sich hin, ehe die abendlichen Arbeiten in Haus und Stall begannen.

Das Läuten – alle im Dorf sagten: »Lauten« – der Kirchturmglocken war eine wichtige und höchst amtliche Tätigkeit. Jahrzehnte lang stieg »Thiemes Ida« dreimal täglich auf unseren Turm, schwenkte die Glockenseile und zog durch Drehen mächtiger Kurbeln die Gewichte der Turmuhr auf. Die rüstige alte Frau hatte nicht nur das Alltags-Geläut zuverlässig zu besorgen, da gab es noch eine Menge weiterer sehr differenzierter Läute-Regeln:

- Zum sonntäglichen Gottesdienst wurde eine Stunde und dann noch einmal eine halbe Stunde vor Beginn mit der mittleren Glocke »vorgeläutet«, als Erinnerungsruf an die Gläubigen, sich nun auf den Weg zu machen. Dann zum Gottesdienstbeginn wurde mit allen drei Glocken geläutet.
- Wenn jemand gestorben war, wurde am Tag vor der Beerdigung um 9 Uhr drei Mal im Abstand von je einer Viertelstunde »ausgeläutet« (Hinweis an alle im Dorf, dass es einen Todesfall gab). Zur Beerdigung selbst wurde zunächst die große Glocke allein angeschlagen, beim Gang zum Grab läuteten dann alle Glocken.
- Taufen erforderten den Klang der kleinsten Glocke, für Hochzeiten gab es wieder andere Regeln.
- »Ausgeläutet« wurden nicht nur Verstorbene, sondern auch das alte Jahr am Silvester-Abend: Eine Viertelstunde (irritierenderweise) vor dem Jahreswechsel schwangen alle drei Glocken noch einmal zur Verabschiedung des Jahres, Punkt Mitternacht wurde dann mit vollem Klang das »Neue« eingeläutet, und das passierte noch zwei Mal eine viertel und eine halbe Stunde später und dauerte jeweils zehn Minuten lang.

Einmal schreckten uns Schulkinder unbekannte, bedrohliche Schläge der »großen« Glocke – die Schule stand unmittelbar neben dem Kirchturm. Thiemes Ida war eben auch für den Feueralarm zuständig. Im Nachbardorf brannte »Dietzmanns Scheune«. Frau Thieme war durch einen Boten alarmiert worden – ein Telefon hatte damals fast niemand im Dorf. Nun stand sie unmittelbar unter der großen Glocke und bewegte mit der Hand den schweren Klöppel, der gegen die Glocke schlug. Das war »Feuerläuten« und klang ganz anders, als wenn die Glocke mit dem Seil in Bewegung gebracht wurde. Der Alarm ward im Dorf gehört, die Mitglieder der Freiwilligen Feuerwehr sammelten sich und rückten aus, und wir kriegten schulfrei, rannten mit Schulranzen zum Ort des Geschehens und lauschten angesichts von rauchenden Trümmern den gruseligen Berichten und Vermutungen der anderen Schaulustigen.

Der erste Fernseher
Es ging Mitte der 1950er Jahre wie ein Lauffeuer durchs Dorf: In der Stadt gibt es einen »Fernseher«! Wir Jungen machten uns sofort mit dem Fahrrad auf den Weg, um dieses Weltwunder zu besichtigen. Mit vielen anderen Schaulustigen drückten wir uns die Nasen platt an der Schaufensterscheibe eines Rundfunkladens und staunten. Eine kleine, rundliche Mattscheibe, vielleicht 30 Zentimeter in der Diagonale, zeigte verschwommene, schwarzweiße, aber eben bewegliche Bilder. Wir guckten alles an, was kam, das Flimmerbild machte süchtig. Bald kam ein wichtiger Unterschied hinzu. Es gab nämlich Ost- und West-Fernsehen. Um letzteres zu empfangen, brauchte man etwas Geschick, um provisorische Antennen aus aufgespannten Drähten zu basteln. Die »Tagesschau« wurde fester abendlicher Programmpunkt, der »Weltspiegel« oder Werner Höfers sonntäglicher »Frühschoppen« machten fortan die Welt etwas größer. In der DDR war West-Fernsehen politisch nicht erwünscht. Die Antennen wurden im Dachgebälk versteckt. Fast jeder guckte, aber man redete nicht drüber.

Absatz-Reißer
Gleich vor unserem Haus lag der »Pfarrteich«. Zum Baden war die schlammig-trübe Brühe weniger geeignet, obwohl wir auch das, genauso wie das Kahnfahren mit alten Badewannen oder das Flößen auf schwimmfähig gemachten alten Haustüren, versucht haben. Aber paradiesisch wurde es im Winter. Kaum gab es einige Tage Frost, standen wir Kinder zunächst angstvoll-sinnend vor der lockenden silbrigen Eisfläche, stießen bald Stöcke durch das Eis, um seine Dicke zu erkunden, und wenig später lag der erste mutig auf dem Bauch und robbte hinüber zur Insel in der Teichmitte. Wenn das gelang, ohne dass einer von uns einbrach, durchs eisige Wasser waten

und zu Hause einiges erklären musste, ging die frohe Kunde durchs Dorf: »Es hält!«. Und bald tobten viele Kinder auf der manchmal noch immer warnend knackenden Eisfläche herum. Einige brachten Schlittschuhe mit, die sie in heimischen Bodenkammern gefunden hatten. Die Schlittschuhe wurden mit krallenförmigen Backen von der Seite her an die Sohle von Schuhen angeschraubt. Und als Schuhe war uns Kindern dabei alles recht, was wir gerade an den Füßen trugen. Aber bei den wilden Jagden, die dann auf dem Eis stattfanden, strauchelte immer wieder mal einer. Die Schuhsohlen oder noch öfter die Absätze überlebten die heftigen Prüfungen nicht und rissen komplett ab. Manchmal haben wir heimlich die Schuhe – es waren ja in der Regel unsere einzigen Winterschuhe – selbst wieder zusammengenagelt, aber der Verschleiß war für die Eltern wohl ziemlich ruinös.

Eulenkinder
»Kinder – wollt ihr mal mit hoch auf den Kirchturm?« Keine Frage, wir wollten! Das war ein Privileg für uns Pfarrerskinder und das war auch immer ein besonderer Tag. Es ging viele steile, staubige Stufen hoch, die übersät waren mit Tausenden toter Fliegen, noch eine Etage und noch eine. Vorbei am Kirchenboden – wurmstichige Stühle und alte Kisten mit zerfledderten Büchern im Halbdunkel –, weiter zur tickenden Uhr, danach kam das Stockwerk, auf dem die drei Glocken hingen, und dann wurde es ganz dunkel. Es galt, eine Leiter zu ertasten, die sehr steil in totaler Finsternis nach oben führte. Der erste, der ganz oben ankam, musste eine schwere Abdeckplatte anheben und wegschieben, und dann konnten wir hinauskriechen auf die »Aussicht«, eine mit Sicherheitsbarriere umgebene Plattform, von der aus sich ein weiter Rundumblick auftat. Als Sahnehäubchen eines solchen Ausflugs stiegen wir manchmal ganz vorsichtig noch eine Ebene weiter hinauf. Durch ein enges Loch gelangte man in den Turmkopf. Wenn sich die Augen an das Dunkel gewöhnt hatten, tauchten merkwürdige Wesen auf, gefiederte grau-weißliche und später braune Wollbälle, alle unterschiedlich groß (Schleiereulen legen im Abstand von etwa zwei Tagen bis zu 12 Eier und beginnen schon nach der Ablage des ersten Eis zu brüten, entsprechend schlüpfen auch die Jungen nacheinander). Da saßen nun stumm die jungen Eulenkinder, starrten uns Menschenkinder an und wunderten sich über den Besuch.

Auf dem Weg wieder hinunter vom Turm steckten wir uns dann immer einige unscheinbare grauschwarze Klumpen in die Hosentaschen. Wenn man diese Gewölle, die die Eulen als unverdauliche Reste ihrer Verdauung

– wieder durch den Schnabel – auswürgen, vorsichtig zerlegte, fanden sich säuberlich abgenagte Schädel von Mäusen oder deren diverse Gebeine – solche Funde zierten dann monatelang den Tisch im Jungenzimmer.

Als es noch Maikäfer gab
Eigentlich gab es die Maikäfer immer – irgendwann im Mai … Man ging hinaus, nahm sich einen beliebigen Baum vor, kurzes Schütteln an einem Ast, es machte KLACK, und unten lag ein Maikäfer, oder auch zwei oder drei. Tagsüber schliefen die Käfer im Geäst, um dann in der abendlichen Dämmerung brummend auf Brautschau zu fliegen. Dabei konnte man die schwerfälligen Tiere auch mit der Hand »abditschen«, das hieß zu Boden schlagen. Die Krabbeltiere wurden in Kartons mit Löchern gesammelt. Sie wurden fachkundig in Kategorien eingeteilt. Es gab nicht nur Männchen und Weibchen, wir unterschieden, je nach Farbe und Behaarung des Rückenpanzers, »Kaiser«, »König«, »Bäcker«, »Schornsteinfeger«, »Müller«. Sie mussten Wettrennen austragen. Sie mussten im Gespann Nussschalen ziehen. Wir hielten die Hand in die Höhe und beobachteten, wie sie auf die höchste Stelle des Fingers stiegen, dort erst einmal »pumpten«, dann zunächst die äußeren harten braunen Flügel entfalteten und danach noch die darunter liegenden durchsichtigen zarten, und dann durften sie starten. Maikäfer gehörten einfach zu jedem Mai dazu.

Einmal gab es eine Plage: Auf allen Bäumen, Eichen wie Linden und Kirschbäumen, knisterte, knackte und kackte es – da krümelte es wirklich ständig. Die Obstbäume – damals noch wichtiger Vitaminlieferant für den Winter – wurden täglich kahler unter der Invasion. Die Eltern riefen den Notstand aus. Das hieß, täglich eine Stunde früher als sonst aufzustehen, um noch vor Schulbeginn die schlafenden Käfer zu überraschen. Mit System schüttelte die ganze Familie einen Baum nach dem anderen, die kältestarren Krabbeltiere fielen zu Tausenden herunter, wurden schnell eingesammelt, in einen Eimer verfrachtet, und wenn der Eimer voll war, wurde kochendes Wasser hineingegossen. Die Brühkäfer durfte ich anschließend zu Bauer Wiegner tragen, wo sie als willkommenes eiweißreiches Zusatzfutter den Hühnern zum Fraße vorgeworfen wurden. Als Dank dafür, dass ich da mehr als eine Woche lang täglich mit einem Eimer erschienen war, gab's ein Körbchen Eier. Das war durchaus willkommen als Zusatz-Futter für meine Familie. Aber wir erlebten auch eine Überraschung: Durch die tagelange Fütterung der Hühner mit Maikäfern rochen und schmeckten die Eier penetrant nach gekautem Laub und Maikäferkacke!

Für'n Groschen frisches Brot
Für die Sonnentage im Sommer gab es das Sommerbad (Freibad). Zu dem in der Nachbarstadt wäre es auf der Straße vier Kilometer weit gewesen. Aber einen Bus gab es noch nicht, und ein Fahrrad hatte auch kaum eines der Kinder. Also Fußmarsch! Quer übers Feld war's etwas kürzer. Früh morgens wurden zu Hause Beutel gepackt: Dreiecksbadehose, Bademantel und ein Glas gezuckerte Johannisbeeren für Mittag. Mütterliche Ratschläge und Eintrittsgeld wurden entgegen genommen und dann begann eine Wanderung. Mit Pausen: Da war hier ein Mauseloch zu besichtigen, dort lag ein großer Strohhaufen, auf dem man herumspringen konnte, in einem Waldstück knackte es einmal Neugier weckend und ein andermal bedrohlich. Irgendwann war in der Ferne der typische Lärm eines Sommerbades zu vernehmen, dann wurde an der Kasse bezahlt – 10 Pfennige für »einmal Kind ohne Garderobe« – und ein langer Tag lag vor uns. Rumliegen, necken, untertauchen, schubsen, springen vom »Dreier« (Drei-Meter-Brett), rumstehen im Bademantel mit Zittern und blauen Lippen, und dann wieder hinein in die trübe braune Brühe (wenn man sich beim Tauchen auf den Grund des Schwimm-Beckens legte, konnte man tatsächlich von oben nicht mehr gesehen werden!). Irgendwann waren die mitgebrachten Vorräte aufgebraucht, aber der Magen meldete sich trotzdem. Dann wurde in den Tiefen des Badebeutels der Not-Groschen gesucht, jemand wurde ausgeguckt und marschierte los hinaus zum Bäckerladen. Da lag das Objekt der Begierde im Regal: frisch gebackene duftende Brote. »Bitte für'n Groschen Brot« – da gab es eine dicke Scheibe, die meist schon auf dem Weg ins Bad zurück angeknabbert wurde, und über den Rest fiel die zurückgebliebene Kinderschar gierig her. Das gab Kraft für den Rest des Nachmittags. Gegen Abend zogen müde-gespielte Kinder schnatternd wieder zu Fuß über die Felder gen Heimat.

Im Sommerbad bekam ich auch im zweiten Schuljahr die Chance, »richtig« Schwimmen zu lernen. Elterliche Anmeldung des zitternden Knäbleins beim Bademeister, eine knappe theoretische Einführung, ein paar Übungen »Trockenschwimmen«, bäuchlings liegend und mit den Armen rudernd auf einem speziellen tischartigen Gestell, und dann wurde ich schon das erste Mal zu Wasser gelassen. Ich baumelte an einer Art Angel: Von einem galgenartigen Gestell am Beckenrand hing ein Seil herunter, an dem ich mit einem Gurt angebunden wurde und nun prustend zu den Anweisungen des Bademeisters herumruderte.

Mutter nähte umgehend aus Leinenstoff zwei »Schwimmkissen«, die über ein Band miteinander verbunden waren – wenn der Stoff angefeuchtet wurde, konnte man über die Nähte Luft einblasen, die blasigen Beutel an der Brust befestigen und sich im Wasser tragen lassen. Einige Wochen später durfte ich mich dann »freischwimmen«. Das hieß, sich eine Viertelstunde lang schwimmend im »Tiefen« – dem Becken für Schwimmer – aufzuhalten, ohne den Beckenrand anzufassen – und danach gab's als Belohnung eine amtliche Urkunde in die nasse und zitternde Kinderhand. Ein Jahr später war der Ehrgeiz wieder so weit gekräftigt, dass es nun heißen konnte, die Prüfung für das »Fahrtenschwimmen« abzulegen, was bedeutete, diesmal eine Dreiviertelstunde lang im Kreis herum zu schwimmen und mutig vom Dreimeterbrett zu springen.

Hamsterschreck
Die Sommerferien hatten zwei erfreuliche Höhepunkte. Der eine war natürlich der erste Ferientag und die Aussicht auf acht endlos lange Wochen Pause. Der zweite wichtige Termin war der Tag, an dem die Bauern ihre Getreideernte endlich eingebracht hatten und gelbe stoppelige Felder hinterließen. Jetzt war Hamsterzeit!

Da inzwischen Feldhamster aus unserer Landschaft so gut wie verschwunden sind, eine Kurzerklärung: Das ist ein braun-schwarz-gelb-weiß gemustertes Nage-Tierchen, ausgewachsen etwa 20 Zentimeter lang, freches breites Gesicht mit großen Backentaschen, sammelt emsig Körner-Vorräte für lange Winter – und die holt es sich von den Feldern. Auch wir als Kinder hatten schon abenteuerliche Geschichten gehört, wie dieser grimmige Schädling riesige Kammern gräbt, dem armen Landwirt zentnerweise Getreide klaut und dort tief unter der Erde versteckt. Das wollten wir genauer wissen. Also wurden die Hamster einfach ausgegraben. Aber so einfach war das gar nicht. In langjähriger Sommerferien-Beschäftigung wurde die Technik immer mehr verfeinert. Da zog ein Trupp von Kindern los, bewaffnet mit einem oder auch zwei Spaten, Körben oder Beuteln (für die erhofften Körnerschätze) und mit mehreren Zwei-Liter-Einweck-Gläsern (als Transport-Gefängnis für eventuell erbeutete Tiere). Zunächst pirschten wir im Abstand von mehreren Metern in gerader Linie über das Feld, Ausschau haltend nach den typischen Erdhügeln. Fand sich nun auch ein Loch, aus dem die krümelige Erde ans Tageslicht befördert worden war, dann wurde erst einmal im Umkreis von fünf Metern nach weiteren Löchern gesucht. Ein richtiger lebenserprobter alter Hamster gräbt schon mal einen Bau, der ein ganzes System von Röhren umfasst, die jede mehrere Meter lang und alle miteinander verbunden sind. Da gibt es mehrere weit im Umkreis verteilte Eingangslöcher und auch »Noteinfahrten« für die schnelle Flucht; das sind senkrechte Fallrohre, die 50 bis 80 Zentimeter in die Tiefe reichen und in die sich der Hamster auf der Flucht hineinstürzt; ich habe oft die stummelschwänzigen dicken Hinterteile dort als letztes verschwinden sehen. Wenn alle Ein- und Ausgänge des Baus entdeckt waren, wurden alle bis auf einen fest mit Erdklumpen zugestopft. An dem einen verbliebenen Loch begann die Grabung, die bei größeren Bauen durchaus zwei Stunden dauern konnte. Mit dem Spaten folgten wir Stich um Stich dem Tunnelsystem. Jede Verzweigung wurde markiert, um dort eventuell später weiter zu graben, wenn Gang Nr.1 sich doch als Sackgasse erwies. Manchmal war ein Gang auch nur scheinbar zu Ende, weil der verfolgte Hamster von der anderen Seite her den Gang fest verstopfte und dabei emsig neue Wege grub. Irgendwo in den Röhren weiteten sich die Gänge zu Wohnstuben, ausgepolstert mit feinem trockenem Stroh, oder zu Vorratskammern. Mehr als eine Handvoll Körner haben wir darin nie gefunden. Manchmal stießen wir beim Vorantasten im Dunkel auch auf Kinderstuben, ausgelegt mit noch feinerem Stroh-Verbiss und bewohnt von 8 oder auch 12, in den ersten Lebenstagen noch blinden, in der Gestalt an kleine rosa Nilpferde erinnernden Hamster-Jungen. Die gewichtigeren Hamster-Väter wohnten übrigens nie mit ihren Familien zusammen, sondern unterhielten persönliche Tunnelanlagen. Die plump wirkenden erwachsenen Tiere waren außerordentlich gelenkig. Das merkte man schmerzlich, wenn man einen Hamster endlich am Ende seines Ganges erwischt hatte, er in einer Sackgasse feststeckte. Man sah nur das Stummelschwänzchen, fasste ihn daran und zog ihn aus der Röhre. Manchmal machte der Hamster eine blitzschnelle Drehung – und er hing mit seinen scharfen Nagetier-Zähnen am Kinder-Daumen! Und Hamster waren auch schnell, im Freien mussten wir ganz schön rennen, um mit ihnen Schritt zu halten. Fangen ließen sie sich dann kaum noch, mit wütendem Fauchen wehrten sie sich, und mancher von ihnen hat sich, wenn er mit Kinderschuh oder Spatenblatt gestoppt wurde, eine blutige Nase geholt; die Nase ist das empfindlichste Körperteil des Tieres, und auch vorsichtige Fangversuche endeten so für die Hamster oft tödlich. Mit zunehmender Jagderfahrung kriegten wir später jeden Hamster lebend; sie knurrten wütend im Einweckglas und wurden im Triumphzug nach Hause gebracht. Und weil wir nach einiger Zeit richtige Profis waren, wurden nach erfolgreicher Grabung die bis zu 80 Zentimeter tiefen Gruben fachmännisch wieder verfüllt; sie wären sonst eine gefährliche Fallgrube für Pferde gewesen. Die Hamster lebten die nächsten Tage und Wochen weiter bei uns zu Hause in Aquarien oder Kisten, bis sie irgendwann entkamen oder wieder freigelassen wurden.

Einige von ihnen sind zu Trophäen geworden, die jahrelang die Wand des Kinderzimmers schmückten. Den gefangenen Tieren wurde vom Wiesenjäger des Dorfes fachmännisch das Fell über die Ohren gezogen, richtig konserviert, auf Drahtgestellen aufgespannt und getrocknet und hing dann wie ein kleines Wildschweinfell im Kinderzimmer an der Wand.

Der Alltag zum Selbermachen: Von Heu-Wenden und Kartoffel-Anbau, Narzissen-Beeten und Wasserleitung-Graben
Bauer Schnabel kam manchmal auf einem kleinen Wagen, gezogen von seinem Ochsen, das Dorf herauf in unser Grundstück gefahren. Er hatte sich überall etwas Land zusammengepachtet, und so schwang er auch am steilen Hang gegenüber von unserem Haus die Sense und fuhr Tage später das ärmliche dünne Heu nach Hause. In unserem großen Garten pflügte er ein Stück Wiese zwischen den Obstbäumen um und baute dort Kartoffeln und Getreide an. Überhaupt wurde in den Nachkriegs-Notjahren noch jedes kleinste Eckchen Land selbstverständlich genutzt, auch wenn dafür in den Flurkarten eigentlich »Wiese« oder »Unland« eingetragen war. Auch der 90-jährige Bauch-Albin bestellte hinter dem Pfarrteich ein kleines Gärtchen, aus dem er sich mit Gemüse versorgte.

Meine Mutter baute viele Jahre über im Garten als Kleingewerbe Narzissen an. Die Beete wurden im zeitigen Frühjahr mit Folien abgedeckt, damit die Knospen ein paar Wochen früher als im Freien erschienen. Gepflückt und in 50er-Paketen gebündelt wanderten die noch geschlossenen Blüten per Moped-Kurier zum Gärtner in die Nachbarstadt oder wurden in kleinen Körbchen per Eisenbahn auch weiter weg verschickt. Das gab ein – allerdings kärgliches und mühsam erarbeitetes – Zubrot in die Familienkasse.

Im Herbst galt es, etwa 50 Obstbäume in zwei großen Gärten abzuernten. Jeder Apfel wurde von hohen Holz-Leitern aus geborgen, nach Güteklassen sortiert, im Keller zwischengelagert und im Herbst und Winter an Verwandte und Bekannte verschenkt oder verkauft. Ein Teil der Apfelernte wurde mit der »Gütertaxe« in die Mosterei gebracht und kam einige Monate später als kostbarer Apfelsaft in den Keller. Ein Teil wurde auch zu Apfelwein vergoren – das war der einzige Wein, den meine Eltern viele Jahre lang getrunken haben; und das geschah nur selten, zu hohen Festtagen. Manchmal haben wir auch als größere Kinder eine Flasche für »Mutproben« unter »Männern« stibitzt. Die schöne Sache mit dem Apfelsaft-Vermosten funktionierte allerdings nur, wenn Vater rechtzeitig die nötigen »Most-Berechtigungs-Scheine« ergattert hatte. Monate vor der Apfelernte musste man schriftliche Anträge abschicken oder sich zu bestimmten Terminen in lange Warteschlangen einreihen, um die Berechtigung für die Abgabe von ein paar Zentnern Mostäpfeln zu bekommen.

Im Sommer begann die »Einkochzeit«. Von der Kirschen-, Birnen- und Beeren-Ernte sollte möglichst viel in die vitaminarmen Wintermonate hinüber gerettet werden. Vom Dachboden wurde der große Einkochtopf mit dem halbmeterlangen Thermometer geholt. Dutzende von Einweckgläsern – ein oder zwei Liter Inhalt – wurden noch einmal sorgfältig gereinigt. Die zu verarbeitenden Früchte wurden gewaschen, wenn notwendig auch geschält oder entkernt, und in die Gläser gefüllt. Eine zur Keimfreiheit aufgekochte konzentrierte Zuckerlösung wurde zugegeben, dann kam der Glas-Deckel drauf, abgedichtet mit einem roten Gummiring und festgehalten von einer Metall-Klammer. Anschließend wurden mehrere Gläser in den großen Topf gestellt und für längere Zeit auf 75 bis 90 Grad erhitzt, Dauer und Temperatur waren dabei von der Art der Früchte abhängig. Und dann standen die Gläser reihenweise zum Abkühlen in der dampfgefüllten Küche, bis ein Test ergab, dass sie wirklich »zu« waren. Im Keller fanden sich manchmal Gläser mit Kirschen, die auch nach zehn Jahren – trotz der inzwischen ins Grau gehenden Färbung der Früchte – noch gut essbar waren. Auch leckere Gewürzgurken, saure Bohnen und Schnittbohnen – die wir vorher »geschnippelt« hatten – wurden so konserviert.

Einmal im Jahr rührte Mutter Eierlikör, weil es den im Laden auch selten zu kaufen gab. Frische Eier von Nachbars Hühnern, Puderzucker, Vanille-Pudding-Soßenpulver und »Primasprit« – reiner Alkohol, »unterm Ladentisch« aus dem Konsum besorgt – wurden nach erprobten Rezepten zusammengerührt, fertig war die köstliche gelbe Tunke; es gab sie auch, mit Kakao versetzt, in schokoladig-brauner Variante.

Um auch uns Kinder rechtzeitig auf die Selbstversorgung einzustimmen, bekamen wir frühzeitig jeder ein Beet in persönliche Verantwortung, um dort irgendwas Nützliches für den Haushalt zu erzeugen. Mein Beet war immer sehr klein und sehr voller Unkraut.

Selbstversorgung war überall gefragt. Als das Dorf endlich eine Wasserleitung bekommen sollte, fehlten wieder einmal »offizielle« Firmen oder Arbeitskräfte, die das eigentlich hätten erledigen können. So griffen eben die Einwohner selbst zu Hacke und Schaufel, jeder hob die nötigen Gräben im Gelände oder quer durch seinen Garten selbst aus, die Rohre wurden unter sachkundiger Anleitung des Schmiedes verlegt, und wenige Wochen später floss das köstliche Nass aus dem Wasserhahn. Leider hatte niemand Pläne gezeichnet, wo die Leitungen nun genau in der Erde lagen, was bei späteren Rohrbrüchen oft zu abenteuerlichen Suchaktionen führte.

Leibchen

Man wäre heute sicher gerührt von dem ärmlichen Eindruck, den wir damals beim Gang in die Schule gemacht haben müssen. Ich trug im Sommer Lederhosen, weil die praktisch und spielfest waren, dazu Kniestrümpfe, die wir endlich – und darauf wurde sehnlichst gewartet – anziehen durften, nachdem es dreimal gedonnert oder der Kuckuck dreimal gerufen hatte. Irgendwann gab es dann auch die Erlaubnis, barfuß zu gehen. Wenn es im Herbst kalt wurde, kamen manche Bauernkinder monatelang in Gummistiefeln zur Schule.

Wir Jungen trugen immer noch kurze Hosen, aber jetzt steckten die Beine in langen Strümpfen, ausgebeult und Falten schlagend, grob gewebt und vielfach gestopft. Befestigt wurden die Strümpfe an Strumpfhaltern, die grau-rosa aus den Hosenbeinen hervorlugten. Die Strumpfhalter wiederum waren Bestandteil eines Kleidungsstücks, das »Leibchen« hieß, es war eine Art kurzes Unterhemd. Ich habe das alles als eine peinliche und auch – weil die Strumpfhalter ständig aufgingen und das braune Gebammel am Bein herunterrutschte – als anstrengende Veranstaltung im Gedächtnis.

Der Postbus

Die vielen Strümpfe, die wir lebhaften Kinder beim Spielen im Gelände ständig zerrissen und durchwetzten, waren der Grund für häufigere Besuche der 80-jährigen Frau Gentzsch in unserem Hause. Frau Gentzsch kam mit dem »Postauto«. Das war damals das einzige so zu nennende öffentliche Verkehrsmittel, das auch ländliche Regionen erreichte. Die alte Dame bestieg, beladen mit Korb und Tasche, morgens in aller Herrgottsfrühe in der Stadt, wo sie wohnte, das »Postauto«. Das war ein klobiges, rundliches Gefährt. Darin lagen zunächst in vielen Kästen und Kasten wohlsortiert die Briefe und Zeitungen für mehr als dreißig Dörfer. Und es gab vorn beim Fahrer ein paar freie Sitze für abenteuerlustige Reisende. Nun begann für Frau Gentzsch eine kleine Weltreise. Da wir etwa in der Mitte der Route wohnten, juckelte der Bus zunächst durch 15 Dörfer, ehe sie nach zwei Fahrtstunden aussteigen konnte und den Weg in unserem Grundstück heraufkam. Dann – nach ausgiebigem Frühstück und Schwatz über den Lauf der Welt – breitete sie auf dem Nähtisch ihre Utensilien aus, Garnrollen und Nähseide und Stopfkissen und Schere, und arbeitete sich geduldig stundenlang durch Berge von Socken und Strümpfen und Hemden und Leibchen und Schürzen und Bettwäsche. Löcher wurden kunstvoll gestopft, Träger geflickt und Knöpfe befestigt. Der Wäscheberg nahm langsam ab, die regenerierten Nützlichkeiten stapelten sich daneben. Frau Gentzsch musste über Nacht dableiben. Am nächsten Morgen erledigte sie schnell noch ein paar letzte Nadelstiche, dann wurde allerlei Dörflich-Nahrhaftes in den Korb gepackt, der Lohn ausbezahlt – nach damaligen Tarifen so 80 Pfennige pro Stunde – und sie tippelte wieder auf die Straße hinaus, bestieg das bullige Postgefährt und rollte nun durch die restlichen zwölf Dörfer der Tour – ihrer Heimatstadt entgegen.

Zwischen Küche und Keller
In der Küche fand ein wesentlicher Teil des Familienlebens statt. Hier war es auch im Winter immer erträglich warm; in den Schlafstuben wurden die Öfen praktisch nie geheizt. Im gemauerten Küchenherd bullerte immer ein Feuerchen. Der Herd hatte an der Seite einen eingebauten eisernen Wasserbehälter, der dick mit Kalk verkrustet war und als eine Art Wasserboiler diente. Aus der eisernen Deckplatte des Herdes konnten einzelne ringförmige Teile entnommen werden – auf die offenen Stellen wurden dann Töpfe gesetzt, die so direkt vom Feuer erreicht wurden. Zum Essenkochen stand zusätzlich noch ein kleiner Elektrokocher mit zwei Platten bereit, und für die Zubereitung von kochendem Wasser gab es einen elektrischen Tauchsieder. Da dieser des Öfteren ohne Aufsicht blieb, verkochte manchmal das Wasser, dann glühte die Heizspirale sehr eindrucksvoll und brannte durch. Es stank gewaltig in der Wohnung, und wieder einmal war Ersatz fällig.

Ein Bad – hatten wir nicht. In der Küche gab es nur die Wasserpumpe an der Wand und darunter einen gusseisernen Ausguss. Daneben befand sich noch ein kleines Handwaschbecken aus bräunlichem Porzellan. Gebadet wurde freitags in einer Wanne in der Küche, die mit heißem Wasser vom Herd befüllt wurde. In der übrigen Woche trugen meine Eltern kaltes Wasser mit einer Kanne in ihr Schlafzimmer und wuschen sich dort in einer großen Porzellanschüssel. Ob und wie ich mich gewaschen habe, daran habe ich keine Erinnerungen, so als Junge ...

Unsere Toilette – mit dem Begriff hätte ich damals nichts anfangen können – war ein Plumps-Klo. Es existierte noch bis Anfang der 1990er Jahre. Wenn man auf der Brille hockte, zog es manchmal ganz heftig von unten aus dem Fallrohr, und die Gerüche waren auch nicht ohne. Zum Nachspülen gab es einen großen Krug, meist gefüllt mit bereits gebrauchtem Wasser aus der Küche oder vom Waschen. Auf dem Klo stand auch ein schöner Ständer mit einem mit Wasser gefüllten Handwaschbecken und einem Handtuch für die kleine Hygiene. Und zum »Abwischen« lag da immer ein Stapel Zeitungspapier, akkurat gerissen in postkartengroße Blättchen; das bot zwar Gelegenheit, die Zeit mit Lesen zu überbrücken, aber oft fehlte das Blatt mit der Fortsetzung des Textes.

Technische Geräte gab es kaum im Haushalt. Um verderbliche Nahrungsmittel aufzubewahren, dafür hatten wir – je nach Jahreszeit – den »Fliegenschrank«, mit feiner Gaze bespannt, oben auf dem Dachboden, oder einen Platz unten im kühlen Keller. Viele Bauern nutzten Gewölbekeller, die außerhalb des Hauses in einen Erdhang gegraben waren.

Der erste Kühlschrank, den ich gesehen habe, enthielt einfach ein Fach, in das große Eisstücke eingelegt wurden. Solche Eisstücke konnte man vom Eismann kaufen, der mit einem tropfenden Auto und einer Klingel regelmäßig die Straße entlang fuhr. Später habe ich einmal in einem Nachbardorf zugesehen, wie solches Eis gewonnen wurde: Als bei knackigen Temperaturen der große Dorfteich tief zugefroren war, kam der Eismann und sägte große balkenförmige Stücken Eis heraus, die er dann wohl irgendwo zwischenlagerte.

Wir hatten keinen Kühlschrank, und deshalb stand im Sommer öfter »saure Milch« mit auf dem Speiseplan. Wenn die Milch am Abend eines gewittrigen Tages schon einen »Stich hatte«, wurde sie in Suppenteller abgefüllt, einen Tag lang auf den Küchenschrank gestellt, und kam dann als dicke saure Milch mit einer gelben Sahneschicht bedeckt auf den Tisch – mit Zucker und Zimt bestreut war das eine Köstlichkeit. Weitere solche Genüsse waren Holunderbeersuppe mit Zwieback, Kaltschale oder der sonnabendliche Mittags-Kakao mit Butterbrötchen, natürlich mit der Verlockung, zu »ditschen« (= eintauchen, stippen).

Einmal in der Woche wurde beim Fleischer eingekauft. Das bedeutete, dass einer aus der Familie sich freitags aufs Rad schwang und fünf Kilometer weit in die Stadt radelte. Bei Fleischer Pfau wurde die Wunsch-Liste hervorgekramt und vorgelesen: Ein paar Bockwürste für das »schnelle« Mittagessen am Sonnabend, ein Stück Fleisch für den Sonntags(!)braten, ein paar Knochen für Eintöpfe und Suppen, manchmal Kassler für »saure Kartoffelstücke« oder auch – gut sortierte – »Flecke«. Nicht alles war vorrätig (»hamm'er leider nich«), und mit guten Wünschen an die Frau Mutter und dem kleinen Päckchen mit dem Erworbenen im Beutel ging's wieder nach Hause.

Unser Dachboden war riesig. Das brachte die Versuchung mit sich, dass alles, was im Moment im Haushalt störte, erst einmal dorthin wanderte – man würde später in Ruhe sortieren und wegwerfen. Die ruhigen Zeiten kamen nie, und so sammelte sich im Laufe der Jahre allerlei dort an. Für uns Kinder war der Dachboden ein Paradies für mancherlei Spiele und auch für eine gründliche Inspektion der Kartons und Kisten mit dem alten Zeug.

Im Keller war es etwas gruselig. Da lagen die Kohlen für den Winter – ordentlich gestapelt –, da gab es geräumige Regale, gefüllt mit der Apfelernte des Herbstes, in einem anderen Raum drängten sich große Gläser mit von Mutter natürlich selbst eingekochten Köstlichkeiten: Kirschen, Birnen, Marmeladen, Beeren, Gewürzgurken, Bohnen. Aber zuweilen wohnte da unten im Winter hin und wieder auch eine Bisamratte; sie kam vom nahe gelegenen Teich durch das Abwasserrohr und schätzte die Apfelvorräte sehr, und gelegentliche Begegnungen mit diesem schwarz-gelben zottigen Ungetüm waren doch recht ungemütlich.

Waschtag

In unserem Haus gab es einen Raum im Kellerbereich, der über eine Treppe von außen her erreichbar war, und der »Waschhaus« hieß. Eine feuchte dunkle Höhle. Irgendwo hinten stand ein riesiger schwarzer Kessel, eingelassen in einen gemauerten Herd. An den Wänden stapelten sich große hölzerne Wannen, die von Eisenreifen zusammengehalten wurden. Ab und zu, im Abstand von einigen Wochen, kam emsiges Leben in diese Düsternis: Die Tage der »großen Wäsche« standen bevor. Schon in den Tagen zuvor wurden die Wannen ins Freie befördert und dort gewässert. Erst durch Befeuchten bekamen die einzelnen, kunstvoll gebogenen Bretter die beabsichtigte Form wieder, quollen auf und drückten mit der Festigkeit aneinander, die notwendig war, um darin das Wasser zu halten. Am Waschtag rückte zur tatkräftigen Mithilfe eine ältere Frau aus der Nachbarschaft an. Dampfschwaden zogen ins Freie. Seit dem frühen Morgen kochte im Kessel das Wasser; dieses musste mühsam in Eimern aus dem benachbarten Keller – Treppe hoch, Treppe runter – herbeigeschleppt werden. Stets feucht verklumpte Pappschachteln mit FEWA und PERSIL standen bereit, daneben stapelte sich in Stücken die gelbliche Kernseife. In Wannen und Bottichen war die (weiße) »Kochwäsche« schon am Vortag »eingeweicht« worden. Nun wurden die einzelnen Wäschestücke mit dem »Wäschestampfer« gewalkt, auf einem Waschbrett intensiv gerubbelt, bei Bedarf gebürstet, gespült und herumgeschwenkt; Socken und stark verschmutzte Buntwäsche wurden, wenn nötig, noch einmal eingeseift und zusätzlich behandelt. Dann kamen die triefenden Teile in die »Wringmaschine«, eine Anordnung aus zwei Walzen, die mit einer Handkurbel gedreht werden konnten und das Wasser auspressten. Im Sommer wurden die weißen Wäschestücke zunächst zum Bleichen auf der Wiese ausgelegt und hin und wieder mit Wasser aus der Gießkanne befeuchtet. Das benutzte heiße Wasch- und Spülwasser aus der ersten Runde wurde in Wannen aufbewahrt, denn nach der Kochwäsche wurden darin nacheinander helle und dunkle Buntwäsche, Strümpfe und Arbeitskleidung gewaschen. Wollwäsche kam extra dran. Dann endlich flatterten die großen weißen Bettlaken und die vielen Leibchen und Strümpfe ordentlich aufgereiht im Wind. In den nächsten Tagen wurden die getrockneten großen Wäsche-Stücke exakt zusammengelegt. Das begann bei den Bettlaken damit, dass sie nach dem Abnehmen von der Leine »gezogen« wurden, das heißt, dass die steifen und aus der Form geratenen Tücher von zwei einander gegenüberstehenden Personen an den Ecken gefasst und mit maximal möglicher Kraft längs und in diagonaler Richtung gezerrt und so wieder in Rechteck-Form gebracht wurden. Alles wurde in einen großen Wäsche-Korb verpackt, auf den Handwagen verfrachtet und ab ging die Fahrt zur »Rolle« (anderenorts auch Wäschemangel genannt). Das war eine große Maschine, die in einem Haus einen Kilometer entfernt stand und stundenweise gemietet werden konnte. Dort wurden die Wäschestücke in ein spezielles »Rolltuch« gelegt und auf einer runden Holzrolle – etwa einen Meter lang und zehn Zentimeter dick – aufgewickelt. Anschließend wurde unter Beschwerung mit einem Kasten voller Steine die Rolle hin und her bewegt, das Rolltuch wickelte sich ab und wieder auf und die Wäsche wurde dabei geglättet.

Mein erster Indianer
In der zweiten Klasse wagte ich mich auch an dickere Bücher heran. Indianer wollte ich sowieso werden, im elterlichen Schrank stand der abgegriffene braune Band mit dem in altertümlichen Lettern gesetzten Titel »Lederstrumpf«, und nachdem ich die ersten Seiten verschlungen hatte, war ich in einer anderen Welt. Ich zog durch kanadische Urwälder, lenkte Kanus durch wilde Strudel, befreite hilfsbedürftige junge Damen aus dem Griff wilder Feinde. Und ich konnte nicht mehr gut schlafen. Wochenlang ließ ich, wenn ich mal musste, sogar die Klo-Tür offen, weil ich mir nicht sicher war, ob nicht hinter dem Becken doch plötzlich ein Indianer auftauchen würde und schnelle elterliche Hilfe erforderlich sein könnte.

Indianer haben mich immer begleitet. Da waren einmal jene kleinen Spielfiguren, innen mit einem Drahtgerüst, außen aus einer tonartigen brüchigen Masse gestaltet und farbig bemalt. Die standen jährlich auf der geburtstäglichen Wunschliste. Sie wurden mit Nadeln ausgestattet, die aus Mutters Nähmaschine entwendet waren. Abgebrochene Spaghetti-Stückchen ließen sich zum Speer umwandeln oder mit Knetmasse zum Gewehr vervollständigen. Die gipsernen Kämpfer mussten dann im Garten zwischen Grashügeln und Gesteinsbrocken Heldentaten begehen. Wenn das Wetter schlecht war, wurden auch schnell mal die notwendigen Grasbrocken und Steine nebst den mitspielenden Kindern – mit schön dreckigen Schuhen – ins Wohnzimmer verfrachtet, und die Abenteuer fanden dort ihre Fortsetzung.

In leibhaftige Indianer verwandelten wir uns auch manchmal selbst – natürlich regelmäßig in der Faschingszeit. Und als alle meine Klassenkameraden sich durch Bücher wie »Lederstrumpf« und »Die Söhne der großen Bärin« gelesen hatten, sprachen wir uns von Stund an nur noch mit »Schwarzfalke«, »Unkas«, oder »Tokei-ihto« an, schritten feierlich umher, redeten merkwürdig gebrochen miteinander, bastelten Pfeil und Bogen, schnitzten Friedenspfeifen, und dann trafen wir uns nachmittags – mit Indianerehrenwort streng geheim verabredet – in Junghannsens Sandgrube.

Geburtstagsrituale, schwarzer Streuselkuchen und Laubsäge-Stress
Indianerbücher gab's leider nicht bei Bedarf, sondern immer erst zu feierlichen Anlässen. Ein solcher geschenkträchtiger Tag war der Geburtstag. Geburtstage begannen immer mit dem feierlichen Einzug der Familie ins Wohnzimmer. Dort stand ein runder Tisch, festlich weiß gedeckt, auf dem in hölzernen Reifen Kerzen brannten, ein großes Lebenslicht in der Mit-

te und drumherum noch für jedes Lebensjahr eine kleine Kerze. Neben dem Kerzenreif waren die geheimnisvoll verpackten Geschenke aufgestapelt. Nun sang als erstes die Familie das traditionelle Geburtstagslied, den Kanon »Glück und Segen, Fried und Freude ...«. Dann war persönliche Gratulation angesagt, es folgte das öffentliche Auswickeln der Geschenke, anschließend wurden die Kerzen ausgeblasen und alle ließen sich zum Frühstück nieder. Der Teller am Platz des Geburtstagskindes war – je nach Jahreszeit – von Blumen oder grünen Zweigen umrankt. Danach war in der Regel erst einmal normaler All-, das heißt Schultag. Nachmittags kamen eingeladene Freunde zu Besuch. Es gab zu meinem Geburtstag traditionell extra-»schwarzen« Streuselkuchen; schwarz hieß, dass er mit dunklem Kakao gebacken war. Danach fanden Spiele statt: Topfschlagen, Eierlaufen, Murmelbahn-Bauen, Mikado, Domino. Manchmal saß ich auch mit roten Ohren über dem neuesten Buch und meine Eltern durften sich um die Gäste kümmern. Wenn mein Vater Lust und Zeit hatte, wurde Kasper-Theater gespielt, im Garten unter der Teppichstange. Das waren lange, anspruchsvolle Aufführungen mit Episoden aus der deutschen Märchenwelt, die unter reger Anteilnahme von weiteren hinzuströmenden Nachbarskindern stattfanden.

Mit Geschenken wurden wir nicht gerade überschüttet, umso größer war aber auch die Freude über lang Ersehntes. Mein erstes eigenes Fahrrad – es war ein gebrauchtes – konnte ich mit 14 Jahren besteigen.

Bei Omas, Onkels und Tanten haben wir uns für erhaltene Geschenke natürlich auch revanchiert – nicht mit gekauften, sondern mit selbstgemachten Präsenten. Das war manchmal erheblicher Stress, in den vorweihnachtlichen Wochen Papiersterne zu flechten, Topflappen zu häkeln, mit der Laubsäge kunstvolle Untersetzer auszuschneiden und was der nützlichen Taten mehr sind.

Sommerfrische
Dieses Wort hätte damals kaum jemand im Dorf verstanden. Urlaub war für die Bauernfamilien ein Fremdwort, man hatte ohnehin zu Hause rund um die Uhr genug zu tun, und dann vielleicht noch wegfahren in fremde Gefilde – das war einfach nicht üblich und teuer war's noch dazu! Meine Eltern kannten das Wegfahren in die »Sommerfrische« aus ihrer Kindheit. Aber leisten konnten sie sich das eigentlich auch nicht. Zum Glück hatten wir großzügige Großeltern, die als Sponsoren das Finanzielle regelten, und so konnte unsere Familie jedes Jahr drei Wochen auf Reisen gehen. Wir

kraxelten in der Sächsischen Schweiz herum, wanderten durch den Thüringer Wald oder sonnten uns am Ostseestrand. Beim Heimkommen blieb bei mir immer ein zwiespältiges Gefühl, wenn ich die dagebliebenen Klassenkameraden traf – ich kam mir unverdient privilegiert vor. Aber wenige Jahre später konnten auch in unserer Schule Lehrer Aufsätze zum Thema »Mein schönstes Ferienerlebnis« schreiben lassen. Manche Kinder fuhren in staatlich organisierte Ferienlager, andere konnten nun gemeinsam mit ihren Eltern verreisen, für die die Kollektivierung der Landwirtschaft erstmals eine geregelte tägliche Arbeitszeit und die Möglichkeit für einen Jahresurlaub brachte.

Meine Eltern luden jeden Sommer Stadtkinder aus der weitläufigen Verwandtschaft für ein paar Wochen zu uns aufs Land ein.

Goldene Zeiten (?)
Probleme mit Abfall waren in jener »guten alten Zeit« noch kein Thema. Es gab kaum Abfälle. Brennbares wanderte als willkommener Brennstoff in den Küchenherd. Für Altpapier gab's Geld. Manche alte Zeitung beendete ihre Laufbahn auch auf dem Plumpsklo. Marmeladen- und Gurkengläser, Bier- und Weinflaschen – alles brachte gutes Pfandgeld und ging in den Kreislauf der immer knappen Rohstoffe zurück. Verpackung war weithin ein Fremdwort, wenn schon, dann lagen auch dafür im KONSUM alte Zeitungen. Trotzdem blieb natürlich allerlei übrig. Die Abwässer des ganzen Dorfes flossen ungeklärt in den Dorfbach, damals allerdings noch ohne die Lauge von Waschmaschinen oder die braune Brühe aus dem großen Schweinestall. Das Plumpsklo entleerte sich in die geschlossene Jauchegrube vor dem Haus, die einmal jährlich geleert wurde. Und wohin kamen die festen Haushaltsabfälle? Ein Müllauto habe ich all die Jahre nicht gesehen. Nur bei großen Abbrucharbeiten oder für Umzugsreste bestellte man sich jemanden und ließ abfahren. Die Abfälle, die es natürlich in unserem großen Haus trotzdem gab – vor allem handelte es sich um Heizungs-Asche – wurden in einem recht kleinen Bunker vor dem Haus gesammelt und dann einmal im Jahr abgeholt. Und wenn dort im Bunker der Platz knapp wurde, fand sich immer irgendeine Ecke im Garten, wo noch was abgelegt oder vergraben werden konnte. Manche Nachbarn gingen auch jeden Morgen im Winter mit dem Asche-Eimer zur nahegelegenen alten Sandgrube. Die Gewissensbisse hielten sich in Grenzen.

Der Frosch in der Wasserleitung
Wenn wir zu Hause Wasser brauchten, gab es keinen Wasserhahn. Wir hatten eine Pumpe. Die hing im ersten Stock in der Küche an der Wand, ein zylindrischer halbmeterlanger Körper mit einem Schwengel zum Pumpen. Manchmal musste zunächst etwas Wasser oben in die Pumpe gegossen werden, als Quellmittel, weil irgendwelche Dichtungen eben doch nicht ganz dicht waren. Und dann wurde ein Eimer ins darunter befindliche Ausgussbecken gestellt und – gepumpt. Nebenan in Vaters Arbeitszimmer waren die quietschenden Geräusche nicht zu überhören, und regelmäßig fiel auf seiner Seite der Putz von der Wand. Das Saug-Rohr der Pumpe führte gerade hinunter in den Keller. Dort endete es in einem gemauerten Behälter, der als Speicherbecken diente. In diesen Behälter wiederum mündete ein Rohr, das 30 Meter weit aus dem hinteren Teil des Gartens das Wasser heranführte. Dort hinten gab es einen zweiten, aus Natursteinen gesetzten Wasser-Speicher – eingegraben in den Berg und mit Tür und Schloss gesichert –, der von einer Quelle aus dem Hang gespeist wurde. Von seinem Grund ging die Leitung zu unserem Haus ab, das Rohr war übrigens aus Eichenholz gefertigt. Und manchmal gab die Pumpe in der Küche trotz gefüllter Speicher kein Wasser her, dann hieß es suchen und stochern. Einmal hatte sich ein Fröschlein in die Leitung verirrt und war dort eingeklemmt verhungert.
    Bei derart kompliziertem Zugang zu Wasser war Sparen selbstverständlich für uns. Einmal in der Woche, freitags, wurde das Brett, das die große Bade-Wanne in der Küche abdeckte, entfernt. Auf dem unter der Brennhitze von Holzscheiten glühenden Küchen-Herd brodelte Wasser in allen verfügbaren Töpfen. Einer nach dem anderen ward in die Wanne ausgegossen, dazu kam eimerweise kaltes Wasser. Und dann stiegen die Kinder in die Wanne, eins nach dem anderen wurde geschrubbt – das Wasser blieb immer das gleiche ... Die Eltern badeten in einer zweiten Runde.

Autoreparatur mit Säge und Hobel
Meine Eltern hatten ein Auto geerbt. Es war ein »P 70«, Vorgänger und eine Art älterer und größerer Bruder des späteren TRABANT, welcher am Anfang ja auch schlicht »P 50« hieß. Mit dem grauen Papp-Auto sind wir ein paar Jahre durch die Gegend gejuckelt, bis meine Eltern ihn aus Kostengründen abgeben mussten. Denn an solch einem Auto war immer mal etwas kaputt. Eines Tages waren handwerkliche Fertigkeiten ganz besonderer Art gefragt. Die Seitenholme des Autos, an denen die Türen befestigt waren, bestanden innen aus Kanthölzern (!). Im Laufe der Jahre war Feuch-

tigkeit eingedrungen und sie fingen an zu faulen. Die Suche begann, nach passendem Holz und nach einem Holz-Fachmann, der sich das zutraute. Schließlich landete das Fahrzeug beim örtlichen Stellmacher, der die Karosse ... ja, wie sagt man, klempnerte stimmt ja nicht, also »holzte«?

Die Handwerker mussten überhaupt Alleskönner sein: Als meine Eltern, die sich gern winterwandernd betätigten, neue Schneeschuhe brauchten, fertigte der Tischler selbstverständlich Skier an; die Bretter maßen stolze 2,20 Meter. Der Tischler war auch für die Särge zuständig.

Der Schmied konnte nicht nur Pferden fachmännisch hufeiserne Maßschuhe auf die Sohlen brennen und nageln, er musste auch Ersatz für jedes erdenkliche Eisenteil in Küche oder Stall herstellen können.

Und als mein Vater eine stabile Bretter-Bühne in der Kirche für Theatervorführungen brauchte, nahm sich dessen eben der Böttcher an, genauso wie dieser die Holzsäulen an der Haube des Kirchturms ausbesserte und mit verlöteten Zinn-Blechen vor Wind und Wetter sicherte.

Goldrandteller und Messerbänkchen

Wenn Geburtstag war oder Weihnachten, reisten wir zu Oma und Opa in die Stadt. Mein Großvater war seit 1913 Lehrer gewesen, aber wegen seiner (Mitläufer-)Mitgliedschaft in der NSDAP nach dem Krieg aus dem Schuldienst entlassen worden – da war man hierzulande ziemlich konsequent – und fristete sein Dasein erst mit einer Anstellung im städtischen Heimat-Museum, später von einer kärglichen Rente.

In der großelterlichen Wohnung war vieles noch »wie früher«. So war das Schlafzimmer 1913 das erste und einzige Mal tapeziert worden, und die schwarze (!) Tapete mit roten Rosen darauf gab es noch Anfang der 1990er Jahre. Bei Festen saßen wir feierlich in der »guten Stube«. Von der Decke hing eine Lampe herab an goldenen Ketten und mit Schnüren feiner Perlen unten rings um den Stoffschirm; sie stammte sicher auch noch aus späten Jugendstil-Jahren. Es gab – wie immer an Festtagen im Randgebiet zu Thüringen! – dunkles Fleisch in reichlich dicker dunkler Soße und mit Rotkraut und natürlich mit Klößen. Serviert wurde auf riesigen Tellern mit Goldrand. Und neben den Tellern lagen für die Erwachsenen Servietten, in silbernen Ringen gerollt, und es gab für alle »Messerbänkchen«, auf denen man benutztes Besteck hochlegen konnte.

Solcher Glanz blieb aber auf Feiertage beschränkt. Im Alltag trank Großvater seinen Früh-Kaffee – Malz, für mehr reichte es nicht – aus einem Blech-»Dippel« (= Töpfchen), und wenn mich die Oma mal zum Einkaufen schickte, wurde das Geld vorher abgezählt und nach besorgter Erledigung das Restgeld noch einmal nachgeprüft.

Der Tunnel von Altenburg
Einmal im Jahr war richtig Kultur. Da fuhren die Eltern mit den Kindern zum »Weihnachtsmärchen« ins Theater nach Altenburg. Weltreise. Zwölf Kilometer mit der Eisenbahn, dritte Klasse (»Holzklasse«) – die gab es wirklich noch. Jedes Abteil hatte seine eigene Tür nach draußen. Man saß auf Holzbänken. Und die Aufregung stieg. Dreimal hatten wir schon gehalten, in Lehndorf, in Paditz und in Nobitz, und dann – lange angekündigt und ersehnt – kam der Tunnel! Stolze 375 Meter lang, im 19. Jahrhundert erbaut. Es wurde dunkel, kein Licht ging an, man konnte nun die Luft anhalten, Angst haben, seinen Nachbarn ärgern, ohne erwischt zu werden. Dann nach endlos lang erscheinender Finsternis wieder fahles Licht, Bäume flogen am Fenster vorbei, dann schon der Bahnhof von Altenburg. Im Theater gab's jedes Jahr »Peterchens Mondfahrt«. Aber der Tunnel war noch besser.

Der Karpfen in der Badewanne
Vor unserem Haus war ein Teich, der dorfauf dorfab nur »Pfarrteich« hieß. Das lag daran, dass er zum Grundeigentum der Kirchgemeinde gehörte. Der Teich war verpachtet, und darin wurden Fische gehalten. Im Herbst war »Abfischen«. Fässer und Wannen standen aufgereiht am Ufer. Schau- und Kauflustige standen herum. Der »Ständer« des Teiches wurde geöffnet. Das war ein normalerweise verschlossener Abfluss, bei dem nun gewissermaßen der Stöpsel aus dem Teich entfernt wurde; der Teich begann leerzulaufen. In den übrigbleibenden Tümpeln und Pfützen zappelten die Fische. Männer in Gummihosen wateten durch den Schlamm und füllten ihre Kescher. Nach Inspektion wanderten die Fänge in unterschiedliche Behälter, je nachdem, ob sie schon die nötige Größe hatten zum Schlachten oder ob sie wieder – für ein weiteres Jahr – im Teich ausgesetzt werden sollten. Karpfen und Schleien und Karauschen wuselten in den Wannen, hin und wieder war auch ein Hecht oder sogar ein Aal dazwischen. Nasse Hände verpackten Fische in Zeitungspapier. Geldscheine wanderten in die Hosentasche des Pächters. Und ein Ritual wurde nie vergessen. Weil es eben der »Pfarrteich« war, bekam der Pfarrer – also mein Vater – symbolisch und kostenlos, als Deputat wie in alten Zeiten »seinen« Karpfen. Das Tier wurde im Eimer zu uns nach Hause getragen, und dann schwamm es wochenlang in einem Brunnenloch hinten in unserem Garten herum; oder – wenn

es nur noch kurze Zeit war bis zum Karpfenessen – dann schwamm der Fisch auch mal einen Tag lang in der Badewanne in der Küche.

Karriereknick
Mein Vater hatte in seiner Kindheit eine Internats-Schule besucht, und nun hatten meine Eltern solche Pläne auch mit ihrem Erstgeborenen – das betraf also mich. Ich wurde im fünften Schuljahr zu einem förmlichen Gespräch ins väterliche Amtszimmer geladen und erfuhr, wie mein Lebenslauf weitergehen sollte. Thomaner in Leipzig sollte ich werden, gesanglich gebildet, schlau und ein gesitteter Mensch. Ich hörte mir die Planung meiner Karriere an – verstockt hinter dem väterlichen Schreibtisch auf dem Boden sitzend und mit recht gemischten Gefühlen. In mein Dorfkind-Weltbild passte mir das alles gar nicht. Folgsam bin ich dann aber doch ein paar Wochen später mit zur Aufnahmeprüfung gefahren. Zum Glück – so fand ich – kam ich zu spät. Ich war für den Chor wegen des schon beginnenden Stimmbruchs nicht brauchbar. Und so durfte ich nun weiter zu Hause durch die Dorfflur streunen und Mäuse ausgraben.

Das Dienstfahrrad
Mein Vater war als Pfarrer zuständig für drei Kirchen, zu denen acht ehemals eigenständige Ortsteile gehörten. Er war also ständig zu Veranstaltungen unterwegs. Sein Vorgänger – einige Jahrzehnte früher – hatte nur zwei Kirchen zu betreuen, und er war entweder zu Fuß gegangen, ehrgeizig, immer mit Schrittzähler, oder hatte sich aufs Pferd geschwungen. Zu seinem Pfarrhaus gehörte damals noch ein richtiger Vierseithof mit 13 Hektar Land – das sicherte materiell die Existenz des Pfarrers und seiner Familie.

Mein Vater bekam für seine Dienstfahrten von der Kirchenbehörde als Dienstfahrzeug ein Fahrrad genehmigt, mit dem er viele Jahre bei Wind und Wetter unterwegs war. Das Fahrrad wurde später durch einen Kleinroller KR50 ersetzt, mit dem er nicht schneller, aber etwas komfortabler vorankam. Erst in den 1970er Jahren – da ging er schon auf die Rente zu – wurde ein Trabant bereitgestellt.

In Stellung
Meine Mutter kam manchmal mit ihren vielen Aufgaben im Management eines großen Haushalts, beim Bewirtschaften zweier riesiger Gärten, als Erzieherin von drei Kindern, zusätzlich beladen mit den Pflichten einer Pfarrfrau, nicht ganz befriedigend zurande. Eine Haushalthilfe musste her!

Christa stammte aus einer kinderreichen Familie unten im Dorf. Sie hatte gerade die achte Klasse beendet und sollte was Nützliches fürs Leben lernen. So zog das Mädchen bei uns ein, bekam ein Bett in der Kammer zugewiesen, in der die Schränke des Kirchen-Archivs standen. Und dann gehörte sie eine Zeit lang zu unserer Familie. Christa war »in Stellung«, als Hausmädchen wirklich »Mädchen für alles«. Mal betreute sie uns Kinder, mal war die Treppe zu wischen und zu bohnern (Einreiben und Versiegeln der blanken Holzdielen mit braunem Bohnerwachs). Sie sah meiner Mutter beim Kochen über die Schulter und lernte Haushaltsbücher zu führen. Essen und Unterkunft waren für sie frei, dafür wurde meine Mutter merklich von manchem Kleinkram entlastet.

Die Kammer mit dem Hammer
Die Wohnung war für drei Kinder längst zu eng geworden. Da spendierten die Großeltern für uns zwei Jungen ein eigenes »Zimmer«. Eine Ecke des geräumigen Dachbodens wurde zu einer Kammer ausgebaut. Dort oben haben wir jahrelang gehaust, sommers in der Hitze schmelzend und in strengen Wintern zum Überleben eingepackt unter dicken, am Kachelofen vorgewärmten Federbetten. Hier störte uns selten jemand. Hier waren unsere Schätze gelagert. Hier wohnten in Kisten und Gläsern Hamster und Hornissen und Seidenraupen als vorübergehende Gäste. Hier standen die Indianerbücher bereit zum – verbotenen – Gelesen-Werden unter der Bettdecke. Hier wurden Briefmarken getauscht und Autokataloge – aus dem Westen – fachmännisch ausgewertet. Und weil wir da oben unter dem Dach weit weg waren von jeder elterlichen Hilfsmöglichkeit, stellte ich zur Abwehr möglicher Räuber immer einen großen Hammer neben mein Bett. Manchmal wachten wir nachts von leisem Getrappel auf. Das waren aber keine Räuber, sondern Mäusefamilien, die nächtens auf Nahrungssuche gingen oder auch Kegelturniere mit Nüssen veranstalteten, die auf dem Dachboden zum Trocknen gelagert waren.

»Doktor Hungers Kräutertee«
Einmal im Vierteljahr klingelte es, und ein Mann stand vor der Tür – »der Hausierer«, flüsterten wir uns zu, während wir uns hinter der Tür versteckten. Er war zu Fuß das Dorf heruntergekommen, hatte einen hölzernen Bauchladen vor der Brust und eine dicke Tasche in der Hand. Er wurde in die Wohnung eingelassen, öffnete seine Taschen und Kistchen und Fächer und Tüten und breitete alles auf dem Küchentisch aus. Zum Vorschein ka-

men Seife und Kämme und Nadeln und Bänder und Schlüpfergummi und Schuhcreme und was ein Mensch eben so brauchen kann. Es war wohl weniger echter Bedarf als ein wenig Mitleid mit dem Mann, dass meine Eltern immer etwas kauften. Aber ganz gewiss war eines regelmäßig dabei: »Doktor Hungers Kräutertee«, mal in Rollenform gepresst und mal in Tüten abgefüllt. Davon standen all meine Kinderjahre hindurch größere Vorräte im Regal, und die musste ja nun auch irgendjemand trinken. Also gab es ihn früh und es gab ihn abends, diesen Tee, und der Geruch von Pfefferminze führt mich, wenn ich die Augen schließe, auch Jahrzehnte später noch zurück in die Dunkelheit unserer Vorratskammer.

Lebensperspektiven

An meinen ersten Berufswunsch kann ich mich noch gut erinnern – ich wollte Missionar werden. Motiv Nummer 1 dafür war wohl, auf diesem Wege »raus« zu kommen, irgendwo anders zu sein auf dieser großen weiten Welt, dort, wo es Indianer gab oder Löwen. Motiv Nummer 2 war, da es in exotischen Ländern – bei den »Wilden« und in der Wildnis – natürlich immer auch gefährlich ist, ein Luftgewehr mitnehmen zu dürfen, ganz legal – mir war der Umgang mit diesem »Spielzeug« nämlich immer verboten – und dazu zwei Kisten (!) Munition.

Der schreiende Hase

Feldhasen gehörten damals wie Rebhühner zum normalen Bestand auf den Feldern, Wildschweine und Rehe dagegen gab es kaum. Die scheuen Tiere waren besonders im Winter allgegenwärtig und hinterließen überall ihre Spuren. Hin und wieder, wenn Gras gemäht wurde, fanden wir auch Nester, in denen junge Hasen saßen, sich totstellten und uns stumm anblickten.

Eines Tages lernte ich, dass Hasen auch schreien können. Aus einer Ecke unseres großen Obstgartens erklangen schrille hohe Töne, die durch Mark und Bein gingen. Als ich hinlief, saß da ein junger Feld-Hase, den eine Katze »erwischt« hatte. Sie hielt ihn gepackt, und er schrie in Todesangst. Die Katze bekam einen Tritt, und der Hase hatte für dieses Mal Glück gehabt.

Manchmal gellten auch Kinderschreie durch den Garten. Dann war jemand von einer Wespe gestochen worden. Die gelbschwarzen Flügeltiere lebten in Erdhöhlen – ehemaligen Mäuselöchern – mitten auf der Wiese, die auch unsere Spielwiese war. Und die schmerzhaften Stiche waren Grund genug für eine – eigentlich verbotene – Vergeltungsaktion. Streichholzschachtel, Zeitungspapier, trockenes Gras – damit gingen wir »Wespen ausräuchern!«. Mutige Knaben suchten das Eingangsloch zum Wespennest. Dann wurde Brennmaterial rund um das Loch ausgelegt und entzündet, um die Feinde zu vernichten. Aber manchmal gab es ein zweites Loch, aus dem die wütenden Wespen herausstürmten und sich auf uns stürzten, oder wir hatten nicht bedacht, dass sich ein Teil der Besatzung auch außerhalb des Nestes befand und bei der Rückkehr aggressiv gestimmt war – manchmal hatten wir jedenfalls nach der Aktion deutlich mehr Stiche als vorher.

Eisige Cola und Hula-Hoop
Die Zeitrechnung in der DDR wurde lange eingeteilt in die Zeit »vor« und die Zeit »nach der Mauer«. das hieß, nach dem 13. August 1961, an dem die DDR den »antifaschistischen Schutzwall« errichtete.

Meine Tante und mein Cousin waren schon 1957 »in den Westen abgehauen«. Das hieß, Besuche hin und her gab es nicht mehr. Eigentlich nicht – aber da war ja noch Westberlin, damals noch mit einer offenen Grenze. Da durfte ich im Sommer 1960 mit hin fahren. Irgendwie kribbelig kamen mir die Eltern in der S-Bahn von Ost- nach Westberlin vor; zu Recht, wie ich später erfuhr: Sie schmuggelten ganz nebenbei in einem großen Koffer Besitztümer von »republikflüchtigen« Bekannten in den Westen. Und dann waren wir – unkontrolliert – »drüben«. Ku-Damm-Flimmer, Kinogang (ein Saurierfilm), und weil's so heiß war: Wannseebad. Dort nervte ich zunächst den (West-)Cousin so lange, bis er einen Groschen – Westgeld! – in einen Automaten steckte, damit unten ein kleiner Anhänger mit einem Totenkopf herauskam – den musste ich unbedingt haben! Mein zweites Erlebnis war ein Kultur-Schock: Gönnerhaft wurde mir, der ich zu verdursten meinte, eine Cola gereicht, die ich gierig in mich hineinschüttete. Gewohnt war ich nur die heimische, immer zuverlässig lauwarme rosa Flaschenlimonade, und nun entlud sich eine eiskalte Cola-Explosion in meinem Inneren. Seitdem habe ich den Inhalt von Flaschen immer erst misstrauisch geprüft.

Auf der Rückreise war ich glücklicher Besitzer eines echten blauen Hula-Hoop-Reifens. Der Plaste-Ring von reichlich einem Meter Durchmesser musste um die Hüfte gelegt, von Hand in Bewegung gesetzt und durch rhythmische Bewegungen des Beckens im Kreisschwung gehalten werden. Er durfte nicht herunterfallen. Wettbewerbe begannen: »Ich kann fünfmal«, »Ich 13 Mal« ... Mein bis heute gültiger Rekord wurde im heimatlichen Wohnzimmer aufgestellt. Ein Buch lesend, ließ ich den Reifen 1¼ Stunden lang über dem Tisch kreisen, bis ich wegen familiärer Missstimmung – das Mittagessen drohte kalt zu werden – abbrechen musste.

Hinter Mauern
Der politische Druck in den 1950er Jahren war meistens doch weit weg von meinem Kindergemüt. Sommerbad und Kirschen-Klauen und Indianer-Spielen waren letztlich die stärkeren Eindrücke. Heimat, zu Hause – das war hier.

Und doch gab es da irgendwo eine ganz andere Welt, den WESTEN. Da lockten Kaugummis, Zündplättchenpistolen, hochglanzgestylte Autokataloge. Und da drohten Schreckfiguren, deren Namen uns in der Schule immer wieder eingebläut wurden, die für unser kindliches Hören wohl alle Schläger waren, nämlich »Hauer«, die Ollenhauer (SPD-Vorsitzender), Adenhauer (Bundeskanzler Adenauer) oder Eisenhauer (US-Präsident Eisenhower) hießen und Krieg wollten ...

Die Frage, ob es eine Alternative sei, in den Westen zu gehen, beantwortete die DDR-Regierung brutal im August 1961 mit dem Bau der Mauer. Jetzt war klar, wo wir hingehörten! Und den »Westen« gab es – physisch erlebbar – nicht mehr. Nur noch in Gestalt von Paketen. Und im Fernsehen.

Verwaltet und betreut
Die sichtbare Präsenz der Staatsmacht beschränkte sich für mich auf den Dorfpolizisten, weil der auch unsere kindlichen Umtriebe manchmal missmutig beäugte, zum Beispiel die jugendlichen Jagdpartien mit väterlichen Luftgewehren auf Spatzen oder die Übungsfahrten auf Feldern und Feldwegen mit den elterlichen Mopeds.

Es gab aber auch einen Bürgermeister, der von Staats wegen und wegen des richtigen Parteibuchs eingesetzt war und wohl weder viel zu sagen noch viel zu tun hatte; meist waren das biedere und etwas ältere überforderte Parteifunktionäre.

Ein Teil der »Verwaltung« geschah auch in Eigenverantwortung zu Hause. Da gab es nämlich das »Hausbuch«. Man konnte und durfte sich hierzulande lange Zeit (eigentlich) nicht frei bewegen und erst recht nicht außerhalb seiner eigenen vier Wände schlafen. Im Hausbuch waren nicht nur die ständigen, amtlich gemeldeten Bewohner eines Hauses eingetragen. Dort mussten (eigentlich) auch die kompletten Personalien jeder Person eingeschrieben werden, die auch nur für eine Nacht dort zu Gast war. Ich schreibe »eigentlich«, weil die Bücher doch sehr lückenhaft ausgefüllt oder völlig ignoriert wurden. Aber damit machte man sich (eigentlich) schon strafbar.

»Pfarrer Krause lehnt den Frieden ab«

Im Juni 1954 fand in der DDR eine »Volksbefragung« statt. »Hinweg mit Adenauer und dem EVG-Vertrag!« – 93,5 Prozent der Bevölkerung stimmten dafür, also gegen den Vertrag (EVG war die später gescheiterte »Europäische Verteidigungsgemeinschaft«). Mein Vater war nicht zu dieser Abstimmung gegangen; er ging auch später nie zu DDR-»Wahlen«, weil es für ihn keine echten Wahlen – mit Aus-Wahl-Möglichkeiten – waren. Und schon stand sein Name in der Überschrift einer regionalen Zeitung: »Das deutsche Volk entschied sich für den Frieden – Pfarrer Krause lehnt den Frieden ab«. Anders als »jeder anständige Deutsche« wolle er »tatenlos zusehen, wenn sein Volk von gewissenlosen Verbrechern hingemordet werden« solle. »Was würde er einmal seinen drei Kindern antworten?« Die Eltern saßen nachdenklich vor der Zeitung. Da war er wieder, dieser Druck. Was würde jetzt kommen? Drohte Verhaftung? Oder war das nur die Überreaktion dieses Herrn Rudolph, der als »politischer Leiter« unterzeichnet hatte, oder doch eine deutliche Warnung?

Ich habe das Original dieses Zeitungsartikels aus dem Jahre 1954 nach der Wende in meiner – des Sohnes – Stasiakte wiedergefunden, abgeheftet als Beleg dafür, wie Sippenhaft aussehen kann.

Telefongespräche wurden in jenen Jahren erkennbar »mitgehört«. Wichtige und politisch vielleicht brisante Post vertraute mein Vater nicht dem Briefkasten an, sondern dafür gab es (kirchliche) Kuriere. In den sonntäglichen Gottesdiensten saßen manchmal Fremde, die mit spitzen Ohren Staatsgefährdendes erlauschen sollten.

Stalinismus hautnah

Ich ging schon ein paar Monate zur Schule, als wir eines Tages – im März 1954 – mitten in der Stunde feierlich aufstehen und eine ganze Minute lang stillstehen mussten. Wir gedachten des »Väterchens Stalin«, dessen erster Todestag begangen wurde, und mussten tief traurig sein, obwohl wir den Onkel gar nicht kannten ... Stalin-Kult und stalinistischer Terror, auch das prägte die 1950er Kinderjahre.

Unten in unserem Haus wohnte Kantor Kirbach mit seiner Frau. Er war jahrzehntelang Dorfschullehrer gewesen und ein gestrenger Mann. Nun genoss er seinen Ruhestand. Bis er eines Tages fassungslos meinen Vater zu sich ins Wohnzimmer rief. Ich schlich neugierig hinterher. Auf dem Tisch lag eine Zeitung. Auf dem Titelblatt stand in dicken Lettern: »Mörder von 10 000 Schweinen!« und daneben war ein Foto von Kirbachs Sohn abgedruckt. Der war damals (1954) leitender Tierarzt irgendwo im Thüringischen. Und er war politisch unbequem. Das brachte ihm das Misstrauen der Staatsorgane ein, er wurde intensiv beobachtet. Und dann schlug das System unbarmherzig zu. In einem Schauprozess wurde er angeklagt, Schuld zu sein am Tod von Tausenden von Schweinen, die er böswillig nicht rechtzeitig gegen die Schweinepest geimpft habe – zum Schaden der Volkswirtschaft der DDR. Das Urteil lautete auf 12 Jahre Zuchthaus. Seine Ehe ging in die Brüche, und seine beiden minderjährigen Söhne mussten von den Großeltern aufgenommen, unterhalten und erzogen werden, und so lebten sie dann mehrere Jahre mit in unserem Haus. Der inhaftierte Tierarzt kam nach acht Jahren wieder frei, aber er war ein gebrochener Mann und starb wenige Jahre später.

Auch im Haus gleich gegenüber geschah Bedrückendes. Der Adoptivsohn unserer Nachbarsleute kehrte 1954 nach Hause zurück. Nur verhalten wurde getuschelt und gemutmaßt. H. hatte in den letzten Kriegsjahren seine Lehre absolviert und dann einen Arbeitsplatz gefunden. Als die Russen 1946 mit dem Uranbergbau im Erzgebirge begannen, wurde auch sein Betrieb verpflichtet, dafür Leute abzustellen – Zwangsverpflichtung! H. erhielt den Gestellungsbefehl, verspürte aber mit seinen 18 Jahren einfach keine Lust, Bergmann zu werden, gar noch unter sowjetischer Militärverwaltung. Und da machte er sich Hals über Kopf davon und ging über die »grüne Grenze« in den Westen. Dort arbeitete er einige Monate, als ihn seine Mutter in einem Brief bat, wieder nach Hause zu kommen; der Vater war noch in Kriegsgefangenschaft. H. kehrte zurück und suchte sich eine Tätigkeit. Es vergingen einige Wochen, bis die russischen »Organe« ihn wieder im Visier hatten. Seine Flucht nach der WISMUT-Rekrutierung wurde wie militärische Fahnenflucht behandelt! Die Polizei holte ihn zu Hause ab. Er kam vor ein Schnellgericht und wurde als »West-Spion« verurteilt: Todesstrafe! Später wurde das Urteil »gemildert« auf 30 Jahre in Sibirien. Aber auch dazu kam es nicht, weil H. schon im berüchtigten Zuchthaus Bautzen an Tuberkulose erkrankte. Erst fünfeinhalb Jahre später war er wieder zu Hause, gesundheitlich schwer gezeichnet. Er hat nie mehr richtig arbeiten können. Wie dieser Mann jeden Tag stundenlang rastlos in seinem kleinen gepflasterten Hof auf und ab ging, hat mich als Kind tief beeindruckt.

Zwei solche Schicksale schon im kleinen Horizont meiner Kinderwelt – es hat ihn wirklich gegeben, den Terror der 1950er Jahre.

Flugblätter
Flugblätter hießen nicht nur so, sie kamen damals wirklich geflogen. Aller paar Monate geschah es. Entweder waren sie in der Nacht gekommen und lagen als bunte morgendliche Aufregung auf Wiesen und Feldern. Oder sie flatterten – erst ganz winzige Pünktchen am Himmel, später als Zettel erkennbar – in die Nachmittags-Langeweile. Ihr Erscheinen löste hektische Betriebsamkeit aus. Zum einen bei uns Kindern, weil es einen Wettbewerb gab: Wer findet die meisten? Zum anderen bei den »Staatsorganen«; das war manchmal der Parteisekretär der LPG, manchmal der Bürgermeister, manchmal der Dorfpolizist. Die mussten sich von Amts wegen kümmern. Die Zettel kamen nämlich vom »Klassenfeind« aus dem »bösen Westen«. Dort starteten große Gas-Ballons, die Pakete von Propaganda-Material trugen, der Wind trieb sie zu uns in den – von dort her gesehen ebenso »bösen« – Osten, und irgendwo, manchmal eben am Himmel über unserem Dorf, setzten sie ihre Last frei. Die Zettel waren bunt, und die Parolen waren heftig. Es war kalter Krieg, und die Sprache war entsprechend: »Sowjetzone«, »Sklaverei«, »Terrorherrschaft«, »Kanonen statt Butter«, »Kasernen statt Wohnungen« usw. Die Staatsorgane waren alarmiert und gingen auf Suche. Aber ein Großteil der Zettel befand sich längst in der Hand sammelwütiger Kinder – und interessierter Erwachsener. Und nun begann das immer gleiche Spiel. Hochnotpeinliche Befragung durch den Dorfpolizisten in den einzelnen Häusern dorfauf und dorfab: Hat hier jemand solche Zettel gefunden? Die seien abzuliefern. Bei Strafandrohung. Viele Zettel wurden trotzdem versteckt und heimlich gelesen. Ein paar Tage herrschte Partisanen-Stimmung, wir spielten »Hase und Igel« (oder wohl zutreffender: »Kinder und Gendarm«). Dann war wieder Alltag.

Kartoffelkäfer und Klassenkampf
Der Klassenfeind im Westen schmiss noch mehr Bösartigkeiten vom Himmel. Als Feind des Sozialismus entpuppten sich Kartoffelkäfer. Die hatten die Amerikaner – so wurde jedenfalls amtlich informiert – aus Flugzeugen abgeworfen, um der Wirtschaft und den Menschen in der DDR zu schaden. Wir Schulkinder wurden an die Kartoffel-Front geschickt. Einmal freiwillig einzeln und ein andermal zwangsweise in Schulklassenstärke marschierten wir auf die Felder, wurden über Aussehen und Tarnungen des gelb-schwarz gestreiften käferlichen Feindes belehrt, mit leeren Marmeladegläsern für den Fang der Bösewichte ausgerüstet und schwärmten dann über die Felder aus für den Sieg des Sozialismus. Einmal bot uns der Bürgermeister

für den ersten Käfer, den wir ihm ins Büro brachten, sage und schreibe EINE MARK, für ein ganzes Glas, gefüllt mit rot-schwarzen Larven, gab es im Normalfall 50 Pfennige. Da machte Klassenkampf sogar richtig Spaß! Bloß – es gab gar nicht so viele Käfer, ich habe in den folgenden Jahrzehnten viel mehr von ihnen immer mal wieder auf Kartoffelfeldern gesehen, aber da gab es leider kein Geld mehr.

Frösi und Zündplättchen-Pistole

Damit wir einmal ordentliche Menschen werden, die auch mit Geld umgehen konnten, spendierten meine Eltern Taschengeld. Es gab 50 Pfennige in der Woche. Ich sollte davon nützlichen Kleinkram erwerben, aber ich wollte die »Frösi«. Das war eine Kinderzeitschrift mit dem lyrischen Namen »Fröhlich sein und singen«. Und die wollten meine Eltern nicht im Haus haben, weil sie zwar interessant und unterhaltsam war, aber eben nebenbei auch ziemlich heftige Agitation für das sozialistische Kinderleben machte. Doch sie war bunt, bot Aufregendes (die blau-rote 3-D-Brille, mit der man Bilder dreidimensional betrachten kann, habe ich heute noch!), die anderen Kinder durften doch auch ... Ich habe die Hefte trotzdem – zunächst heimlich, und später mit elterlicher Zustimmung – gelesen.

Auch an anderer Stelle gingen die Wertvorstellungen der Generationen nicht konform. Ich bekam zum Geburtstag eine tolle Taschenlampe, die sich umschalten ließ auf grünes und rotes Licht. Aber die Freude währte nur solange, bis ein Klassenkamerad eine Pistole zum Tausch anbot. Natürlich aus dem Westen, ein Plaste-Colt, leicht defekt, aber zwei Rollen Zündplättchen gab's noch dazu. Die Eltern wollten das sehr lautstark nicht. Aber irgendwann hatte ich dann keine Taschenlampe mehr und tief versteckt in geheimen Schubladen lag das Objekt der Begierde bei meinen anderen Schätzen.

»Dokument!«

Bei Altenburg gab es einen schönen großen Wald, die »Leina«. Bestens geeignet, um dort zu wandern, Pilze zu sammeln, in einem kleinen Steinbruch zu baden. Meine Eltern packten uns Kinder vorn und hinten aufs Fahrrad zum Familienausflug und wir radelten los. Aber wir waren nicht allein im Wald. Ein Großteil war Sperrgebiet, und da waren die Russen. Sie betrieben einen Militärflugplatz und das war streng geheim und furchtbar wichtig. Eines Tages hatten die Eltern sich »verradelt«, wir hatten wohl auch Sperrschilder übersehen, jedenfalls sprangen plötzlich aus dem Gebüsch aufgeregte Sowjetsoldaten, die Maschinenpistole im Anschlag. Sie stellten sich vor uns auf und brüllten: »Dokument!!!«. Die Eltern guckten etwas hilflos; Ausweise hatten sie nicht dabei, und eine Sondererlaubnis natürlich erst recht nicht. Da griff meine Mutter in ihre Jackentasche, eine kleine rote Karte kam zum Vorschein und wurde den Wächtern hinübergereicht. Die besahen das Papier von allen Seiten, berieten kurz, gaben das Kärtchen zurück und wir hatten wieder freie Fahrt. Vater war etwas verunsichert ob der erfolgreichen Aktion und wollte das überraschend hilfreiche »Dokument« auch sehen: Es war die Dauer-Eintrittskarte für das Sommerbad in Meerane, die uns gerettet hatte.

Die Russen waren all die Besatzungsjahre hindurch immer irgendwie präsent, aber nur selten zu sehen. Manchmal kamen sie nachts. Dann rumpelten in endloser Kolonne Dutzende von Panzern auf der Dorfstraße entlang; die Straßen waren für die nächsten 10 Jahre hin.

Einmal gab es im Gefolge einer solchen Panzerrallye ein schreckliches Erlebnis, das sich mir tief eingeprägt hat. Am Straßenrand lag ein verletztes Pferd, das sich beim Zusammenprall mit einem Panzer eine schwere Beinverletzung zugezogen hatte. Sein Körper zuckte, die Augen waren weit offen. Kein Laut war zu hören, aber aller Schmerz dieser Welt schrie aus den Blicken dieser Kreatur.

LPG Typ I

Das Jahr 1960 brachte Unruhe ins Dorf. Der kalte Wind der sozialistischen Kollektivierung der Landwirtschaft wehte durch die DDR. Die Zeitung erklärte tagtäglich, in welch glorreichen Zeiten wir lebten: Die Bauern wandelten ganz »freiwillig« ihr Privateigentum in genossenschaftlichen Besitz um. Doch viele Bauern sahen das überhaupt nicht so positiv. Ich sehe sie noch vor mir, gestandene Männer, wie sie geduckt, ratlos und mit feuchten Augen im Arbeitszimmer meines Vaters saßen. Was sollten sie tun gegen den wochenlang andauernden Druck? Jeden Abend kamen die Agitatoren aus der Stadt – manchmal gleich mit dem LKW –, saßen bei ihnen in den Bauernküchen und lockten und drohten. Bis einer nach dem anderen seinen Beitritt zur LPG (Landwirtschaftliche Produktions-Genossenschaft) beantragte. Wir Kinder lernten derweil in der Schule, dass es »LPG Typ I« gab – hier brachten die Bauern nur ihre Ackerflächen in die gemeinsame Bewirtschaftung ein – und dass bei »LPG Typ III« zusätzlich auch alle Wirtschafts-Gebäude, Tiere und Maschinen genossenschaftliches Eigentum wurden.

Viele Bauern haben den Eintritt in die Genossenschaft als Enteignung empfunden und auch (zum Glück fälschlich) so benannt. Es war aber eher eine Entmündigung – formal-juristisch blieben sie ja bis 1990 Eigentümer ihrer Gebäude und ihres Bodens. Aber das JA zum Eintritt erfolgte unter massivem Druck, sie hatten keine Verfügungs- und Entscheidungsgewalt mehr über ihr Eigentum (besonders schmerzlich war für viele der Moment, als die Tiere – ein wichtiger Bestandteil der bäuerlichen Wirtschaften – aus den Ställen geholt wurden) und sie litten unter dem Statusverlust: Bauern waren nun nicht mehr freie Unternehmer, sondern erlebten die Veränderungen als sozialen Abstieg, zum Lohnempfänger und »Arbeiter«. Sie wurden zu Spezialisten in industriell wirtschaftenden Agrarbetrieben, waren Schlosser, Traktorist, Ingenieur, Tierpfleger.

Die Umgestaltung veränderte das Dorf nachhaltig. Die kleinen Felder verschwanden, kleine Gewässer, Feldwege und Flurgehölze wurden radikal beseitigt. Auf riesigen Flächen von einigen hundert Hektar hielt neue Großtechnik Einzug. Hamster und Rebhühner verschwanden, ebenso wie die Pferde. So manches ehrwürdige Fachwerk-Gebäude in den Vierseithöfen verfiel. Ein großer Schweinestall brachte einen neuen Geruch ins Dorf.

In der Schule gab es das neue Fach UTP (»Unterrichtstag in der Produktion«). Da lernten wir nicht nur theoretisch (ESP = »Einführung in die sozialistische Produktion«), wie toll der Sozialismus funktionierte, dazu gehörte auch handfeste Praxis in der neuen Landwirtschaft. Wir zogen einmal in der Woche – einen ganzen Schultag lang! – auf die Felder; da wurden Rüben verzogen oder Kartoffeln gelesen. Oder wir waren im Stall, um dort auszumisten oder die Kühe zu »striegeln«, das hieß, ihnen die eingetrocknete Kacke vom Fell zu bürsten. Oder wir saßen zwischen schwatzenden Bäuerinnen im Dachboden einer großen Scheune. Dort wurde »Tabak gefädelt«, das heißt, frisch gepflückte grüne Tabakblätter wurden mit speziellen Nadeln auf spezielle Tabakschnur gefädelt und zum Trocknen aufgehängt.

Doch auch in Bauernfamilien, die sich lange gegen den Eintritt in die LPG gewehrt hatten, war Jahre später Interessantes zu hören: Sie fanden es gut, nun eine geregelte Arbeitszeit zu haben, gute Bezahlung, Urlaub – und »Kinderarbeit« gab es auch nicht mehr.

Projekt Offenstall
In der glorreichen Sowjetunion, so lernten wir in der Schule, gab es Väterchen MITSCHURIN. Dem Manne war es gelungen, auch jenseits des Polarkreises Weizen anzubauen und Wein zu ernten. Sein Erfolg bestätigte

eindrucksvoll ein Dogma der sozialistischen Doktrin, demzufolge Pflanzen, Tiere und Menschen sich letztlich jeder natürlichen (oder gesellschaftlichen) Umgebung erfolgreich anpassen könnten und würden.

Von der Sowjetunion lernen, hieß siegen lernen. Also wurden die neuen Konzepte auch in die DDR übertragen. Eine Kampagne schwappte über das Land, und jede LPG baute nun ihren »Offenstall«. Es war ja nicht mehr nötig, die Kühe im Winter in geschlossenen Ställen unterzubringen. Es sollte doch reichen, wenn sie ein Dach über dem Kopf hätten, und mit der Zeit würden sie sich eben an die frostige Umgebung anpassen.

Die Kühe, die schutzlos in die zugigen Unterkünfte getrieben wurden, haben die Theorie offensichtlich nicht verstanden. Sie wurden krank, Todesfälle traten auf, und nach einiger Zeit wurde das ideologische Experiment stillschweigend beendet.

Radio Luxemburg
Mein Vater nutzte unser großes schwarzes Radio nur, um die politischen Tages-Nachrichten zu hören. Meine zwei Jahre ältere Cousine Karin kam zu Besuch, und sie zeigte mir, dass aus der Kiste viel mehr herauszuholen war. Sie kurbelte und drehte und steckte Drähte in die Antennenbuchse, bis IHRE Musik kam. Flott, laut, spritzig – und das stundenlang jeden Tag. Es waren bis dahin ungehörte Klänge in unserem Haus, die meinen Eltern wohl ziemlich auf die Nerven gingen, aber sie trugen's mit Geduld. Und ich hörte mit: Radio Luxemburg. Für uns nur auf Mittelwelle zu empfangen, da rauschte es öfter oder der Sender verschwand auch minutenlang gänzlich. Manchmal funkten auch gezielt richtige »Störsender« dazwischen, DDR-staatlich-amtlich eingesetzte Funkstationen, die mit nervenden Quietsch- und Pfeifgeräuschen das Hören von »West-Sendern« unmöglich machen sollten. Radio Luxemburg war wohl nicht so gefährlich, jedenfalls liefen die meisten Sendungen ungestört. Schnell war auch ich vom Musik-Bazillus infiziert. Der erste Titel, der sich mir als »Hit der Woche« eingeprägt hat und an dessen Melodie ich mich noch heute erinnere, hieß »Johnny, sing dein Lied noch mal ...« Die sonntägliche »Hitparade« war über Jahre ein unbedingtes Muss und brachte – wegen der Konkurrenz zum familiären Mittagessen – ziemlich oft Zoff. Und es gab einen – natürlich streng geheimen – »Hitparaden-Club« in der Schul-Klasse, in dem die wöchentlichen Hitlisten kursierten und die neuesten Trends diskutiert wurden.

Radios hatten damals manchmal ein »Magisches Auge«, ein grünlich leuchtendes Glasding, dem man ansah, ob ein Sender gut empfangen werden konnte. In den Geräten steckten noch »(Elektronen-)Röhren«, Glaskolben mit einem faszinierend-komplizierten Drahtgewirr in ihrem Inneren. Bei unserem Radio war es kurioserweise so, dass sich, wenn man eine bestimmte Röhre herauszog, die Empfangsqualität des Westberliner Senders RIAS ganz entscheidend verbesserte. Ich habe bis heute keine Erklärung, wieso durch Entfernen (!) eines Bauteils das Gerät leistungsfähiger wurde ...

Wie weit schießt eine MPi?
Eines Tages war Aufregung im Dorf. Gleich vier neue Häuser wurden gebaut. Das allein hätte uns Kinder wohl kaum interessiert. Aber wie das geschah, das war schon merkwürdig. Da schachteten nämlich schweigsame Männer in blauen Hosen und Jacken die Baugruben aus, und sie trugen breite gelbe Streifen auf dem Rücken. Sie wurden von mehreren Uniformierten bewacht. Die taten das mit Gebrüll, und zur Unterstreichung ihrer Macht trugen sie Maschinenpistolen über der Schulter. Ich muss gestehen, dass wir gar nicht versucht haben, mit den Sträflingen zu reden. Die Bewacher ließen sich auf Unterhaltungen mit uns Kindern ein, sagten aber über das Schicksal der Gestreiften nur knapp, dass das »Politische« wären. Sie haben aber gern Auskunft gegeben, auf welche Entfernung eine MPi noch trifft.

In eines der fertigen kleinen Häuschen zog später der Dorfpolizist ein. Drei Fenster waren vergittert, und da hatten wir im Dorf nun auch noch ein richtiges Gefängnis, das aber in den darauf folgenden 30 DDR-Jahren wohl nie benutzt wurde.

Schlange stehen und Sparen
In der frühen DDR war eigentlich alles knapp. Jedenfalls das, was man gerade brauchte. »Stromsperre« zum Beispiel war ein immer wiederkehrendes Erlebnis jener Jahre: Da gab es eben einfach für ein paar Stunden – angekündigt in der »Spitzenbelastungszeit« oder auch ohne jede Vorwarnung – keinen elektrischen Strom. Also stand im Flur immer eine Kerze griffbereit und daneben lagen Streichhölzer.

Viele nützliche Dinge, nicht nur später die »Trabbis«, gab es nur auf Antrag oder mit Sondergenehmigung oder mit geduldigem Warten, Schlange-Stehen oder über (Tausch-)Beziehungen. Selbst wenn man die Zeitung der Sozialistischen Einheitspartei Deutschlands, das »Neue Deutschland«, abonnieren wollte, hieß es: Antrag stellen und dann Jahre warten. Noch viel begehrter und eigentlich überhaupt nicht zu kriegen waren das »Magazin«

oder der »Eulenspiegel«. Wer Briefmarken sammeln wollte, benötigte einen Sammler-Ausweis, und auch den gab's natürlich nur auf Antrag. Telefonanschlüsse, Fahrschulkurse, Schreibmaschinen, begehrte Bücher – alles wurde geplant und bürokratisch zugeteilt.

In den 1950er Jahren gab es noch rationierte Lebensmittel »auf Marken«. Jeder Haushalt bekam postkartengroße Kärtchen. Auf diesen waren kleine Felder aufgedruckt, die zum Bezug von beispielsweise 150 Gramm Brot oder 25 Gramm Butter berechtigten. Beim Einkauf wurden im Geschäft die entsprechenden Abschnitte abgetrennt und einbehalten. In unserem Dorf-»Konsum« gab es noch in den 1960er Jahren Butter, und bis zum Ende der DDR-Zeiten Nüsse oder Apfelsinen nur auf Bescheinigung oder nach Strichliste. Und dennoch: Mit Geduld, mancherlei Listen und Tricks ging es doch immer irgendwie, und man hatte am Ende, was man wollte. Auf jeden Fall waren so ganze Völkerschaften ständig auf Versorgungstour, was auch Vollbeschäftigung garantierte. Und oft hatte man dann mehr Vorräte gehamstert, als man eigentlich brauchte.

Sparen war eine staatlich verordnete Tugend. In der Schule wurden wir zum Sparen erzogen. Es gab Hefte von der Sparkasse, in die wir regelmäßig Marken klebten, zum Beispiel 50 Pfennig im Monat fürs »Schulsparen«.

Friedensfahrt-Patriotismus
Jedes Jahr im Mai war für zwei Wochen Ausnahmezustand. Im Radio klang eine Fanfare, die viele Menschen elektrisierte. »Friedensfahrt!« Es handelte sich um die »Radfernfahrt für den Frieden«, eine Rundfahrt, die durch Polen, die Tschechoslowakei und die DDR führte. Stundenlang ließ ich Tag für Tag das Radio nicht aus dem Blick und verfolgte jeden der Streckenberichte, dramatisch geschildert von Heinz-Florian Oertel & Co. Wir fieberten mit unseren Helden, mit »Täve« (der Mann hieß richtig: Gustav-Adolf Schur) und Bernhard Eckstein. Stürze brachten Bestürzung, und Siege erfüllten uns mit unbändigem Stolz. Es waren »unsere«, die da gewannen, da wuchs irgendwo auch etwas Stolz auf diese DDR – wenigstens im Sport waren wir wer! Wenn die Strecke der Friedensfahrt durch unsere Region führte, radelten wir zur »Hohen Straße« oder an die »Steile Wand« von Meerane, um unseren Helden zuzusehen und zuzujubeln. Und danach fuhren wir tagelang selbst Radrennen auf den Dorfstraßen, und wir träumten davon, auch einmal Friedensfahrer zu werden.

Stolz war ich auch – auf wen eigentlich richtig? –, als 1957 der erste sowjetische SPUTNIK die Erde umkreist hatte. Einige Jahre später bin ich extra bis tief in die Nacht hinein wach geblieben, um am Radio (!) den Moment mit zu erleben, in dem der erste von Menschen losgeschickte Flugkörper den Mond erreichte, »Luna«, wieder ein sowjetisches Projektil.

Intelligent – oder nicht?
Immer am Anfang des Schuljahres überprüfte der Klassenlehrer die Eintragungen im »Klassenbuch«. Dort standen die Namen der Schüler, und dann war einiges abzufragen. Eine Spalte erfasste die »Klassenzugehörigkeit« des Elternhauses, also die soziale Zuordnung nach den Kriterien der DDR. In ihrem Selbstverständnis war die DDR ja ein Staat der Arbeiter und Bauern – Kinder dieser »Klassen« galt es besonders zu fördern. »Arbeiter« war klar definiert, aber schon mit der Kategorie der »Bauern« gab es zunehmend Schwierigkeiten. »Richtige« Bauern – das meinte solche mit der verordneten sozialistischen Gesinnung – waren Ende der 1950er Jahre nur die, welche den Schritt in die Genossenschaften gegangen waren, alle rückständigen und unbelehrbaren Eltern, die noch meinten, als Kleinkapitalisten allein wirtschaften zu können, waren zunehmend verdächtig. Es gab also im Klassenbuch »Bauern« und »Bauern(G)«. Es gab auch die Kategorie der »Handwerker« (als selbstständige Unternehmer ebenfalls ein verdächtiger Stand). Und es gab die Möglichkeit, ein »I« für »Intelligenz« einzutragen – zu dieser Klasse gehörten Studierte wie Ärzte, Techniker, Lehrer usw. Mein Vater war Pfarrer. In welche Kategorie sollte ein systemtreuer Lehrer solche Menschen einordnen? Nach einigem Hin und Her wurde in der Spalte für mein Elternhaus dann aber doch ein »I« vermerkt.

Abgang
Die Kinderzeit hatte für uns noch ein klar definiertes Ende. Nach der achten Klasse kamen wir »aus der Schule«. Ein Lebensabschnitt war vorbei. Manche Klassenkameraden begannen sofort mit einer Berufsausbildung, die anderen setzten ihre Schulzeit in der »Mittelschule« (bis zur 10. Klasse) oder in der »Oberschule« (bis zum Abitur nach 12 Schuljahren) fort.

Ende der Kinderzeit. Im Sommer '61 geriet vieles in Bewegung, auch in der größeren Welt um mich herum. Im August baute die DDR-Führung rund um Westberlin eine Mauer. Mein bester Freund, der mit mir in die neue Schule gehen sollte, war in diesen Tagen zu Besuch im Westen – würde er überhaupt wieder kommen? Unbekanntes wartete, Neugier und Angst gingen mit durch die letzten achtwöchigen Kindersommerschulferien. Das Leben blieb spannend.

Flugversuche
Oberschule und Studium
(1961 bis 1970)

Oberschule ◆ *Wege zur Bildung – mit Schlitten und Moped*
Westfernsehen ◆ *Blinde Flecken* ◆ *Schlips und Schwips und Walzerschritt*
Gucklöcher ◆ *Durchblick* ◆ *Platten heben* ◆ *Um Haaresbreite*
Partytime ◆ *Der Rock'n'Roll-King* ◆ *Kampfsport*
Schnellkurs für Gitarre – fit in drei Minuten ◆ *Twist and Shout*
Über Heinz Quermann zu den »Meridas«
Mit »Gurkenwurm« und »Rhabarberschnecke« auf die große Bühne
Flugversuche ◆ *Urlaub in der Leinwandvilla*
Das Wunder von Stralsund ◆ *Studentenleben* ◆ *Erste Wahl*
Anders sein als die anderen Anderen ◆ *Der Jazz-Dampfer*
Sturz-besoffen ◆ *Frühling in Prag* ◆ *Meine Wirtin*
Chemie ist das, was kracht und stinkt ◆ *Schluss mit lustig*
Tramp ◆ *GST-Lager* ◆ *»Lied zu den Anden«* ◆ *Nicht gedient*
Italienische Schuhe ◆ *Erdölkombinat Schwedt*
Mutproben ◆ *Kohlkopf auf Nonnevitzens Dünen*
Polenreise ◆ *Gipfelstürmerei* ◆ *Denk-Zettel*

Lebenslauf-Skizze III
Nach dem Abschluss der Grundschule besuchte ich vier Jahre lang – bis zum Abitur – die Erweiterte Oberschule in der Nachbarstadt. 1965 ging ich zum Chemiestudium nach Dresden.

Oberschule
Ich besuchte in der benachbarten Kleinstadt Meerane die »Zwölfklassige Erweiterte Allgemeinbildende Polytechnische Oberschule« (EOS), die uns zum Abitur führte. Das war gar nicht selbstverständlich. Mein Vater war als systemkritischer Pfarrer bei der Stasi aktenkundig. Unser Telefon – einer von einer Handvoll Anschlüsse im Dorf – wurde all die Jahre abgehört. Ich war nicht Mitglied bei den »Jungen Pionieren« oder später bei der »Freien Deutschen Jugend« (FDJ), hatte natürlich auch nicht an der staatlichen »Jugendweihe« teilgenommen. Das alles, überhaupt meine Herkunft aus einem verdächtigen sozialen Umfeld, qualifizierte mich nicht gerade für einen Weg höherer Bildung in der DDR. Und so wurde der elterliche Antrag auf Zulassung zum Abitur zunächst auch abgelehnt. Aber einem Lehrer gelang es, durch großen persönlichen Einsatz doch noch meine Zulassung zu ertrotzen.

Unsere Oberschule wurde ein Opfer der Zentralisierung in der Kreisstadt. Meine Klasse war der vorletzte Jahrgang, der dort unterrichtet wurde. Die Schule war immer nur einzügig gewesen. Es gab keine Möglichkeit, so wie heute üblich ein Profil auszuwählen oder später ungeliebte Fächer abzuwählen. Wir hatten (Frontal-)Unterricht in allen – auch den unbequemen – Fächern bis zum Schluss. Diese »Zwangsbeglückung« halte ich, wenn man »Allgemeinbildung« erwerben möchte, auch heute noch für sinnvoll. Wir haben so – obwohl wir uns in der DDR befanden und das

Profil ein »mathematisch-naturwissenschaftliches« war – auch vier Jahre soliden Lateinunterricht gehabt, und dafür bin ich heute noch dankbar, weil das bei manchen tourismus-sprachlichen Problemen gut weiterhilft und man sich auch bei Fremdwörtern oder medizinischen Fachchinesisch (was ja weithin Latein ist) vieles ganz gut zusammenreimen kann.

Ein Tag in jeder Schulwoche bis zum Abitur war weiterhin für »UTP« reserviert. Diesen Unterrichtstag in der Produktion verbrachten wir nun in einem großen metallverarbeitenden Betrieb (Dampfkesselbau), und wir feilten, schraubten, bohrten und drehten – so richtig professionell auch an der Drehbank. In drei Jahren absolvierten wir so eine recht solide handwerkliche Ausbildung. Und wer das wollte, konnte dann nach dem Abitur auch noch in einem vierwöchigen Ferien-Lehrgang einen ordentlichen Facharbeiterbrief erwerben.

Wege zur Bildung – mit Schlitten und Moped
Mein Weg zur Allgemeinbildung führte vier Jahre immer die gleiche Straße entlang. Die Schule war fünf Kilometer entfernt. Von Bus, etwa gar einem Schulbus, war damals keine Rede. So schenkten mir die Großeltern ein gebrauchtes Fahrrad – ein 28er DIAMANT-Sportrad mit Dreigangschaltung –, und mit dem stürmte ich an jedem Morgen – meist etwas zu spät – los, unterwegs schloss sich mir mein Banknachbar Rainer an, und wir hoppelten über die löchrigen Straßen auf dem Lande und die kopfsteingepflasterten in der Stadt. Ein paarmal war Glatteis, und die Radfahrversuche endeten als Rutschpartie im Straßengraben. An solchen Tagen kamen wir Landkinder dann eben zu Fuß – 'ne Stunde später – und zogen auf einem Schlitten die Schultasche hinter uns her.

Sehnsucht aller jugendlichen »Männer« war ein motorisierter Untersatz. Erst hatte es Fahrräder mit Seitenmotor gegeben, die wegen Ihrer Knattereien »Hühnerschreck« hießen; aber das war wohl mehr was für die älteren Herrschaften. Unserer Begier stand schon eine neue Zweirad-Generation zur Verfügung. Diese Mopeds waren noch im Wortsinn ein <u>Mo</u>torrad mit <u>Ped</u>ale, aber wenn man sie »antreten« oder gar tatsächlich einmal als Fahrrad in Betrieb nehmen musste, waren sie auch für einen kräftigen Jugendlichen verdammt schwer durch Treten zu bewegen. Sie hießen SR1 und SR2 (<u>S</u>imson-<u>R</u>oller) und später kamen KR50 (<u>K</u>lein<u>r</u>oller), »Schwalbe« und »Star« und »Sperber« und andere »Vögel« dazu – das waren dann schon Mokicks, also mit Kickstarter zu starten.

Schon bevor die offizielle Fahrerlaubnisgrenze von 15 Jahren erreicht war, machten alle Jungs heimliche Fahrten – mit den zu Hause still aus dem Schuppen entführten elterlichen Gefährten ging es über Feldwege und Felder. Aber manchmal gerieten wir im Fahrtrausch auch auf öffentliche Straßen. Und da konnte es passieren, dass uns der »Dorf-Sheriff« erwischte; amtlich war er der ABV (der »Abschnittsbevollmächtigte« der Deutschen Volkspolizei). Die Staatsgewalt stoppte das fröhliche Treiben, der Sachverhalt wurde grimmig protokolliert, das Moped als corpus delicti mit einem behördlichen Schloss versehen und so aus dem Verkehr gezogen. Aber dann gab es doch immer einen versöhnlichen Ausgang: Die Eltern erhielten einen amtlichen Bescheid, hörten sich den Hergang der Untat an, wurden als Erziehungsberechtigte verwarnt, das Moped durfte wieder in seinen Stall. Dort blieb es bis zur nächsten illegalen Tour.

Westfernsehen
Fernsehen war eine faszinierende Sache. In unserer Familie gab es – aus Kosten- und wohl auch aus erzieherischen Gründen – kein solches Gerät. Aber in vielen Bauernhöfen hatten die »Flimmerkisten« längst Einzug gehalten, und so schlichen wir abends aus dem elterlichen Haus, ließen uns in die – tagsüber zu diesem Zwecke verdunkelten – Wohnstuben der Klassenkameraden einladen und guckten stundenlang fasziniert in die Röhre, egal, was deren schwarz-weißes Geflimmer auf einem Schirm mit 20 Zentimetern Diagonale zu bieten hatte. Bei der reuigen Rückkehr nach Hause hieß die Strafe: »Ohne essen ins Bett!« Aber das war's mir wert.

Später erbten wir einen Fernseher von den Großeltern.

Ein besonderer Nervenkitzel war »Westfernsehen«, der verbotene Blick hinaus aus der kleinkarierten DDR-Welt, über die Mauer, in eine fremde Wirklichkeit mit Glamour und Wirtschaftswunder und Werbung. Der Zugang zum Paradies war nicht leicht, schon rein technisch betrachtet. Die Antenne baute sich jeder selbst. Bei uns zu Hause war es eine Holz-Leiste, die mit Kupferlitze (geflochtener Draht) bespannt war. Sie stand hinter dem Fernseher in der Wohnzimmer-Ecke und wurde bei Bedarf zur Verbesserung des ständig schwankenden Empfangs (»Überreichweiten«) in die optimale Stellung gebracht. Für das »Zweite Programm«, das später dazu kam, wurde es schon etwas schwieriger. Man brauchte für den Empfang einen Konverter, ein Kästchen, das die gute Tante aus dem Westen »einschmuggeln« musste, und dann doch eine etwas leistungsfähigere Antenne, die von kreativen Bastlern angefertigt wurde und die so hoch oben wie nur möglich installiert werden musste, also – als versteckte Variante – auf dem Boden unter dem Dach oder auch offen sichtbar draußen auf dem First, ausgerichtet in Richtung bayerischer »Ochsenkopf«.

Im Herbst 1961, kurz nach dem Bau der Berliner Mauer, betrat ich zum ersten Mal meine neue Schule, die »Goethe-Oberschule«. Fremde Gesichter, vielerlei neue Eindrücke – und gleich erlebte ich dort auch noch »Klassenkampf« live. Eine Kampagne gegen das Sehen und Hören von »Westsendern« lief an. Agitationsgruppen sägten »Westantennen« von den Dächern anderer Leute! In der Schule wurde eine Unterschriftensammlung gestartet, in der sich alle Schüler »freiwillig« verpflichten sollten, keine »Westsender« mehr anzuhören und anzusehen. Die Listen füllten sich. Ich unterschrieb nicht. Gerade erst hatte ich bei Radio Luxemburg neue musikalische Welten entdeckt, die mir wichtig waren, und die abendliche »Tagesschau« oder Werner Höfers sonntäglichen »Frühschoppen« wollte ich auch nicht lassen. Am nächsten Tag hing am Schwarzen Brett ein großer Zettel, auf dem drei oder vier Namen von Schülern, darunter meiner, bekannt gemacht wurden, weil sie Handlanger des Klassenfeindes seien und eigentlich an dieser sozialistischen Bildungseinrichtung nichts zu suchen hätten. Verunsicherung, Bockigkeit, Angst, elterliche Gespräche. Ein paar Tage später habe ich auch auf der Liste unterschrieben. Opportunismus, Anpassung, Unterwerfung? Getröstet hat mich immerhin die Bemerkung eines drei Jahre älteren Schülers, der mir vor dem Schwarzen Brett die Hand auf die Schulter legte und meinte, so viel Mut wie ich habe er nicht gehabt. Mut? Ein ganz kleines bisschen Stolz blieb so auch in der Niederlage. Ich hatte, wenn auch nur für einige Tage, eine eigene Meinung gehabt und vertreten, war nicht gleich mit geschwommen im allgemeinen Strom der Gleichgültigkeit.

Die Kampagne verlief sich bald, und Westfernsehen wurde weiterhin in fast jedem Haushalt geguckt.

Blinde Flecken

Mein Vater fuhr, als ich noch zur Schule ging, jedes Jahr im Winter mit mir für eine Woche ins Erzgebirge zum Skiurlaub. Die Reise nach Johanngeorgenstadt mit der Eisenbahn war noch in den 1960er Jahren ein richtiges Abenteuer. Schon in Zwickau stiegen in jeden Waggon zwei Uniformierte ein. Die Ausweispapiere der Mitreisenden wurden intensiv kontrolliert, alle wurden nach ihrem Reisegrund befragt. Der Grund: Wir waren in einem Gebiet unterwegs, das so richtig nicht zur DDR gehörte. Hier im Erzgebirge gewann die Sowjetunion seit 1946 Uran, das Metall, mit dem man Atomwaffen baut und Atomkraftwerke betreiben kann. WISMUT hieß die Firma zur Tarnung, und auch der formal souveräne Staat DDR hatte hier nichts zu sagen. Ganze Landstriche wurden durch hektischen Raubbau verwüstet, Tausende von Bergleuten opferten ihr Leben dem Bohrstaub und dem Umgang mit dem radioaktiven Material. Aber darüber wurde nicht geredet. Zwar hörte und wusste man so manches – aber darüber breitete sich kollektives Schweigen. Am Ende der DDR-Zeiten hatte sich der Uranbergbau bis nach Ronneburg in Thüringen ausgebreitet. Von unserem Dorf aus waren am Horizont deutlich die WISMUT-Halden zu sehen, höher als die Pyramiden von Ägypten – aber ich habe sie bis zur Wende einfach nicht wahrgenommen. Unbequem, unheimlich, und einfach ausgeblendet.

Schlips und Schwips und Walzerschritt
In der 11. Klasse war für die »Herren« Tanzstunde angesagt. Die »Damen« waren schon ein Jahr früher, im Alter von 16 Jahren, »dran«. Fräulein Nikolaus betrieb eine Tanzschule. Ihr oblag es seit Jahrzehnten, der von Verlotterung und Sittenverfall bedrohten Jugend ein paar Grundregeln betreffend äußerlicher Erscheinung und Anstand zu vermitteln sowie die Fähigkeit, sich ohne Stolpern und Anderen-auf-die-Füße-treten auf einem Tanzparkett bewegen zu können.

In den ersten Übungsstunden waren wir »Herren« unter uns. Wir lernten, gerade zu sitzen und zu stehen, ordentlich zu gehen und zu grüßen und uns zu verbeugen. Das war anstrengend, und die ganze Truppe versammelte sich nach dem amtlichen Übungsteil in der »Ente«, einer benachbarten Kneipe. Dort fand die Auswertung statt, es gab Pfefferminzlikör und andere verruchte Getränke und – zunehmend laute – Gespräche unter Männern. Natürlich über Frauen. Über die Damen nämlich, die für die Tanzstunde einfach notwendig und auch ersehnt waren. Es handelte sich da ja um weibliche Wesen zum Anfassen – im Wortsinne!

In den folgenden Wochen wurden mehr oder weniger mutig Kontakte geknüpft, es gab einige Rangeleien und Geplänkel – und dann stand es fest, wer nun mit welcher Schönheit »die Tanzstunde machen« würde. Und dann standen die Damen auf der einen Seite der Tanzfläche, schick gekleidet, damals so in der Übergangszeit zwischen schwingendem Petticoat und Minirock, und die Herren standen auf der anderen Seite, mit Jackett und Schlips und blankgeputzten Schuhen. Der Mann am Klavier spielte die ersten Takte – richtig live! –, und die Herren stürzten auf die andere Seite, alles sortierte sich paarweise, und wir versuchten, Fräulein Nikolaus' Vorgaben umzusetzen. Das Ganze endete mit einem »Tanzstundenball« mit allem Drum und Dran. Die Herren mussten die Damen von zu Hause abholen, inklusive dienernder Überreichung von Blumen und verlegener Konversation mit den Eltern. Dann wurde Taxi gefahren. Im Saal, beobachtet von Eltern- und Tantenaugen, galt es zunächst, schwitzend den verschlungenen Pfaden der Polonaise zu folgen, später war Gelegenheit, beim Walzer auf fremde Füße zu treten, oder man musste bei verordnetem Partnerwechsel mit einer Dame klarkommen, die einen Kopf größer und doppelt so schwer war wie man(n) selbst. Nachdem wir unter intensiver Beobachtung der zahlreich erschienenen Verwandtschaft bewiesen hatten, dass wir auch mit Messer und Gabel essen und Wein ohne Kleckereien austrinken konnten, waren wir in den Ritualen des Erwachsenwerdens eine Runde weitergekommen. Natürlich hat's in der Tanzstunde gekribbelt. Und das war nicht nur der Sekt zum Ball! Da wurde es manchmal spät. Aber da es ohnehin mit dem Fahrrad zurück aufs Land ging – im Anzug! –, war das nicht so schlimm. Zu Hause bin ich zu nächtlicher Stunde öfter über Dachrinne und Balkon in den ersten Stock hochgeturnt, um die Eltern nicht zu schrecken.

Meine Tanzstundendame erwies sich als äußerst »nahrhafte« Verbindung, sie stammte aus einer Bäckerei, und so spazierte ich allsonnabendlich mittags nach Schulschluss mit einem ganzen Schwarm von hungrigen Klassenkameraden im Gefolge dorthin zum fröhlichen Futtern von Kuchenrändern.

Gucklöcher

Manchmal kam Bewegung in das verkrustete Land. In den 1960er Jahren gab es überraschend Schallplatten von den Beatles zu kaufen. Die Entdeckung, die das für die DDR möglich machte: Sie waren »Arbeiterjungen«! Oder ich konnte – über verwinkelte Beziehungen – eine Scheibe von Bob Dylan erwerben; und die gab es auf einem Platten-Label, das offiziell gar nicht existierte: »PHONOCLUB« – wie man da Mitglied hätte werden können, habe ich nie herausgefunden. Ich gründete selbst eine Beat-Band, wir sangen natürlich – und erstaunlicherweise ohne verboten zu werden – englisch-sprachige Titel. Später ermutigten uns Kulturfunktionäre, eigene Titel für Rundfunk- und Schallplattenproduktionen zu schreiben. Zwar entschied dann ein »Lektorat« (also eine Qualitätskontroll-, aber auch Zensur-Instanz) darüber, ob ein eingereichter Titel den Ansprüchen der sozialistischen Kulturpolitik genügte. Was den besonders brisanten textlichen

Inhalt solcher Stücke anlangte, war manchmal fast alles möglich, und ein andermal schwang eine ängstliche Kulturpolitik den großen Hammer der Verbote.

Nach und nach wuchsen meine Haare bis auf die Schultern hinunter, in der Studienzeit kam ein Bart dazu. Das war auch ein Stück Protest, Anderssein – und es wurde immerhin toleriert.

Durchblick
In meiner Kinderzeit rannte ich ständig mit anderen Kindern durch Wald und Flur, und dabei habe ich nie was von Sehstörungen bemerkt. Nur im Schulzimmer rutschte ich im Laufe der Jahre von der letzten Bankreihe immer weiter nach vorn, weil's da irgendwie besser ging mit dem Erkennen. Eines Tages saß ich im Arbeitszimmer meines Vaters und spielte mit seiner Brille. Als ich die mir auch mal selbst auf die Nase setzte, hatte das einen unerwarteten Effekt. Ich entdeckte, dass die Wand-Tapete ein Muster hatte – das war mir bis dahin entgangen. Ich war da schon relativ stark kurzsichtig.

Bald hatte ich eine Brille. In der Schule war so was ja ganz nützlich, aber im wirklichen Leben? Da war Brille doch einfach peinlich, zumal einige Mädchen, auf deren Akzeptanz ich doch zunehmend Wert legte, das böse Lied sangen: »Einer mit 'ner Brille ist mein letzter Wille«. So trat ich draußen weiter ohne Brille in Erscheinung. Das war manchmal nicht ganz einfach. Ohne Brille hatte die ganze Welt etwas verschwommene Konturen. In der Tanzstunde hieß das zum Beispiel: Merke dir die Farbe des Kleides der Auserwählten, deren Gesicht du auf der Gegenseite des Saales sowieso nicht erkennen kannst.

Dass das Tragen einer Brille vorteilhaft sein kann, davon überzeugte mich endgültig Jahre später ein Vorfall im Ostseeurlaub. Tagelang hatte ein kräftiger Wind aus Süden vom Land her geweht, das hatte eine Art Ebbe zur Folge, das Meer war zurückgewichen, und man konnte auf einem 50 Meter breiten Sandstreifen herumspazieren. Ich hatte diesmal meine Brille auf der Nase – und prompt fand ich im feuchten Sand ein massives Silberarmband mit gefassten Bernsteinen.

Platten heben
Die Sommerferien waren in der DDR immer acht Wochen lang, dauerten von Anfang Juli bis Ende August. Da wurde manchmal die Zeit lang, und außerdem war eigenes Geld sowieso immer knapp. So entschlossen sich viele, ein paar Wochen arbeiten zu gehen.

Mich trieb es drei Sommer lang zur Autobahn. In Meerane gab es eine Autobahnmeisterei, die die Aufgabe hatte, einen Streckenabschnitt von etwa 60 Kilometern Länge in Ordnung zu halten: Winterräum- und -streudienst, Hecken pflegen, Fahrbahn instandhalten, Müll beräumen usw.

Drei Wochen lang erlebte ich nun alle Höhen und Tiefen des Bauarbeiter-Daseins mit. In dieser Zeit wohnte ich bei der Familie eines Klassenkameraden in der »Autobahnsiedlung«. Der Arbeitstag begann im Sommer irgendwann zwischen vier und fünf Uhr in der Frühe. Kurze Beratung zur Einteilung der Arbeit, dann wurden LKW beladen und kleinere Arbeitsgruppen fuhren an ihre Einsatzorte.

Unsere Haupttätigkeit hieß: »Platten heben«. Die Autobahn – so lernte ich – war in den dreißiger Jahren ziemlich hektisch gebaut worden. Die Bauaufträge gingen an örtlich ansässige Baufirmen, die jeweils ein paar hundert Meter Strecke zugeteilt bekamen, den Untergrund vorbereiteten und darauf später die Betonplatten für die Fahrbahn gossen. Aber obwohl es natürlich genaue Vorschriften für einzusetzende Materialien und Technologien gab, hatte eben doch jeder ein bisschen anders gebaut, den sandgeschütteten Untergrund mehr oder weniger gut verdichtet, mal war die eine und mal eine andere Zementqualität eingesetzt worden usw. Nach Jahrzehnten zeigten sich nun massive Schäden. Der Untergrund arbeitete, Wassereinbrüche und Frost und Hitze ließen die Platten abrutschen oder drückten sie hoch, wobei sie manchmal verkanteten; dadurch konnten an den Fugen Höhenunterschiede von einigen Zentimetern entstehen! Unsere Aufgabe war es nun, die Platten wieder auszurichten, damit die Autofahrer ohne lästige Hoppel-Effekte auf der Autobahn fahren konnten. Um das hinzukriegen, wurden morgens auf das Auto 50 Säcke Zement verladen, ein Kubikmeter Sand, ein paar riesige Bohrhämmer, ein Betonmischer; hinten an den LKW wurde ein fahrbarer Kompressor mit Dieselmotor angehängt. Dann fuhren wir zur Baustelle. Einer wurde weitergeschickt zum Bierholen, die anderen sperrten den Baubereich ab. Ich glaube, so richtig exakt gemessen wurde nun gar nicht, die Bewertung der Plattenstände erfolgte mehr nach geschultem Augenmaß des »Poliers«. An den Ecken der in ihrer Lage veränderten Platten wurden die Bohrmaschinen angesetzt und vier bis fünf Zentimeter dicke Löcher durchgebohrt – das war bei 15 Zentimetern Stahlbeton eine Hundearbeit! Inzwischen lief die Mischmaschine und rührte Beton an. Auf das Bohrloch wurde eine Art Trichter aufgesetzt, durch das der Betonbrei mit Druckluft unter die Platte gepresst wurde. Dabei spielten Erfahrung und Gespür eine große Rolle. Keiner wusste ja, wie es unter der

Platte aussah, ob da viel Hohlräume zu füllen waren – da strömte manchmal eine Beton-Ladung nach der anderen ohne erkennbare Wirkung in den Untergrund – oder ob die Platte auf festem Untergrund auflag. In diesem Fall konnte schon eine kleine »Unterfüllung« dazu führen, dass die Platte nach oben sprang, sich verhakte, und dann musste die Höhe aller angrenzenden Platten diesem neuen Niveau angeglichen werden.

Noch eine Absonderlichkeit von »Planwirtschaft« habe ich mir gemerkt. Frühmorgens wurden einige Dutzend Zementsäcke verladen, die waren damit verplant, abgerechnet, abgebucht. Wenn dann tagsüber einmal weniger Zement nötig war als im Durchschnitt, wurden die übrig gebliebenen Säcke vor der Rückfahrt abgeladen, aufgeschlitzt und den Hang runtergekippt. Dabei war Zement ja eigentlich auch Mangelware ...

Am Sonnabend – der war damals noch bis mittags wirklich ein »Werktag« – wurden alle Mitarbeiter, ob Meister oder Hilfsarbeiter, in Zweiergruppen entlang der Autobahn abgesetzt, und sie sammelten Kilometer um Kilometer von Hand den Müll auf, den die Autofahrer im Laufe der Woche aus dem Fenster geworfen hatten. Gegen Mittag wurden alle von einem Fahrzeug wieder aufgesammelt.

Manchmal lautete die Aufgabe für uns schülerische Hilfskräfte auch: »Hecken schneiden«. Rechts und links der Autobahn wuchsen Hecken, die manchmal Hunderte Meter lang waren. Sie mussten geschnitten werden, von Hand mit der großen Heckenschere. Dann waren wir stundenlang auf uns allein gestellt, und in den nächsten Tagen hatten wir mächtige Blasen an den ungeübten Händen.

Zu unseren Aufgaben gehörte es auch, das auf dem Mittelstreifen der Autobahn geschnittene Heu zu bergen – auch das erfolgte bei laufendem Fahrbetrieb!

Um Haaresbreite
Unser Bautrupp arbeitete auf der Autobahn. Die war mit rot-weißen Gummihüten halbseitig gesperrt, außerdem galt im Baustellenbereich »60« als Geschwindigkeitsbeschränkung. Plötzlich schrillten Signaltöne. Ein Polizeifahrzeug näherte sich mit Blaulicht und raste mit »100« an mir vorbei durch die freie Gasse. Ich blickte noch erschrocken hinterher, als die Kollegen vor mir heftig zu winken begannen. Was hatten Sie? Ich winkte unlustig zurück. Aber in diesem Moment verspürte ich einen leichten Luftzug. Ein riesiger dunkler Schatten rauschte an mir vorbei. Das Polizeifahrzeug sollte eigentlich einen Schwertransport geleiten. Irgendetwas aber hatte die Be-

satzung des Begleitfahrzeugs bewogen, Tempo zu machen, und der Transporter hatte daraufhin ebenfalls Gas gegeben – und nun donnerte er mit »90« durch die Baustelle. Das Fahrzeug transportierte einen riesigen Ring aus Stahl, der bestimmt einen Meter weit über die Absperrung in unsere Arbeitsstelle hineinragte. Wenn ich wenige Zentimeter weiter draußen gestanden hätte ... Die Kollegen, harte Bauarbeiter-Typen, hatten hilflos zugesehen und waren nun ziemlich blass. Ich hatte weiche Knie, kriegte ein Bier und hatte erst einmal arbeitsfrei.

Partytime
Es gab einen neuen Geheimtipp: »Party«. Keine Ahnung, was und wie, aber auch wir wollten »in« sein, also wurde geplant und verabredet. Meine Eltern waren einverstanden und finanzierten die Versorgung mit Speisen und Getränken. Mein Schwesterlein besaß einen Plattenspieler, den ersten weit und breit. Mir hatte die gute Westtante gerade zwei West-Schallplatten mitgebracht, ein Freund brachte noch eine solche schwarze Scheibe mit. Und dann war im Wohnzimmer Party angesagt. 10 schüchterne junge Leute, nach einer Stunde gab's die ersten musikalischen Wiederholungen. Irgendwie hatte ich mir das aufregender vorgestellt.

Aber nun ging's reihum weiter: Fast jeder aus der Tanzstundentruppe war mal dran mit »Party«, und so war fröhliches Jugendleben garantiert.

Der Rock'n'Roll-King
In der Tanzschule hatten wir Foxtrott und Quickstep und Rumba und Walzer gelernt. Aber in der Wirklichkeit der Tanzsäle, die wir danach besuchten, waren ganz andere Künste und Ausdrucksformen gefragt. Der »Rock'n'Roll« war Mitte der 1960er Jahre schon was Nostalgisches für uns. Es gab in unserer Stadt den »Rock'n'Roll-King«, eine legendäre Figur, der »es« mit »Überwurf« und »Durchziehen« konnte. Aber solches Treiben war politisch verdächtig und deshalb verboten. Und so hatte der King ständig Ärger. Wegen solch »westlich-dekadenten« Benehmens gab es immer wieder Schwierigkeiten mit der Staatsmacht – die Folge waren zum Beispiel »Saalverbot« oder Geldstrafen. Wir jüngeren gingen sehr bürgerlich-sittsam zum Tanz, mit Sakko und Schlips und Mantel – mein bester Freund trug sogar einen Hut (mit 17 Jahren!). Öffentliche Tanz-Veranstaltungen begannen abends um sieben und waren Punkt Mitternacht zu Ende, 15- und 16-jährige mussten schon um zehn raus. Zu Hause übten wir – vor dem Spiegel und mit Seitenstechen als Nebenwirkung – neue Anstößig-

keiten, »Twist« zum Beispiel, und wenig später fassten sich Männlein und Weiblein nicht mehr an, sondern jeder verrenkte sich nach bestem Vermögen solo auf dem Parkett.

Kampfsport
Irgendjemand von uns hatte im Fernsehen gesehen, wie coole Typen Ziegelsteine und ähnliche Gegenstände mit eiserner Hand zertrümmerten. Fortan gab es Karate-Übungen in den Schulpausen. Zwei aus unserer Klasse hatten damals in der Schule die Verantwortung für das »Kartenzimmer«, in dem Landkarten und Bildtafeln für den Unterricht gelagert wurden. Solche Karten hatten oben und unten je eine runde Holzstange. Und nun entdeckten wir: Da gab es doch eine Menge alte zerfledderte Karten, die niemand mehr brauchte! Also wurden die Holzstäbe herbeigeholt, zwischen zwei Schulbänke gelegt, und mutige Männer versuchten, sie mit der Handkante zu zerschlagen, was manchmal gelang, nebenbei aber auch zu schmerzhaft-geschwollenen Händen führte.

Schnellkurs für Gitarre – fit in drei Minuten
Die Musik, die uns vom Hocker riss, konnten wir viel zu selten hören. Tonbandgeräte waren unerreichbar teuer, Platten gab es nur im Westen. Da blieb nur die Möglichkeit, stundenlang am Radio zu sitzen und zu kurbeln und zu warten, ob im Knarren und Auf-und-ab-Schwellen des Empfangs (Mittelwelle!) irgendwann drei Minuten Glück zu erhaschen waren.

Ein älterer Mitschüler konnte Gitarre spielen, und das hatte mich sehr beeindruckt. Also kaufte ich mir auch – für 70 Mark Ost – eine einfache Holzgitarre. Damit es mehr »schepperte«, zog ich Stahlsaiten auf, und weil ich gesehen hatte, dass Gitarristen etwas in der Hand hatten beim Anschlagen, malträtierte ich die Gitarre mit einem Fünf-Pfennig-Stück zwischen Daumen und Zeigefinger. Ich hatte ein dünnes Heft erstanden, in dem einige Griffe auf der Gitarre vorgestellt waren. Und dann ging's zur Sache: autodidaktischer Schnellunterricht live! Das lief so: Im Radio wurde ein Lied angesagt, das ich gern mitspielen können wollte. Während der ersten Strophe war Zeit, die Gitarre auf die richtige Tonlage zu bringen, in der zweiten Strophe konnte ich versuchen, intuitiv aus meinem begrenzten Repertoire an Griffen die zu diesem Stück passenden auszuwählen, und die Begleitung bei der dritten und letzten Strophe ging dann meist schon ganz leidlich. Das war eine harte Schule für Gehör und Spiel-Technik, aber das gute Gefühl (»ich kann's«!) wog mehr als die Schmerzen und Schwielen an den Fingerkuppen. Das heftige Draufhauen – die Musik sollte ja laut sein – bekam den zarten Saiten nicht immer, mancher Draht riss, und weil ich mir monatelang keine neue E-Saite kaufen konnte, habe ich eben meinen Grundkurs auf einer fünf-saitigen Gitarre gemacht. Zusätzlich galt es, die englisch gesungenen Texte abzuhören, aufzuschreiben und zu übersetzen – das war nebenbei eine erfolgreiche Methode, um Englisch zu lernen.

Twist and Shout

1963/64 hatte auch uns das Beatles-Fieber voll erreicht. Mangels Schallplatten entdeckten wir: Man konnte doch auch selbst singen! Und es geschah so. In der 12. Klasse brachte ich am Sonnabend – das war regulärer, wenn auch verkürzter Schultag – auf dem Fahrrad meine Gitarre mit in die Schule, und dann standen wir in jeder Pause in der Zimmerecke und schrien uns die Stimme aus dem Hals bei »Twist and Shout«. Manchmal zogen wir uns auch für solche Gesangsübungen in den Heizungskeller der Schule zurück.

Eines Tages wurde ein Umlaufzettel unter den Bänken in der Klasse herumgereicht: »Wer gründet mit mir einen Schlager-Club?« Ein netter Mitschüler hatte den Text ganz sparsam verändert, und als der Lehrer den Zettel in die Hand bekam, las er genüsslich vor, wer sich inzwischen als Mitglied im Schläger-Club eingetragen hatte.

Über Heinz Quermann zu den »Meridas«

Es gab einen legendären Rundfunkmoderator in der DDR, der immer im Lande unterwegs war auf der Suche nach »Jungen Talenten«. Irgendwann verirrte er sich auch in unsere Kleinstadt. Jeder, der was Unterhaltsames bieten konnte, war aufgefordert, sich zu melden. Ich hatte meine Holzgitarre, kannte ein paar Lieder, fasste Mut und meldete mich an. Zur Generalprobe stand ich allein mit meiner Klampfe vor einem Mikro und sang in den leeren großen Saal hinein. Der Text meines Beitrags war englisch: »The House of the Rising Sun« – ich hatte den Text mühsam im Radio abgehört. Irgendwie passte mein Stück künstlerisch oder ideologisch aber dann doch nicht ins Programm und so konnte ich die Abendveranstaltung nur als Zuschauer aus den Falten des Vorhangs beobachten. Aber das Unternehmen hatte doch Folgen für mein weiteres »Musiker-Leben«. Auf der Bühne stand eine Band namens »Meridas«, und mit deren musikalischem Leiter (Gerhard Zachar, später Chef der DDR-Rockgruppe LIFT) hatte ich bei den Proben mancherlei musikalische Gemeinsamkeiten feststellen können. Merida ist übrigens ein Städtchen in Mittelamerika, von dem wir nichts wussten und wo auch nie einer gewesen war. Aber es war »draußen« und »drüben« und war damit etwas Exotisches, eignete sich als Symbol für Verlockendes und Verbotenes. Und so hieß also die Band, die an unserer Schule gegründet worden war, MERIDAS. Die Band spielte – sittsam in Pepita-Jacken gekleidet – die Musik, die wir alle hören wollten, schnell und laut und rockig und englisch und westlich.

Ich hatte damals mit einigen Freunden eine eigene Band gegründet, die »Pacemakers«. Wir knieten uns zu fünft in die Proben und hatten, in der Zeitung als offizielle »Band des Jugendklubhauses« angepriesen, sogar einen Auftritt. Es blieb unser einziger. Der selbstgebaute Verstärker – es war einer für die ganze Gruppe! –, brannte beim Auftritt spektakulär ab.

Wenige Wochen später stieg ich bei den »Meridas« ein. Etwas überraschend für mich kam die Mitteilung, dass ich fortan Bassgitarre spielen sollte. Ich hatte solch ein Gerät noch nie in der Hand gehabt, aber das Instrument war schon gekauft – wodurch ich gleich mit 500 Mark Schulden startete. Immer freitags war Probe, am Wochenende dann und zur Faschingszeit und in ähnlichen Festzeiten auch noch öfter gab es einen oder auch zwei Auftritte (»Muggen«) von jeweils fünf Stunden Dauer – und dafür 25 Mark auf die Hand. Die Veranstaltungsorte lagen im Umkreis von etwa 30, 40 Kilometern. Ich »reiste« immer – zusammen mit der Technik und den Instrumenten – hinten auf der Ladefläche eines kleinen, offenen LKW unter der flatternden Plane. Bei unseren Auftritten war noch alles »echt«, es gab keine Tricks, etwa ein »Hallgerät« für mich als Sänger bei schwächelnder Stimme. Wir spielten zum Teil einen erdverbundenen Rock, getragen von zwei röhrenden Saxophonen, machten auch hin und wieder ein Zugeständnis mit Schnulzigem zur »Damenwahl«, aber Profil erlangten wir schnell, indem wir »unsere« Musik spielten, Titel von den BEATLES. Wir hatten sogar einen richtigen Fanclub, der zu jeder Veranstaltung anreiste – am Stammtisch mit Wimpel.

Die Band bekam einigen Ärger mit mir als ihrem Sänger und Gitarristen. Ich hatte nämlich keine ordentliche Musikschulausbildung mit Abschluss zu bieten, was für eine »Spielerlaubnis« – die behördlich notwendige Zulassung zum Auftritt auf öffentlichen sozialistischen Bühnen – und für die »Einstufung« (wichtig für die Stunden-Vergütung) eigentlich unerlässlich war. Aber extra wegen mir wurde das Reglement geändert, eine »Gruppeneinstufung« durchgeführt (Live-Auftritt und Bewertung nach Gehör), und wir durften loslegen. Ein reichliches Jahr meines Lebens habe ich jedes Wochenende auf der Bühne gestanden, während der Woche meine Stimme kuriert und die Texte neuer Lieder abgehört. Bald war ich Besitzer von drei Gitarren. Zu Hause hing eine Holztafel an der Wand, auf der ein Gewirr von Drähten angepinnt war – Dutzende von Gitarrensaiten, die meine heftigen Attacken beim Anschlagen nicht »überlebt« hatten und gerissen waren. Es war eine intensive Zeit, aber da ich »nebenbei« auch studierte, war irgendwann zu entscheiden, was nun Vorrang haben sollte, und da fiel die Entscheidung: Der Hauptberuf sollte Chemiker sein.

Mit »Gurkenwurm« und »Rhabarberschnecke« auf die große Bühne
Schon in der Band »Meridas« hatten wir – Gerhard Zachar, der spätere Leiter der DDR-weit bekannten Gruppe LIFT, und ich – hin und wieder mit eigenen Kompositionen experimentiert. Und wir probierten dabei manchmal auch selbstgemachte, deutsche Lied-Texte aus. Die Verwendung deutscher Worte wäre wohl im »Westen« in den 1960er Jahren in der Beat-Szene undenkbar gewesen. Nun gab es damals in der DDR offiziell (noch) keine Beat- oder Rockmusik. Aber es gab den »Schlagerwettbewerb«. Wir wollten versuchen, dort mit unseren Ideen unterzukommen und reichten im Jahr 1967 zwei Titel ein, unter den Codenamen »Gurkenwurm« und »Rhabarberschnecke«. Es geschah Erfreuliches: Einer der Titel kam auf Anhieb in den Endausscheid – das »Herbstlied«. Wir hatten nur Text und Klavierbegleitung geliefert. Ich hatte mich bei diesem Stück zum ersten Mal als »Texter« versucht, und von Stund an trug ich das Etikett, ein »Textdichter« zu sein. Nun hatten wir keinen Einfluss darauf, wie »unser« Stück arrangiert wurde und wer es singen würde – das Ergebnis war dann eine doch ziemlich schlagermäßige Inszenierung. Aber es war unser Einstieg in eine neue Welt, die uns neue Möglichkeiten eröffnete. Ich zog meinen schwarzen Konfirmationsanzug an, reiste nach Magdeburg ins Interhotel. Wir wurden in die riesige Veranstaltungs-Halle kutschiert, schwitzten uns durch die Generalprobe mit Scheinwerfern und Fernsehkameras. Und dann war es so weit: Premiere für UNSER Lied! Frank Schöbel, Chris Doerk und andere DDR-Stars waren unsere Sitznachbarn. Später standen wir schüchtern beim Empfang am kalten Büffet. Und die ganze Zeit über hielten wir eine Schallplatte in der Hand, auf der unser Lied drauf war, unsere Namen standen! ... Leute vom Rundfunk sprachen uns an, ob wir nicht weitere Stücke hätten, die wir mal vorstellen könnten. Wir hatten Glück, dass die DDR-Kulturpolitik gerade auf der Suche nach neuen Ansätzen, nach neuen Leuten war. Wir nutzten die Chance, schrieben neue Texte und Melodien, und bald erschien öfter etwas von uns auf Schallplatten oder

wurde im Rundfunk produziert. Letzteres war damals noch die Regel, Plattenproduktionen die Ausnahme. Am Anfang liefen unsere Titel noch in der Rubrik »gehobener Schlager« und wir hatten auch keinen Einfluss auf die Auswahl der Interpreten, aber Anfang der 1970er Jahre gab es eine Öffnung hin zu DDR-eigener Beatmusik, und da wurde es auch möglich, die eigenen Titel mit der eigenen Band zu produzieren und rockiger zu machen.

Ich stand da aber längst nicht mehr mit auf der Bühne, sondern schrieb nur noch Texte, für LIFT und PANTA RHEI und HORST KRÜGER und THEO SCHUMANN ...

Flugversuche
Wir hatten im Sommer 1965 unser Abi in der Tasche, und nun wartete die große weite Welt auf uns. Erst einmal sollte es an die Ostsee gehen, als gemischte Gruppe von Männlein und Weiblein, mit Zelten, FKK in Sichtweite, ohne Lehrer, ohne Eltern.

Die Anreise erfolgte für den größeren Teil der Truppe mit dem Zug oder per Anhalter. Ich saß bei einem Freund als Sozius hinten auf dem Motorrad, merkte schon nach den ersten Kilometern, dass ich die falschen Schuhe trug – Sandalen! – und wurde auf einer Strecke von 600 Kilometern ganz schön durchgerüttelt.

Auf dem Zeltplatz war Selbstverpflegung angesagt. Ich habe in den letzten Tagen vor dem Härtetest schnell noch zu Hause bei Muttern einen Schnellkochkurs absolviert; Blumenkohl mit Holländischer Soße und Spaghetti mit dicker Tomatensoße kann ich heute noch richtig gut zelebrieren. Aber meist gab es dann doch fertige Tütensuppen oder Spiegelei mit Rotwein. Aus den Suppentüten und den geleerten Rotwein- und Schnapsflaschen wurde im Laufe von drei Wochen eine beeindruckende Müll-Skulptur gestaltet.

Wir spielten Volleyball und trieben Schabernack. Ein grimmig dreinblickender Familienhäuptling hatte es gewagt, an »unserem« Strand eine richtige deutsche Strand-Burg zu errichten, was höchst unüblich war. Einen ganzen Tag lang hatte er gegraben, und ein entsprechend beeindruckendes Bauwerk ärgerte uns nun. Oben auf dem Zeltplatz gab es nun aber – eigentlich zur Brandbekämpfung vorgesehen – ein Gestell, in dem einige rote Spaten und Schaufeln standen. Als es dunkelte und niemand mehr am Strand war, holten sich die bösen Buben diese Grabwerkzeuge, schlichen zum Strand und ebneten in mühevoller Arbeit die Trutzburg ein, so vollständig, dass zuletzt nicht einmal mehr die Stelle auszumachen war, an der sie einst gestanden. Am nächsten Morgen lag die ganze Schar unschuldig blickend in sicherer Entfernung und erbaute sich an der Fassungslosigkeit des Erbauers. Er hat dann im zweiten Anlauf eine normale Mulde ausgehoben, wie das alle taten.

Im Grenzgebiet war es streng verboten, offenes Feuer zu machen – es hätten ja Signale an den Klassenfeind sein können. Wir waren aber jung und Feuer war was Schönes, und in diesem Urlaub haben wir nicht nur offene Feuer oben auf dem Zeltplatz gemacht – was im Wald schon richtig dämlich und gefährlich war! –, sondern auch am Strand loderten die Flammen; richtig dicke Stämme knisterten und glimmten da bis in den frühen Morgen. Und als doch einmal Grenzsoldaten vorbeikamen, waren die auch so jung wie wir, haben bei uns gestanden, mit uns getrunken und zur Gitarre gesungen, und zum Abschied haben wir uns über die Glut hinweg einen Guten Morgen gewünscht. Das klingt ein bisschen unwirklich, aber auch so konnte die DDR-Wirklichkeit sein.

Wir waren eine Gruppe junger Männer, die eben das Abi erfolgreich hinter sich gebracht hatten, die kräftig waren, sportlich und nicht ganz ausgelastet. Eines Tages war stürmische See, riesige Wellen, die zum Toben einluden. Natürlich hatten die Rettungsschwimmer längst den roten »Sturmball« hochgezogen, das bedeutete striktes Badeverbot. Aber wen kümmerte das schon! Und so stürzen sich sechs Jungen in die schweren Brecher, ließen sich überrollen, tauchten darunter durch. Ein herrliches Gefühl. Aber als nach einiger Zeit jemand zufällig zum Strand hinüberblickte, zeigte sich dort ein uns völlig unbekanntes Gelände. Wir waren weit weit abgetrieben durch eine starke Strömung, die uns aber weiter fest im Griff hatte und immer mehr aufs offene Meer hinauszog. Wir wollten zurück, Richtung Strand. Das wollten wir zwar, aber es erwies sich als ziemlich schwierig. Ein wenig Panik kam auf, Überlebenskampf. Und es dauerte endlos lange, bis das Wasser endlich wieder flacher wurde und wir müde an den Strand wateten.

Urlaub in der Leinwandvilla
Ich bin insgesamt mehr als 20-mal, und dann in der Regel für drei Wochen, zum Zelten gefahren – zunächst als »Kind« in elterlicher Begleitung, dann als Jugendlicher unter Gleichaltrigen und zuletzt als Familienvater. Und immer ging es auf den gleichen Zeltplatz, auf dem ich in der Summe fast anderthalb Jahre meines Lebens verbracht habe.

Ort des Geschehens war der nach dem Dörfchen Nonnevitz benannte Zeltplatz (auch der Platz für Betriebsferienlager am »Bakenberg« gehörte dazu) an der Nordküste der Insel Rügen. Dort erstreckte sich ein Sandstrand über mehrere Kilometer Länge, manchmal in flachen Dünen auslaufend, meist aber direkt mit einem Steilufer von 5 bis 15 Metern Höhe dahinter. Unmittelbar dahinter begann der Hochwald aus Kiefern und Buchen mit Grasboden und spärlichem Unterholz. Dort oben standen die Zelte, je nach Bedürfnissen der Bewohner geschützt etwas weiter hinten im Wald oder auch ganz vorn auf der Kante – dann zwar mit exklusivem Seeblick, aber auch dem manchmal doch recht stürmischen Wind direkt preisgegeben.

Aber der Reihe nach: Sehnsucht nach Urlaub am Meer reichte natürlich nicht, um auch dort sein zu dürfen. Man brauchte dafür eine Erlaubnis, genannt »Zeltschein«, die es nur auf Antrag gab. Man besorgte sich also zunächst das entsprechende Formular. Der Antrag wurde ausgefüllt. Den »Spielregeln« genügend hätte man eigentlich nur aller paar Jahre einmal auf einen bestimmten Zeltplatz fahren dürfen. Aber es gab allerlei Tricks, das doch öfter hinzukriegen. Manche Zeltgenossen organisierten auf »ihrem« Stamm-Zeltplatz Malkurse oder botanische Führungen oder räumten den Müll weg und wurden so zu unverzichtbaren und privilegierten Dauergästen. Man musste eigentlich auf seinem Zeltplatzantrag nicht nur den gewünschten Zeltplatz angeben, sondern zusätzlich zwei »Ersatzplätze« – also schrieb man zusätzlich »Prerow« und »Binz« hin, diese »Edelplätze« waren mit Sicherheit immer ausgebucht, sodass Nonnevitz zwangsläufig »übrig blieb«. Manche schickten auch mehrere Anträge gleichzeitig ab, mit immer den gleichen Personen, die namentlich genannt werden mussten, aber mit wechselnden Namen als Antragsteller, um ihre Chancen zu erhöhen. Der Antrag musste noch vor Ende des alten Jahres bei der zentralen Vermittlungsstelle in Stralsund sein, um für den nächsten Sommer Erfolg zu haben. Meist wurde unser Antrag nicht einfach in einen Briefkasten geworfen, sondern als »Einschreiben« geschickt, um die Aufmerksamkeit zu erhöhen. Nun begannen bange Wochen des Wartens, dann kam per Post die Zulassung – oder die Ablehnung. Im letzteren Fall hatte man noch immer die Chance, mit einer »Eingabe« Widerspruch einzulegen und auf erholungsbedürftige Kinder, berufliche Terminzwänge oder ärztliche Empfehlungen für einen Aufenthalt an der See hinzuweisen, und dann klappte es in der Regel doch noch.

Der zweite Punkt war nun die Organisation der Beförderung von Menschen und Gepäck quer durch die DDR. Privat-Autos waren Anfang der 1960er Jahre noch ein seltener und für uns unerreichbarer Luxus. Wir reisten in den ersten Jahren mit der Eisenbahn, auf der Insel Rügen dann die letzten 30 Kilometer idyllisch mit einer Kleinbahn, die auf der »Wittower Fähre« übergesetzt wurde und damals noch bis Altenkirchen dampfte. Das Gepäck wurde ebenfalls mit der Bahn losgeschickt: riesige alte Reisekisten aus Großmutters Zeiten, die dann im Zelt gleich als Kleidertruhen und Küchenvorratskiste dienten. Der Rest der Reise vom Bahnhof ab erfolgte mit einem sogenannten »Gütertaxi«, das schon von zu Hause aus bestellt worden war – eigentlich waren Gütertaxis für gewerbliche Fahrten gedacht – und das nun spottbillig nicht nur die Familie, sondern auch das gesamte Gepäck zum Zeltplatz brachte. Am Ende des Urlaubs erschien das Gütertaxi wieder und alles lief umgekehrt. In späteren Jahren gab es auch eine Gepäckstelle der Bahn direkt auf dem Zeltplatz, weitab von jedem Schienenanschluss, oder man schickte sein Gepäck an eine extra auf dem Zeltplatz eingerichtete Saison-Poststelle.

Dann suchte man sich seinen Zeltplatz zwischen den Bäumen und baute die Zelte auf. Anfänger-Fehler bei der Standortwahl wurden nachdrücklich bestraft. Meine Eltern hatten im ersten Zelturlaub eine lauschige Vertiefung im Wald ausgewählt, um sich vor Wind zu schützen. Als es dann schon in der ersten Nacht heftig regnete, lief die Kuhle voll Wasser, die Luftmatratzen und das ganze Inventar soffen einfach ab! Wir hatten anfangs noch einfache Hauszelte mit schrägem Dach. Dadurch waren die Unterkünfte nicht nur niedrig und nur im Hocken, Kriechen oder Sitzen zu bewohnen, sondern man musste bei Regen auch ständig Acht geben, die Dachteile nicht zu berühren, weil sonst sofort an der Innenwand die Tropfen zu laufen begannen. Wenn nachts heftige Gewitter aufzogen, sprangen manchmal auch nackte Männer im strömenden Regen mit dem Spaten herum und gruben schnell noch rund um die Zelte Gräben für den Wasserabfluss.

Im Vorraum des Zeltes wurde eine »Küche« eingerichtet. Gekocht haben wir in den ersten Jahren mit Brennspiritus; das erwies sich als ein windanfälliges und langwieriges und teures Unternehmen: je Mahlzeit wurde 1 Liter Sprit benötigt. Später kochten wir mit Propangas. In der Nähe des Zeltes wurde mit dem Spaten ein Loch gegraben, die sandigen Wände mit Brettern gegen Einsturz gesichert und das Ganze mit einem Deckel verschlossen – das war der »Keller« für Butter oder Gemüse und Getränke.

Wasser war ein kostbares Gut. Es musste im »Wassersack« – das war ein Fünf-Liter-Gummibeutel mit zuschraubbarer Einfüllöffnung und einem Hahn zum Auslassen – oder in Eimern zu Fuß geholt werden, von einem (wirklich *einem* für den ganzen Zeltplatz) Wasserleitungshahn, der auch noch mehr als einen Kilometer von den Zelten entfernt war; einige Jahre später gruben Hunderte Urlauber freiwillig den Graben für eine neue Wasserleitung, die von da an näher am Zeltplatz sprudelte. Der Wassersack hing neben dem Zelt an einem Gestell aus Brettern und Ästen, in dem auch Zahnputzbecher und andere Utensilien zu finden waren – das war der »Waschplatz«. Zu ihm gehörte auch ein zweites Loch, das als Ausguss, Spuck- und Sickergrube diente.

Mancherlei Hocker, Stühle, Campingtische und Regale wurden mit verschickt und leisteten vor und in den Zelten gute Dienste. Die Leute waren erfinderisch. Ein Bekannter zum Beispiel stellte seinen Autoanhänger hochkant hinten ins Zelt und baute Regalböden ein. Ich schickte jedes Jahr – für 60 Pfennige Porto hin und wieder zurück, und damit's ein ordentliches Paket war, mit einer Schnur drumherum – per Post eine nackte große Holzplatte auf den Zeltplatz, aus der wir einen Familientisch bauten.

Zur Erledigung kleiner und großer »Geschäfte« gingen traditionsbewusste Camper auch Anfang der 1960er Jahre noch mit dem Spaten in den Wald. Inzwischen war aber schon hygienischer Fortschritt eingezogen. Weiter hinten zwischen den Bäumen standen nun einfach gezimmerte Holzbuden, die – in Einzelkabinetten und hinter Türen geschützt – Platz für mehrere erleichterungsbedürftige Menschen boten. Diese großen »Kisten« waren nach unten offen und standen über Gruben, in die nun alles plumpste. In die Gruben wurde mehrmals täglich Chlorkalk gestreut, was den Besucher zu verkürztem tränenreichem Aufenthalt zwang, aber vor allem den krabbelnden Fliegenmaden das Leben schwer machte und somit der Hygiene dienlich war.

Auch der Zelt-Urlauber musste essen und trinken. Zur Versorgung gab es in den ersten Jahren einen (!) Kiosk auf Rädern, in dem man Milch und Brötchen erwerben konnte, aber nur, wenn man zeitig genug – eine Stunde vor Verkaufsbeginn – in der Schlange stand, und wenn das Lieferfahrzeug dann auch wirklich kam. Es gab auch Brathering, Letscho, Dosenbohnen, Weißkraut, Schnaps und noch einige andere Sachen, wirklich das Notwendigste für den täglichen Bedarf. Satt geworden sind wir immer. Später wurde eine richtige Kaufhalle errichtet, es gab ein Kino, einen Fischstand, manchmal lockte Brathähnchenduft.

Zur Beleuchtung für's Lesen und Gang zum Klo dienten uns Petroleumlampen (Baustellenlampen) oder Windlichte, Kerzen, die zum Schutz gegen Wind in alte Marmeladengläser gestellt wurden.

Im Laufe der Jahre wurde der Zeltplatz zu einem zweiten Zuhause. Wir gehörten immer mehr »dazu«. Man (er-)kannte die Nachbarn zur Rechten und zur Linken, die jedes Jahr wieder an ihrem Lieblingsplatz wohnten, die Kinder spielten zusammen, gemeinsame Feste wurden gefeiert.

Das Wunder von Stralsund
Es ging wieder einmal an die Ostsee. Diesmal wollten wir, ein Klassenkamerad und ich, mit dem Fahrrad hinfahren. Und damit es nicht ganz so weit war, nutzten wir für die ersten 200 Kilometer eine Mitfahrmöglichkeit mit einem Kinderferientransport per Bahn in die Nähe von Berlin. Unsere Räder hatten wir parallel als Gepäck der Reichsbahn anvertraut. Nun warteten wir in Vorurlaubsstimmung in Bad-Saarow-Pieskow-Süd, badeten im Scharmützelsee und fragten immer mal auf dem Bahnhof nach unseren Rädern. Das meines Freundes war sofort da, mein Fahrrad aber blieb verschollen. Nach einer Woche in gelangweilter Nervosität und angesichts von unergiebigen amtlichen Suchmeldungen blieb uns nichts anderes übrig, als mit der Eisenbahn Richtung Ostsee aufzubrechen.

Dort war dann normaler Urlaub, die Sache mit den Fahrrädern war erst einmal weit weg gerückt. An einem Regentag aber fuhr ein Teil meiner Familie 60 Kilometer weit nach Stralsund, um dort ein Museum zu besuchen, einzukaufen usw. Man kam zufällig am Bahnhof vorbei, mein Bruder besichtigte neugierig eine große Ansammlung von Fahrrädern, die dort zur Verschickung bereitstanden, und er entdeckte DORT, wo es eigentlich nichts zu suchen hatte und gar nicht sein KONNTE, mein Fahrrad! ...

Studentenleben
Ich wollte Chemie studieren. Davor war noch eine Hürde zu nehmen: die Aufnahmeprüfung. Also wurde zu Hause noch einmal intensiv der Schulstoff gebüffelt, dann kam eine bang-lange Bahn-Fahrt ins fremde unbekannte Dresden. Und dann fand dort ein Gespräch als Eignungstest statt, das mir deutlich machte, dass es zwischen auswendig gelernten Merksätzen und dem Zurechtfinden in der wirklichen Welt der Wissenschaft noch manches zu klären gab. Ich wurde nämlich nicht abgefragt, was ich gelernt haben hätte müssen können. Ich wurde mit Problemen konfrontiert, denen ich ganz sicher noch nicht begegnet war. Man wollte sehen, ob und wie ich da-

mit kreativ umgehen könnte. So hatte ich zwar auswendig gelernt, dass man zum Beispiel Nitratverbindungen mit Diphenylamin als Indikator nachweisen kann, nun aber musste ich mich live – und vor Zeugen – an die chemische Struktur dieses Stoffes heranraten. Ich wurde auch gefragt, was hinter dem Satz stehe, der in der Beurteilung in meinem Schul-Zeugnis zu lesen war: »K. ist nicht Mitglied der FDJ.« – Farbe bekennen, Argumente sagen ... !

Ich kriegte meine Zulassung und war nun Student. Und ich war in Dresden. Die Stadt war 1965 noch immer in weiten Teilen zerstört. Im »Stadtzentrum« zwischen Hauptbahnhof und Altmarkt befand sich eine staubige leere Sand- und Trümmerwüste, durch die eine Straßenbahnlinie quietschte, vorbei an einem einsamen kleinen Hotel.

Unser Studium lief in weiten Teilen noch wie Schule ab. Es gab Studienpläne, die Semester für Semester vorschrieben, welche Disziplinen und Vorlesungen und Seminare in welcher Reihenfolge absolviert werden mussten. Das hatte den Vorteil, dass die Vermittlung solider Grundkenntnisse am Anfang stand und Kürübungen später kamen. Es gab eine festgelegte Studienzeit, in der man seine Bemühungen an ein schnelles Ende zu bringen hatte. Chemie zu studieren war gleich von Anfang an ein ziemlicher Gewaltakt. Von Montag früh 7 Uhr an war das Labor geöffnet, und so an jedem Tag bis spät abends, auch sonnabends, da allerdings nur bis mittags. Man begriff sehr schnell, dass es überlebensnotwendig war, auch wirklich jede »freie« Viertelstunde zwischen Vorlesungen und Seminaren dort zu verbringen. Wir lernten noch richtig handfest Analysen zu machen, ohne irgendwelche hochtechnologischen Gerätschaften, nur mit Reagenzglas, Tinkturen, Bunsenbrenner und Papierfiltern, und wir mussten komplexe Substanzen nach Auftrag zusammen-»kochen«. Knallharte Prüfungs-Kolloquien zwischendurch mit Durchfallquoten von manchmal 100 Prozent zeigten uns, welche Differenz noch zwischen unserem bescheidenen Erkenntnisstand und dem Nobelpreis lag. Der Stress führte dazu, dass nach dem ersten Jahr die Hälfte der Mitstudenten die Segel gestrichen hatte.

Wie die meisten Studenten bekam ich – obwohl doch Pfarrerssohn – ein staatliches Stipendium. Das waren 140 Mark monatlich. Wie fast alle »Neuen« wohnte ich zunächst in einem neu gebauten Studentenwohnheim, spartanisch mit Doppelstockbett, aber o.k., das Ganze für 10 Mark Miete im Monat. Im Sommer flogen wir Studenten für acht Wochen raus aus dem Heim, dann wurde es an devisenträchtige West-Touristen als Hotel vermietet. Mittagessen gab es zu sehr studentenfreundlichen Preisen in der Mensa, die auch abends noch nahrhafte Angebote für Labor-Spätarbeiter bereithielt.

Eine Zugfahrt von meinem Heimatort nach Dresden, 110 km hin und 110 km zurück, kostete ermäßigt 4,60 Mark (eventuell plus 3 Mark D-Zug-Zuschlag – der Schnellzug = Durchgangszug hielt nur 2x in größeren Städten unterwegs); so viel bzw. wenig habe ich auch später noch als Berufstätiger auf der gleichen Strecke für eine »Arbeiterrückfahrkarte« bezahlt.

Erste Wahl
Unser Studium begann im Herbst 1965 nicht im Vorlesungssaal, sondern in der Wirklichkeit. Der Sieg des Sozialismus verlangte einen studentischen Ernteeinsatz. Und so lernten wir die zukünftigen Studienkollegen beim Skatspielen im Sonderzug kennen. Der strandete irgendwo in Mecklenburg. Vier Wochen lang sahen wir nur nieselberegnete Kartoffeln. Geschlafen wurde in feuchten Massenquartieren. Wir waren in Norddeutschland, und so gab es viel Schnaps.

Zwischendurch war eine Wahl in der DDR angesetzt. Wir alle waren »Erstwähler«. Ein Bus kam zu uns aufs Feld, die Arbeit wurde kurz unterbrochen, wir stellten uns alle vor der Vordertür in einer Reihe an, stiegen ein, es folgte die Ausgabe der Wahlzettel. Eine Wahlkabine, nach der Neugierige Ausschau hielten, war nicht zu sehen. Unter freundlicher Kontrolle universitärer Politniks erfolgte der Einwurf der – unveränderten – Zettel in die Wahlurne. Das ganze Verfahren hieß: »Offene Stimmabgabe für die Kandidaten der Nationalen Front«. Dann ging's hinten raus und wieder aufs Feld zu den Kartoffeln. Etwas gemischte Gefühle blieben angesichts von so erlebter »Demokratie«.

Gearbeitet wurde »nach Leistung«. Für einen Korb eingesammelter Kartoffeln gab es 10 Pfennige. Nach vier Wochen reichte das verdiente Geld bei mir für den Kauf des – heiß ersehnten – Plattenspielers. Der letzte Schrei hieß »Stereo« – das musste er können! Und die erste Platte, die ich mir gekauft habe, war dann eine klassische Scheibe, weil's nur da Stereo-Aufnahmen gab. Das war zwar eigentlich gar nicht meine Welt, aber so entdeckte ich völlig neue (musikalische) Welten.

Anders sein als die anderen Anderen
Studieren heißt ja, sich mit Eifer zu bemühen. Manchmal war das doch ziemlich anstrengend, und dann kam der Wolf-Dietrich aus dem Nachbarzimmer zu mir und meinte, dass nun genug studiert sei – oder, wenn er es vergaß, ging ich eben zu ihm –, und dann schlenderten wir hinaus in den lauen Abend, stiegen am Bahnhof in die Straßenbahn, setzten uns auf das

Treppchen in der offenen Tür des Waggons und zündeten unsere Zigarren an. Andächtig bliesen wir Ringelwölkchen zur Straße hinaus, und ich kann mich noch an das erschrockene Gesicht eines Autofahrers erinnern, der beim Anfahren an der Haltestelle plötzlich zwei Zigarren-paffende Gesichter auf Augenhöhe neben sich hatte. Die Fahrt endete ein Viertelstündchen später am »Großen Garten«, einem Park. Dort stand an einem kleinen See »der Baum«, unser Baum, dessen Äste sich flach ausbreiteten, und auf denen wir dann stundenlang – mit und ohne Zigarre – lagen und über Gott und die Welt spekulierten.

Im ersten studentischen Sommer habe ich auch Lesen neu entdeckt. In der Schule hatte ich nach und nach verlernt, von Büchern noch etwas zu erwarten. Zu lange hatten wir Gedichte bis zum Erbrechen kaputtanalysiert, uns unter allen nur denkbaren Blickwinkeln mit den Schicksalen von Leuten beschäftigen müssen, deren Probleme so überhaupt nicht die unseren waren ... Jedenfalls hatte ich lange kein Buch mehr freiwillig in die Hand genommen. Und dann lagen wir Chemiestudenten auf dem schattigen Gras im Hof unseres Instituts, und der lange Michael kramte ein Buch hervor und las daraus vor. Nie gehörte Dinge erheiterten mein Studentengemüt, die Galgenlieder von Morgenstern, MENSCHliches von Eugen Roth, Kuddeldaddeldu-Geschichten von Ringelnatz – und das alles war so herrlich verrückt und neu. Ich lieh und las und lernte – manche der Gedichte kann ich heute noch auswendig aufsagen.

Mein Lesetrieb wurde auch durch andere Impulse neu angestachelt. Über Weihnachten war ich zu Hause gewesen. Meine Mutter hatte von einer Schulfreundin aus dem Westen ein Buch geschenkt bekommen. Es war ein Roman – puhhh! Aus Langeweile blätterte ich am letzten Urlaubstag darin, und las mich fest und las und las in einem Ritt bis ans Ende – fast hätte ich den Zug verpasst. Es war der Roman »Homo Faber« von Max Frisch, der mich gepackt hatte. Er passte eigentlich überhaupt nicht in meine damalige Lebensphilosophie. Ich war gerade so was von cool und rational, und was nicht vernünftig, wissenschaftlich, erklärt werden konnte und wo vielleicht gar Staunen oder Gefühle oder so was eine Rolle spielen sollten, erschien mir höchst verdächtig und überflüssig fürs Leben. Ich habe in der Folge alles von Max Frisch verschlungen und mit ihm über Identität nachgedacht. Ich fing an, auch all die absurden Dramen seines Schweizer Landsmanns Friedrich Dürrenmatt zu lesen, ich kaufte mir Theaterkarten. Die Welt war wieder ein Stück größer geworden.

Der Jazz-Dampfer
Ein Termin im Wonnemonat Mai wurde uns in der Studentenzeit zur lieben Tradition. Da nämlich stach der »Jazzdampfer« – nicht in See, aber er fuhr auf der Elbe.

Früh am Morgen wurden zu Hause Picknickkörbe gepackt (feste und vor allem flüssige Nahrung), Liege-Decken gerollt, Sonnenhüte und Wanderstöcke gesucht. Dann strömte ein lustiges Völkchen beiderlei Geschlechts zum fähnchengeschmückten Schiff, das vertäut am Kai in der Altstadt lag. An Deck spielte schon eine Dixie-Band. Die ersten Flaschen wurden entkorkt und kreisten (am Tagesende duzten sich alle). Dann tutete der Dampfer, legte ab und schaufelte sich – es war natürlich ein Schaufelraddampfer – langsam die Elbe aufwärts. Die Bands an Bord wechselten ab, das Publikum beklatschte anfangs noch fachkundig die Soli der Musikanten, später waren die Ansprüche nicht mehr so hoch und alle sangen einfach mit, was sie kannten. Gegen Mittag legten wir irgendwo in der Sächsischen Schweiz an, alle strömten hinaus auf die Elbwiesen, die Bands spielten weiter, die Massen lagerten und hörten zu und feteten. Ein paar Stunden später wurde zum Rückzug geblasen: Das Tutehorn des Dampfers mahnte mehrmals, sodass auch berauschte Schläfer eine Chance hatten. Beschwingte und schwankende Gestalten enterten das Schiff, und mit Musik ging's wieder heim, elbabwärts. Manchmal sprangen mutige Fahrgäste in den Fluss und wurden mit Hallo wieder eingesammelt.

Trunken – war's die Musik, war's der Wein? – stolperten wir die Planken hinunter und freuten uns schon aufs nächste Jahr.

Sturz-besoffen
Ich war mit meinem Sakko – mit eingewebten Glitzerfäden! – und mit Schlips in der Stadt zu Tanze gewesen. Es gab Bier (gegen den Durst) und Wermut-Wein (wegen der Damen), beides offenbar reichlich. Ich war mit Mutters Moped da. Am Ende der Veranstaltung schwang ich mich stolz auf das Ross und raste beschwingt nach Hause. Lustig sprang ich über Schlaglöcher und umkurvte die Steine. Bis es plötzlich mörderisch krachte. Das Moped fuhr noch. Einiges tat weh. Erst nach einer Weile merkte ich: Die Brille war weg; und als sie gefunden wurde, fehlten die Gläser. Zu Hause versuchte ich mich in die Wohnung zu schleichen, aber die Mutter stand schon im Flur. Sie guckte ängstlich, ich auch, als ich mich im Spiegel sah und auch der Rest der Schäden offenbar wurde: die »gute« und einzige (West-)Hose war zerfetzt, darunter am Knie klaffte eine tiefe Schürf-Wun-

de. Es dauerte einige Wochen, bis ich wieder fit war, und als Erinnerung habe ich eine Penizillinallergie behalten.

Frühling in Prag
Auch für einen Studenten in der DDR brachte das 1968er Jahr eine politisch aufregende Phase. Auch bei uns und in uns gärte es. Prag war von Dresden nur zwei Zugstunden entfernt. Der Prager Frühling steckte an. Mit Freunden bin ich 1968 dreimal in die Goldene Stadt gefahren. Die Grenzüberfahrt brachte auch eine interessante Erfahrung: Ich war zum ersten Mal »draußen« aus dem geschlossenen System »DDR«.

An der Moldau hatten wir nächtelange Diskussionen mit tschechischen Studenten. Überall herrschte spürbar Aufbruchsstimmung. Auf den Straßen erlebten wir erstaunt offene politische Diskussionen, wie im Londoner Hyde-Park stiegen Leute auf Kisten und verkündeten ihre Ideen. Überall sahen wir in neugierige und erwartungsvolle Gesichter. Das alles musste doch auch bei uns möglich sein!

Auf einem nächtlichen Spaziergang hatte ich ein bedrückendes Erlebnis. Ein Stück vor uns pinselten Jugendliche etwas auf das Straßen-Pflaster der Karls-Brücke. Beim Näherkommen lasen wir: »smrt kommunistam«. Unser fragender Blick wurde mit einer eindeutigen Geste beantwortet: Hand am Kehlkopf entlang; Kopf ab! – Tod den Kommunisten!

Ein paar Wochen später standen sowjetische Panzer auf dem Prager Wenzelsplatz! Wut, Trauer, ohnmächtiger Protest. Ich trug fortan einen von meiner Schwester gestrickten Schlips in den tschechischen Nationalfarben, die Manschettenknöpfe am Hemd waren gelötet aus tschechischen Kronen-Münzen. Einen verzweifelten Solidaritätsbrief an meinen Prager Freund Jindra fing die Stasi ab und heftete ihn in meine Akte.

Meine Wirtin
Zu Beginn meines zweiten Studienjahres zog ich aus dem Wohnheim aus, der Ruhe wegen, und weil das erwachsener war. Meine Wirtin hieß Frau Helbig. Sie war Invalidenrentnerin und bekam 120 Mark Rente im Monat. Von mir kriegte sie 40 – davon konnte sie gerade ihre eigene Miete bezahlen. Mein Zimmer war bestückt mit Bett und Schrank und Sessel und Ofen und Tisch, auch besaß es eine Nasszelle, bestehend aus Waschschüssel und Wasserkrug. Dort wurde ich in den nächsten vier Jahren ersatzmütterlich umsorgt und manchmal auch bekocht. Gratis war die laute Volksmusik aus dem Radioapparat nebenan in der Küche, die jeden Abend lief, aber ich

setzte mich in meinen Sessel mit übergestülpten Kopfhörern und dröhnte mich mit »meiner« Musik voll.

Frau Wirtin lebte spartanisch. Sie kaufte sich montags 100 Gramm Fleisch, das wurde am ersten Tag gekocht und davon eine Suppe gegessen, dienstags war das Fleisch selbst dran, und für Mittwoch blieben immer irgendwelche »Reste«. Himmlisch waren ihre Kartoffelpuffer, die in dieser ganz besonderen Ausführung nur möglich waren, weil sie gebraten wurden in einem Tiegel, den ihr Vater selbst geschmiedet hatte.

Zu meinen Pflichten gehörte es, winters jeden Tag vier Eimer Braunkohlebriketts aus dem Keller in den zweiten Stock zu tragen.

Zum Abschied nach vier Jahren Wohngemeinschaft schenkte mir »meine Wirtin« eine in wochenlanger Handarbeit gestickte Weihnachtsdecke.

Chemie ist das, was kracht und stinkt
Chemie zu studieren, war auch ein Abenteuer. Ständig hatten wir mit Substanzen zu tun, die nicht nur interessant, sondern auch gefährlich waren; selbst Zyankali war frei zugänglich. Aber da wir die hochbrisanten Chemikalien jeden Tag in der Hand hatten, stumpfte manchmal die Wachsamkeit ab.

Mein Hauptfeind war Schwefelsäure. Sie sorgte nicht nur für gelblich-braune Flecken auf unseren Laborkitteln, sie fraß auch Löcher hinein. Schlimmer aber: Schwefelsäure fraß besonders effektiv Löcher in Blue-Jeans aus dem Westen. Schon ein kleiner Spritzer genügte – und die Hose war hin!

Wir sahen mit unseren gefleckten Kitteln nicht nur abenteuerlich aus, wir verbreiteten auch manchmal bestialische Gerüche. Einmal musste ich für meinen Betreuer, der das Zeugs für seine Doktorarbeit brauchte, kilogrammweise Mercaptane herstellen. Das sind Stoffe, die schon in geringsten Mengen infernalisch stinken, man denke etwa an verwesenden Kohl und faule Eier in einem ungelüfteten Klo. Und genauso »roch« ich nun auch, ohne das jedoch selbst noch wahrzunehmen. Als ich dann in den öffentlichen Bus einstieg, um zum Feierabend ins Wohnheim zu fahren, wurde ich von empörten Fahrgästen kurzerhand auf die Straße gesetzt.

Ein andermal »kochte« ich mit drei Kollegen »Präparate«, und weil wir dabei mit – feuergefährlichem und hochexplosivem – Äther zu tun hatten, geschah das in einem besonders gekennzeichneten und gesicherten »Äther-Raum«. In diesem Raum gab es keine Flammen. Um Reaktions-Kolben auf die erforderliche Temperatur zu erhitzen, wurden Gefäße mit heißem Wasser benutzt. Jedenfalls standen wir da und kochten so vor uns hin, als in der Nähe der einzigen Ausgangs-Tür eine Stichflamme in die Höhe schoss. Äther wurde mit Natriummetall getrocknet, und Natrium und Spuren von Wasser – das zündet eben manchmal. Jetzt hätte es eigentlich richtig krachen können, aber zum Glück geschah das nicht. Wir wären gern weggerannt, aber der Fluchtweg führte an der Flamme vorbei. Panische Erstarrung allerseits. Ich beschloss, dass irgendwas passieren musste, nahm das brennende Glasgefäß in die Hand, öffnete die Tür und trug die Flamme – mit steif-gestreckten Armen so etwa wie die olympische Fackel – langsam durch den Gang des Instituts hinaus ins Freie und warf den Kolben dort auf die Wiese. Es war keine Heldentat, mehr ein Reflex fürs Überleben. Erst nach dem Schock merkte ich, dass ich ziemlich böse Brandwunden hatte. Aber immerhin stand das Institutsgebäude noch.

Eine Substanz hatten wir bei den anorganischen Analysen ständig im Gebrauch: Schwefelkohlenstoff, eine u.a. auch sehr gut brennbare Flüssigkeit. Es gab wegen der Feuergefahr natürlich eine Vorschrift, nämlich die Reste in gesonderten Behältern zu sammeln, aber in der Hektik des Laboralltags wurden immer wieder auch Reagenzgläser mit dem Lösungsmittel im normalen Ausguss »entsorgt«. Und das kam wohl häufiger vor. Jedenfalls – so ergab die spätere Aufklärungsaktion – hatte jemand wieder einmal auch Reste von metallischem Natrium in den Ausguss gekippt. Die Reaktion: zusammen mit Wasser > Knallgas > Zündflamme dazu > ein zunächst kleines Feuerchen krabbelte den Ausguss hinunter, fand in den Tiefen der Kanalisation reichlich Schwefelkohlenstoff vor, und so gab es eine heftige Explosion, bei der überall im Institut die Gullydeckel herausflogen.

Überhaupt: die Vorschriften und der Schlendrian. Einmal musste ich, mit Brom arbeiten. Als reines Element ist das eine braune Flüssigkeit, die leicht verdampft und giftig ist und reizend-ätzend, das heißt gefährlich ist für die Schleimhäute. Also lautete die Vorschrift im Umgang damit, Gummi-Handschuhe zu tragen und immer unter der Abzugshaube zu arbeiten, damit die aggressiven Dämpfe nicht eingeatmet werden. In der Hektik waren trotzdem bereits einige gelb-braune Ätz-Flecken auf meiner Haut entstanden. Eines Tages wurde wieder eine bestimmte Menge Brom benötigt, und ich nahm eine Pipette zur Hand, um die entsprechenden Milliliter der Brühe abzumessen. Zum Ansaugen war ein Gummiballon vorgeschrieben, aber ich saugte die Luft einfach mit dem Mund an. Ich habe nicht flüssiges Brom in die Luftwege bekommen, es waren »nur« Bromdämpfe, die meine Schleimhäute abbekamen. Aber das war eine echt »reizende« Geschichte, mit deren Nachwirkungen ich noch lange zu tun hatte.

Auch ein andermal ging es um Düfte, doch da waren sie meine Rettung. Im Praktikum für Organische Chemie war eine Aufgabe, am eigenen Arbeitsplatz mit einfachen Gerätschaften und in kleinsten Mengen – Halbmikro-Maßstab hieß das, es ging um Grammmengen des Endprodukts – komplizierte Substanzen in mehreren Reaktionsstufen herzustellen. Bei mir ging es um 1 Gramm Bromhexin – das kennen viele vielleicht als aromatische Substanz, die bei Erkältungskrankheiten auf Zucker geträufelt und geschluckt wird, atemwegsberuhigend. Ich fand in der Bibliothek ein »Kochrezept«, dem zufolge ich in acht Stufen nacheinander zu Bromhexin gelangen sollte. Der Assistent akzeptierte das Verfahren, ich durfte grammgenau die Mengen der Ausgangssubstanzen bestellen, die nach der Theorie benötigt wurden, und dann ging's los mit Lösen und Kochen und Destillieren und Bromieren über die vorgeschriebenen acht Stufen. Die Substanzmengen wurden immer geringer, die Gerätschaften zur Verarbeitung immer zierlicher. Am Ende, oh Glück, befand sich in der Spitze eines kleinen Kölbchens der begehrte Stoff, ein Tropfen nur, aber immerhin. Das Gefäß ward sicher im Laborschrank aufbewahrt, denn nun kamen erst einmal Ferien. Zwei Wochen später wollte ich mein Produkt stolz dem Assistenten präsentieren. Als ich aber den Schrank öffnete, war wohl das Kölbchen noch da, nicht aber mein Bromhexin. Es war nicht gestohlen, aber schlicht verdampft – trotz Verschlussstopfen; jetzt verstand ich erst richtig, was eine »leicht flüchtige« Substanz ist. Der Assi meinte: »Sie haben jetzt nur eine Chance«, öffnete das Gefäß, roch daran – und ich bekam für ein noch vorhandenes Duftwölkchen mein Testat.

Schluss mit lustig
Wenn Studenten in der DDR mal originell oder spaßig sein wollten, konnte das böse Folgen haben.

Jedes Jahr fand der »Chemiker-Ball« statt, ein Tanz- und Trink-Ereignis, das nach erprobten Spielregeln vorbereitet wurde. Die Leute vom jeweils zweiten Studienjahr waren dafür zuständig, dass organisatorisch alles klar ging mit Musik und Verpflegung, dass die übrigen Fachrichtungen – vor allem die Damen – davon erfuhren, dass alle wichtigen Leute aus dem chemischen Umfeld persönlich eingeladen wurden, und sie hatten dafür zu sorgen, dass es eine Ballzeitung und ein selbstgestaltetes Bühnenprogramm gab, möglichst mit viel Feuerwerk.

Die Leute vom Jahrgang ein Jahr vor uns hatten eine – ihrer Meinung nach blendende – Idee. Sie wollten, auch zur Aufbesserung der Semester-Feier-Kasse, eine Tombola veranstalten. Und damit es da attraktive Angebote gab, schrieben sie an Hochschulen und Chemiefirmen in »Westdeutschland«, schilderten ihr Anliegen und baten um Sachspenden zum Beispiel in Gestalt von – für uns im Osten schwer erreichbaren und unmäßig teuren – Fachbüchern, Kleingeräten, Chemikalienproben usw. Die Briefe waren raus, aber nun bekam »die Partei« davon Wind. Ein Tribunal wurde inszeniert, bei dem die »Rädelsführer« sich zu rechtfertigen hatten. Wie hatten sie es wagen können, solche »Bettelbriefe« an den »Klassenfeind« zu schicken, der nun wohl meinen müsse, Studium in der DDR sei ohne Westhilfe nicht möglich. Wer ihnen den Auftrag dazu erteilt habe ... Alles Erklären nützte nichts, die Ertappten wurden öffentlich gebrandmarkt, einige Reuige durften – unter besonderer Aufsicht und sicher mit mancherlei Erpressungen – weiter studieren, für Unbelehrbare erfuhr der Studiengang erst einmal eine Unterbrechung und sie gingen »zur Bewährung in die Volkswirtschaft« – Arbeiter zu werden war im »Arbeiter-und-Bauern-Staat« eine Strafe!

Kurze Zeit später gab's einen zweiten Eklat, der als »SNOP-Affäre« in die Annalen einging. Wir Chemiker wohnten im Studenten-Wohnheim auf zwei gegenüberliegenden Korridoren. Und die Mitstudenten auf der anderen Seite hatten aus Ulk SNOP gegründet, eine »Studentische Nationale Oppositionspartei«. Die Truppe machte allerlei närrische Aushänge und Aktionen im Wohnheim. Zum Beispiel stand an einer Zimmertür als Bewohner ausgeschrieben: »Stud. chem. Paul Lenin«. Der – eigentlich harmlose – Spaß währte nicht lange. Die Staatsmacht erfuhr von dem schändlichen Treiben, und sie fuhr wie ein Blitz dazwischen. Es gab einige strenge Verweise, auch wieder einige Exmatrikulationen »auf Bewährung«. Da war's nachträglich gut, dass wir auf der anderen Seite des Wohnheims nicht hatten »mitspielen« dürfen, sonst wäre mein Studentendasein wohl schon an dieser Stelle zu Ende gewesen.

Tramp
In meinen Schüler- und Studentenjahren habe ich oft an Landstraßen und – verbotenermaßen – auch an Autobahnen gestanden. Trampen hieß das Zauberwort, das auch längere Reisen erschwinglich machte und Abenteuer, aber auch Unsicherheit bedeutete. Ich war mit Familien unterwegs. Ich habe mit Dienstreisenden geplaudert. Sogar in Testfahrzeugen bin ich mitgefahren: In Meerane wurde der »Trabant-Kombi« gebaut, und ein Testfahrer, der ein Prototyp-Fahrzeug Zigtausende Kilometer ohne Pause stressen musste, hat mich einmal gleich auf einen Ritt die 500 Kilometer bis zur Ostsee mitgenommen. Am anstrengendsten war das Mitfahren hinten auf

den leeren Ladepritschen von LKW; das ist sehr laut und auch gefährlich, weil einen heftige Bremsungen oder Kurvenfahrten völlig unvorbereitet erwischen. Einmal stoppte am Berliner Ring das Dienstauto eines hohen sowjetischen Offiziers. Peinlich bleibt mir in Erinnerung, dass ich zwar eben zum Abi in Russisch eine »1« erhalten hatte, aber nun in aller Ernüchterung feststellen musste, dass mir die einfachsten Worte für ein ganz normales Alltagsgespräch fehlten. Und manchmal verging einem auch – mangels Erfolg – schlicht die Lust am alternativen Reisen. Ich stand einmal fünf Stunden lang an der Ausfallstraße in Stralsund, weil einfach zu viele den Daumen in den Wind hielten und in die gleiche Richtung wie ich wollten. Nachts gegen vier kam ich dann endlich am Autobahnkreuz bei Leipzig an, hatte den ganzen Tag nichts gegessen, und als dort jemand eine Zigarette anbot, habe ich sie gegen's Verhungern geraucht ...

GST-Lager

In meinem Jahrgang hatte ein junger Mann, der einen Studienplatz ergattert hatte, das Glück, zunächst dem Zugriff der »Nationalen Volksarmee« zu entgehen. Wir mussten nicht zur »Fahne« – das Studium hatte Vorrang. Aber eben nur grundsätzlich. Andere Fakultäten an unserer Uni machten während ihres Studiums ein paar kurze Lehrgänge und hatten damit ihre Wehrpflicht erfüllt. Wir beneideten sie darum, denn wir Chemiestudenten mussten zwar genau wie sie in Reih und Glied antreten, aber uns wurde das nicht amtlich als Wehrdienst angerechnet. Zweimal in den Sommerferien wurden wir zu einem GST-Lehrgang zusammengetrommelt. GST hieß die »Gesellschaft für Sport und Technik« – das war eine paramilitärische Organisation, in der Technik-begeisterte Typen Tauchen, Fliegen oder Orientierungslauf und Motorsport betreiben konnten. Wir bekamen Uniformen, eine (Spielzeug-) Maschinenpistole, und dann übten wir: zeitig aufstehen, Fahnen-Hissen, Waschen im Freien, Exerzieren auf dem Appell-Platz, Marschieren mit Kompass und Karte durch den Wald, Schießen, Anschleichen usw. Ich sollte eigentlich eine Gruppe kommandieren, aber beim Appell gab's für uns keine Belobigung, sondern wir wurden vor versammelter Mannschaft getadelt, weil bei einer Kontrolle meine Jungen im Wald herumgelungert hatten, statt den »Feind« zu suchen.

Es war die Zeit des Krieges in Vietnam, und von uns – Studenten in einem sozialistischen »Bruderland« – wurde handfest »Solidarität« eingefordert. Per Tagesbefehl wurde verkündet, dass jede Hundertschaft Studenten eine – diesmal aber eine richtige – Maschinenpistole »spenden«

sollte/wollte, das machte pro Mann 5 Mark! Aber so einfach lief das nicht, es gab ungeplante Diskussionen in der Truppe. Schon das Verfahren mit der Pauschal-Pro-Kopf-Spende gefiel uns nicht, aber bei den erregten Gesprächen im Schlafraum tauchten auch viel grundsätzlichere, gar pazifistische Gedanken auf. Das Ergebnis der Verschwörung hieß: Wir spenden nicht! Und einige sagten noch klarer: Wir schießen auch nicht mehr, hier, im Wehrlager! Das war unerhört! Das roch nicht nur nach, das war Auflehnung, das war Widerstand, hatte da etwa jemand eigene Gedanken? Aus der Dresdner Fakultät reiste die Politabteilung in großer Besetzung an, es gab Gruppengespräche und Einzelgespräche, Drohgebärden und richtig handfeste Drohungen. Am Ende gaben manche der »Aufständischen« klein bei. Dazu gehörte ich, ich meinte erkannt zu haben, dass ein konsequenter Pazifismus nicht in jeder Lebenslage durchzuhalten sei, aber natürlich hatte ich auch Angst. Für meinen besten Freund, der sich »unbelehrbar« zeigte, folgte die sofortige Entlassung aus dem Lager, wenig später wurde er auch von der Hochschule exmatrikuliert und zur »Bewährung in die Produktion« geschickt. Danach durfte er gleich noch seinen vollen Wehrdienst ableisten, als Beweis für seine geläuterte Gesinnung, was ihm auch noch die Erfahrung einbrachte, beim Einmarsch der Truppen des Warschauer Paktes bei der Niederschlagung des »Prager Frühlings« im Jahr 1968 wochenlang mit diesmal scharfer Munition als Reserve im Grenzwald zu liegen. Später hat er zu Ende studieren können.

Ich habe 1967 in mein Tagebuch geschrieben:

pazifismus als belügen des eigenen ich. diese haltung nicht als ausweg, sondern als kapitulation vor der entscheidung. die unmöglichkeit, das individuum plötzlich herauslösen zu wollen aus der gesellschaft, in die es hineingeboren ist. das widernatürliche, dass man sich ohne gegenwehr schlagen, sogar töten lassen will. natürlich wäre die welt besser, wenn alle so dächten, aber die harte prüfung des ich zeigt, dass man für sich selbst nicht garantieren kann, dass man es nicht wird durchstehen können bis zum letzten. pazifismus als glaube an das beispiel, als hoffnung auf bekehrung des mörders, wenn er uns ohne gegenwehr und ohne klage leiden sieht. wenn du deine familie, deine freunde retten kannst, indem du den mörder, der schon zielt und sicher die vernichtung auslösen wird, indem du ihn tötest, vorher, bist du dann wirklich schuldig? wem hätte dein tod genützt, ihm vielleicht, der schon die nächste granate abschießt? das töten des anderen statt des getötetwerdens durch ihn – stufe von tieren?

Echte Solidarität, subjektiv-spontan, nicht als Pflichtübung eingefordert, war mir immer wichtig. Wie sich das äußern konnte, zeigt der folgende Text, den ich aus konkretem Anlass geschrieben habe. Das Lied entstand als Protest gegen den Militärputsch, mit dem die demokratisch gewählte linke Regierung von Salvador Allende in Chile brutal beseitigt worden war. Das Lied ist 2008 noch einmal bei »Buschfunk« auf einer CD erschienen, zusammen mit anderen Solidaritätsliedern, die u. a. von Renft, Manfred Krug, Karussell, City, Silly und Gerhard Schöne stammten.

»Lied zu den Anden«

Dort drüben ein Mensch – gefesselt, gequält ...
Der Hass aus Gesichtern von gestern
erstickt die Gedanken von morgen

Sie starren ihn an, weil sie Angst haben
sie stoßen ihn fort, weil er Arbeit will
sie spucken ihn an, weil er wehrlos ist
sie jagen ihn fort, weil er ändern will

Sie schreien ihn an, weil er denken will
sie jagen ihn fort, weil er Fragen stellt
sie schleppen ihn weg, weil er nicht schweigen kann
sie schlagen ihn tot, weil er ein ROTER ist

Kein Weg führt vorbei
an den Gräbern von Chile
dort drüben der Mensch
steht nicht mehr allein

(Komp.: Franz Bartzsch, Text: Joachim Krause,
Rockgruppe LIFT mit Christiane Ufholz, 1973)

Nicht gedient
Ein zugewiesener Studienplatz hatte Vorrang vor der Einberufung zur Armee, das schützte aber nur vorübergehend.
Ich wollte da aber nicht hin! Nach dem Ende des Studiums bekam ich so zunächst – auf Anraten eines Mitstudenten – erhebliche Rückenbeschwerden, die ich mir ärztlich bestätigen ließ und gegen die ich auch jahrelang behandelt wurde. Wenn man so etwas schon lange hatte und Behandlungen nachweisen konnte, sollte das im Ernstfall gegen Ansinnen einer Armee-Einberufung helfen. Der Ernstfall trat aber in meinem Fall gar nicht ein. Denn der Professor, bei dem ich meine Diplomarbeit gemacht hatte und der mir dann auch eine Anstellung in seinem Institut ermöglichte, verstand den vorsichtigen Hinweis auf die missliche Möglichkeit einer Einberufung richtig und reagierte. Er setzte ein kurzes Schreiben an das Wehrkreiskommando auf mit der Aufforderung, mich mit dem Wehrdienst zu verschonen, meine Arbeit an Forschungsvorhaben sei für den Bestand der DDR unverzichtbar. Der Brief tat seine Wirkung: Ausgefertigt mit einem beeindruckenden Briefkopf (Prof. Dr. Dr. h.c. mult., Präsident der Sächsischen Akademie der Wissenschaften, Vizepräsident der Akademie der Wissenschaften der DDR ...) bewirkte die Übergabe des Schreibens, dass der bedienstete Uniformträger die Hacken zusammenschlug und dafür zu sorgen versprach, dass meine Akte ganz unten in den Stapel käme.
Erst als ich Anfang 30 war, erinnerte sich die Armee wieder an mich und schickte mir eine Einladung. Ich wurde untersucht, bekam eine Schießbrille verordnet und sollte eigentlich für ein halbes Jahr einrücken. Ich bestand jedoch darauf, von meinem Recht auf Verweigerung des Wehrdienstes Gebrauch zu machen und bei den Bausoldaten zu dienen. Dieses Ansinnen löste harsche Reaktionen aus, aber offenbar waren solche Sonderwünsche einfach nicht vorgesehen, und ich habe danach von der Armee nichts wieder gehört. Die blecherne Erkennungsmarke – »im Todesfall in zwei Teile zu zerbrechen« – habe ich noch immer.

Italienische Schuhe
Ich brauchte neue Schuhe. Und ich hatte riesiges Glück. In einem Laden, den ich aufsuchte, gab es Halbschuhe, die mir gefielen, Leder, dezent rotbraun, gefälliges Design – und sie waren aus Italien! Das konnte eigentlich nicht wahr sein, und dazu waren sie gar nicht teuer. Ich griff zu, trug meine Errungenschaft ab sofort stolz an den Füßen. Aber wenige Tage später musste ich entdecken, dass sich die Sohle löste. Bei West-Schuhen ... Ich

trug die Treter in das Geschäft zurück. Dort war meine Größe zum Glück noch vorrätig, und ich erhielt Ersatz. Aber eine Woche später war auch da die Sohle ab. Als ich erneut im Laden aufkreuzte, herrschte dort betretenes Schweigen. Ich bekam keine Ersatzschuhe mehr, sondern mein Geld zurück. Mit einer Erklärung und Entschuldigung: Jemand hatte bei einem Großeinkauf auf dem internationalen Markt gemeint, mit diesen Schuhen – für extrem niedrige Preise – ein Schnäppchen gemacht zu haben. Zu spät erst hatte man gemerkt, dass Schuhe erworben worden waren, mit denen gar niemand laufen sollte, sondern die man in Italien Toten mit in den Sarg gibt.

Erdölkombinat Schwedt
Zu unserem Studium gehörten auch Praktika in der Industrie, und eines davon führte mich im 1968er Sommer ins Erdölkombinat nach Schwedt. Das war ein hochmoderner Industriekomplex; in Schwedt kam die Erdölleitung mit dem Namen »Freundschaft« aus der Sowjetunion an, und hier wurden daraus Kraftstoffe und Treibstoffe und Schmiermittel usw. destilliert. Der eigentlich etwas abgelegene Standort Schwedt, oben im agrarisch geprägten Nordosten der DDR gelegen, war Ausdruck für die geplante Industriepolitik der DDR. Es war Prinzip, dass jede, auch eigentlich schwache, Region was Wichtiges bekommen sollte. So wurde der Industriepark dorthin geklotzt. Tausende junge Leute zogen hin. Meist taten sie das freiwillig, es gab Wohnungen, gute Arbeitsbedingungen und gute Bezahlung; andere wurden nach ihrem Studium auch zwangsweise an solche Standorte vermittelt. Dass nun so viele junge Leute dort wohnten und Familien gründeten, hatte skurrile Auswirkungen. Im Schwedter Neubaugebiet standen acht DDR-Standard-Schulen, exakt gleicher Bautyp, in einer Reihe hintereinander – damit die Kinder sich nicht verirrten, waren an den Giebeln verschiedene Blumen-Symbole angebracht.

Wir Studenten wurden richtig in die Produktionsabläufe eingetaktet, lernten nun zum Beispiel kennen, was »Rollende Woche« hieß: Drei Wochen lang ging's im Dreischicht-Rhythmus ohne Wochenende durch, dann war eine Woche frei. Das schlauchte doch ziemlich, sodass ich mich nur erinnern kann, dass nachts die Mücken nervten und dass in diesem Sommer eine neue Platte der Beatles veröffentlicht wurde, »Hey Jude«, heißerwartet, aber dann wegen der endlosen Länge doch enttäuschend.

Mitten in die Zeit dieses Praktikums platzte dann die große Ernüchterung. Der »Prager Frühling« wurde mit dem Einmarsch sowjetischer Truppen in die Goldene Stadt erstickt. Ohnmächtig und voller Wut und weit weg von den Freunden in Prag begann ein trüber Herbst.

Mutproben
Am Ostseestrand wurden wir immer gut bewacht und beobachtet und beschützt, damit niemand auf den Gedanken kam, vielleicht auf einem Boot oder einer Luftmatratze das geheiligte Territorium – als »Republikflüchtiger« – zu verlassen. Vor allem wenn die See ruhig und spiegelglatt war, hätte man auf solcherlei Ideen kommen können. Aber zur Abschreckung fuhr da immer ein Kampfschiff der DDR-Marine auf, machte ein paar hundert Meter vor der Küste fest und blockierte demonstrativ und als optisches Abschreckungssignal den Blick und den Weg nach der schwedischen Küste. Als da wieder einmal so ein Kahn lag, juckte mich der Hafer und ich beschloss, den Beschützern einen Besuch abzustatten.

Ich gab mein Vorhaben bekannt und schwamm los. Das alles hatte so nahe ausgesehen, aber nun dauerte die Hin-Tour endlos lang, vielleicht eine Stunde. Als ich mich dem Schiff näherte, löste ich doch einige Verwirrung aus. Erst flogen einige Leuchtpatronen knapp über mich hinweg, als ich noch näher kam, gab's Wischwasser auf den Kopf und böse Sprüche von oben. Ich drehte ab und schwamm den langen Weg zurück.

Ein andermal war wieder ruhige See, ich schwamm hinaus. Hinter mir trübte es sich ein, Küstennebel, der sich am Strand breit machte und langsam aufs Meer hinauszog. Nach einer Weile war nur noch Wasser um mich und Nebel. Zwar hörte ich noch Stimmfetzen vom Strand her, es klang nahe, die Richtung nach Hause war aber nicht mehr zu orten. Ich schwamm hier hin und dort hin, Panik entstand, Endzeitgedanken. Nach quälend langer Zeit hatte ich dann doch irgendwann wieder trockenen Sand unter den Füßen.

Kohlkopf auf Nonnevitzens Dünen
Ich hatte damals immer eine Gitarre bei mir, auch auf dem Zeltplatz, auch am Strand. Ich begleitete Studentenlieder, Unsinns-Reime, wenn's sein musste auch einmal ein Volkslied, und wenn's mir Spaß machte, sang ich allein Lieder von den Beatles oder Protestsongs. Eines Tages setzte sich ein fremder Typ zu unserer Runde und begann eigene Lieder zu singen, mit deutschen Texten, eines davon hieß »Kohlkopf auf Nonnevitzens Dünen«. Er machte das professionell, beeindruckend, und es regte mich an zum Nachmachen. Ich hörte ein paar Abende zu und beschloss dann: Das

probiere ich auch! Ein Notizheft wurde gekauft, und noch im gleichen Urlaub entstanden erste Gedichte als Liedtexte. Der Typ hieß übrigens Kurt Demmler und war später einer der wichtigsten »Texter« in der »Singebewegung« der DDR und in der Rockszene. Zehn Jahre später hat Demmler im Rundfunk ein Lied mit einem Text von mir gesungen (das »Strandlied«, zusammen mit Petra Rechlin) – da war ich schon mächtig stolz drauf.

Polenreise
Wir hatten unser Chemiker-Diplom-Zeugnis endlich in der Tasche. Mein Freund bekam von seinem Vater als Belohnung für drei Wochen das Auto zur Verfügung gestellt, und er lud mich ein, mit nach Polen zu fahren.

Er war schon früher dort gewesen, kannte ein paar Leute unterwegs. Überwältigt waren wir von der Gastfreundschaft, die wir erlebten. Ein Ehepaar überließ uns sein Ehebett, sie schliefen inzwischen irgendwo in einer Kammer. In einer anderen Familie wurde die Tochter von der Schule »freigestellt«, das heißt sie schwänzte auf Befehl der Eltern, damit wir, die Gäste aus Deutschland, rundum ordentlich begleitet und betreut werden konnten.

Als wir einmal von der Autostraße aus den Turm eines Schlösschens entdeckt hatten und dort eine Rast einlegten, trat ein verschwitzter Landarbeiter zu uns und erklärte in holprigem Deutsch, dass er den großen Gutshof, vor dem unser Auto stand, seit der Abreise der »Herrschaft« immer in Ordnung gehalten habe und ihnen jederzeit wieder übergeben könne – die deutsche »Herrschaft« war da aber immerhin schon 25 Jahre weg. An anderer Stelle wurde uns deutlich, warum die Zustände (Bauwerke, Bewirtschaftung) in den ehemals deutschen Gebieten sich sehr viel desolater darstellten als in den »urpolnischen« Regionen, die wir weiter im Osten kennenlernten: Hier waren Menschen angesiedelt worden ohne »Bodenhaftung«, sie waren selbst vertrieben worden aus Gebieten, die inzwischen zur Ukraine gehörten, und sie waren sich noch 1970 gar nicht sicher, ob es sich lohnte, hier Wurzeln zu schlagen – vielleicht kämen die Deutschen ja doch noch einmal wieder ...

Wir zelteten in der Hohen Tatra, erkundeten von Zakopane aus das blau-schwarze Hochgebirge. Da wir jung waren und ehrgeizig, wollten wir auch den höchsten Berg Polens besteigen, den Rysi. Wir hatten kurz auf die Karte gesehen, da war es nur zwei Kilometer weit, und im Vollgefühl unserer Kräfte beschlossen wir, den Berg mal noch so nebenbei als Nachmittagsspaziergang zu erklimmen. Wenn wir auf die Höhenlinien in der Karte geachtet hätten, wäre uns klar gewesen, dass es nicht nur zwei Kilometer weit, sondern auch fast die gleichen zwei Kilometer nach oben ging. Wir stürmten bergan, ungeübt wie wir waren, ohne Atemtechnik und dergleichen. Froh gelaunt und eilenden Schrittes überholten wir einen anderen Wanderer, der bedächtig voranschritt. Dann gab's erste Atemnot, wir legten eine Verschnaufpause ein, und da kam der »alte Mann«, den wir doch eben noch so zügig überholt hatten, und er stapfte langsam, aber stetig an uns vorbei. Das war ärgerlich, wir brachen wieder auf, überholten ihn auch bald, aber dann mussten wir erneut verschnaufen. Jetzt lief uns nicht nur der Mann, sondern auch die Zeit davon, und irgendwann brachen wir den Versuch ab. In den folgenden zwei Wochen haben wir die Karten lesen und die Situationen und unsere Kräfte besser einschätzen gelernt; es gab einen zweiten, gut vorbereiteten Anlauf, und da haben wir den Gipfel erreicht.

Wir entdeckten bei unseren touristischen Planungen, dass in der Nähe der alten Königsresidenz Krakau auch Auschwitz liegt. Im Geschichtsunterricht hatten wir zwar davon gehört, aber das alles war doch ziemlich abstrakt geblieben, und wir hatten keine Ahnung, was uns dort erwarten würde. Aus der Beliebigkeit touristischer Neugier wurde schnell Betroffenheit. So konzentriert hatte die Erinnerung an das Leid von Millionen von Menschen schon eine unheimliche Wucht. Als wir in einer Kammer standen, die vollgestopft war mit Schuhen von ermordeten Häftlingen, stand neben mir ein altes Mütterchen, gekrümmt, und starrte schweigend ins Leere. Dort wurde mir klar, dass es für sie kein Museum war. Vielleicht suchte sie unter den alten Schuhen, die hier herumlagen, die Schuhe, die eines ihrer Kinder getragen hatte, damals, und da fühlte ich mich plötzlich doch sehr als Deutscher.

Gipfelstürmerei
Jugendlicher Kurzurlaub. Uns blieb nur eine Woche Zeit in der slowakischen Hohen Tatra. Es war herrliches Wetter, alle wichtigen Wanderwege hatten wir bereits im Geschwindschritt »abgewandert«. Ein Ziel aber war noch unerreicht, sollte aber auf jeden Fall noch bezwungen werden. Der höchste Gipfel des Gebirges, der Gerlach, lockte unwiderstehlich. Zwar hatten wir gelesen: Es ist gefährlich, es gibt keine markierten Wege, man darf den Berg nur mit einem Führer besteigen. Aber was kümmerte das uns! Der Aufbruch erfolgte in aller Frühe, zwei Knaben und zwei Mädchen machten sich auf die Socken. Nach zwei Stunden war die Einstiegsstelle erreicht. Über den Gebirgskamm zogen dunkle Wolken herein, ein kurzes

Bedenken, aber: Wenn wir jetzt nicht aufbrechen, wird's in diesem Urlaub nicht mehr. Die Mädchen kehrten nach ein paar hundert Metern um, weil es doch ziemlich hart losging mit Hangeln an Ketten und Balancieren über Eisfelder, auch verdichteten sich die Wolken zunehmend. Aber mein Bruder und ich stürmten hinauf. Der Weg war notdürftig mit »Steinmännern« markiert – aufgeschichteten Steinpyramiden –, aber immer öfter waren auch die nicht mehr zu finden. Es begann heftig zu regnen, später kam noch Schnee dazu. Nebel machte die Orientierung fast unmöglich. Wir trafen auf einen Tschechen in unserem Alter, der allein unterwegs war, aber auch er hatte keine Ahnung, wo der richtige Weg langging. Nach oben – das konnte nicht falsch sein, und so kämpften wir uns, inzwischen völlig durchweicht und durchfroren, über glitschige Geröllfelder weiter aufwärts. Immer einmal ging jemand auf Suche, nach links, nach rechts, ob's da besser aussah. Stunden später hatte einer von uns doch die Gipfelstange gefunden. Wir waren stolz, geschafft und ratlos, denn alle Versuche, nun einen Weg für den Abstieg nach unten zu finden, endeten an steil abfallenden Felswänden. Zum Glück hörten wir nach einiger Zeit Stimmen, eine Gruppe – ordentlich mit Bergführer – kam durch den Nebel herauf. Wir schlossen uns ihnen auf dem Rückweg ein Stück an, und dann hasteten wir von Steinmann zu Steinmann den Berg hinunter, der Schneeregen war nicht mehr zu spüren, längst war es dunkel geworden, aber irgendwie fanden wir aus den Geröllfeldern heraus, dann rannten wir im Laufschritt noch zwei Stunden über einen steinigen Pfad hinunter ins Tal, bestiegen die Bahn, die uns zum Zeltplatz zurückbrachte. – Viele Jahre später hat mir ein Freund erzählt, wie er mit seinen beiden Söhnen am gleichen Berg zusehen musste, als zwei Wanderer zu Tode stürzten.

Im gleichen Urlaub erlebten wir bei einer Wanderung ein Gewitter im Hochgebirge, was sehr beeindruckend und beängstigend ist. Wir wanderten auf der »Magistrale«, einem Höhenweg, der schutzlos außerhalb der Vegetationszone in Geröllfeldern verläuft. Innerhalb von Minuten kam überraschend ein heftiges Gewitter über den Kamm gezogen. Ein ununterbrochenes Inferno von Blitzen und Donnern umtobte uns von allen Seiten. Wir konnten uns eine Stunde lang nur ohnmächtig im strömenden Regen zwischen die Steine pressen und warten ...

Denk-Zettel
(lose Blätter, beschrieben um 1970)

»WIR«

geboren nach dem letzten Krieg
den Europa überlebte
erwacht in einem Staat
der das Volk sein wollte
ausgerichtet
durch die Allgemeinbildende Polytechnische Oberschule
frühzeitig gelernt den Unterschied
was man sagen darf
abgestumpft an den Idealen
als sie zu oft beschworen wurden
kindlich erstaunt am 17. Juni
dem neuen Deutschland entfremdet
durch eine Mauer
geschützt vor uns selbst
abgekommen vom Bitterfelder Weg
im Strudel des Beat
aus allen Illusionen gefallen
im August '68
zu Zweiflern geworden an diesem Sozialismus
als zu viele fett darin wurden
doch weiter ihn verteidigend
gegen seine Verächter
geschmäht als Reaktionäre
verdächtigt der Kompromisse
Kinder der DDR
was soll aus uns werden, wenn wir groß sind

»Zur Geburt von David W«

Wir nennen unsere Söhne DAVID / zu einer Zeit
da GOLIATH fast überall schon gesiegt hat
und hoffen / dass das alte Wunder sich wiederholt

Das volle Leben in der DDR
Beruf, Familie und Opposition
(1970 bis 1990)

Wohnglück mit Schlafbunker ◆ Unterweltfestspiele ◆ ABC des Lebens
»Komm doch einfach mit« ◆ Feindberührung ◆ »Über mich« ◆ »Wenn«
Biermann-Abend im Weinberg ◆ Erpresstes Bekenntnis
Zensierte Regentropfen ◆ »Regentag«
Alternative Konzepte? ◆ Zeltplatzleben ◆ Verbotene Welten
Frechheit siegt ◆ Ein potenzieller Brandstifter
Wunderbare Jahre ◆ Erziehung – antiautoritär
Der tollwütige Maulwurf ◆ Ur-Ängste ◆ Bäumepflanzen als Provokation
Ein Reis-Eintopf wird zur Legende: PLOW
Von Ferngläsern und Schreibmaschinen ◆ Jungwähler
Von Rom über Wittenberg nach Dresden ◆ Umwelt-»Spionage«
Eine Apotheker-Zeitschrift macht einen Umweltskandal publik
»Urlaub« mit Hindernissen ◆ Erholungsgebiet mit »Industrieklima II«
Die Zähne der Kinder von Dohna ◆ Die präsidiale »Sondergenehmigung Nr. 2692«
Post von Willy Brandt ◆ Knast als reale Möglichkeit
Operativer Vorgang – OV »Grüner« ◆ Mach mal was Passendes
»Am Abend mancher Tage« ◆ »Märchenland« ◆ »Komm heraus«
Gefährliche Offenheit ◆ Trabant I: Überlebenstraining
»Wir bleiben hier!« ◆ Postkontrolle ◆ Tschernobyl und die Folgen
Undichte Vertraulichkeiten ◆ Die Macht der Eingaben und der Zitate
Lachen zwischendurch ◆ Das schützende Dach der Kirche
Eingeschriebene Geheimnisse ◆ Konrad Lorenz light ◆ Umweltfreundliche Dienstreisen
Seltsame Vögel ◆ Aufkauf von Obst ◆ Behütet ◆ Familie Schubert
Druck mit dem Drucken ◆ Trabbi II: Schaf mit Stehplatz
Der Geigerzähler ◆ West-Kontakt ◆ Urlaub mit Sputnik
»Unser Schulhof strahlt« ◆ Trabbi III: Einheitsgrau
Das Erbe der WISMUT ◆ Ich habe die Wahl
Das Fußballschaf ◆ Nächtlicher Besuch am Schaukasten
Es geht sogar noch besser als im Westen! ◆ Denk mal
Wessis im Wunderland ◆ »Die Zeit ist reif« – Konziliarer Prozess
und Ökumenische Versammlung in der DDR
Stalinallee ◆ Informationsbeschaffung
Heißer Herbst ◆ Demokratische Aufbrüche

Lebenslauf-Skizze III
Von 1970 bis 1982 war ich als Chemiker und wissenschaftlicher Mitarbeiter in einem Dresdner Forschungsinstitut tätig und hatte dort mit Korrosionsschutz und der Messung von Luftverunreinigungen zu tun. 1971 habe ich geheiratet. 1972, 1973, 1979 und 1989 wurden unsere vier Kinder geboren. Von 1979 bis 1982 studierte ich im Fernstudium Theologie. Seit 1982 war ich dann bei der Evangelischen Landeskirche in Sachsen als Fachreferent für weltanschauliche und ethische Fragen im Bereich Naturwissenschaft-Technik-Medizin tätig. Im gleichen Jahr zogen wir als Familie von der Großstadt aufs Land, zurück in das Dorf, in dem ich schon als Kind gelebt hatte.

Wohnglück mit Schlafbunker

Vier Jahre lang hatte ich als Student in meinem Zimmer bei der »Wirtin« gewohnt. Nun war ich verheiratet, meine Frau erwartete unser erstes Kind, wir brauchten eine Wohnung für uns allein.

Der Wunsch war erlaubt, aber es gab einige Hürden zu überwinden. Zuerst musste ein Wohnungsantrag gestellt werden. Damit aber wirklich was passierte, war es wichtig, immer wieder zu drängeln und zu schmeicheln auf dem zuständigen Wohnungsamt, Befürwortungen von dieser und von jener Stelle einzuholen und vorzulegen. Irgendwann war das Amt mürbe und stellte endlich die »Zuweisung« für eine Wohnung aus. Aber diese Wohnung lag am anderen Ende der Stadt. Wir setzten eine Annonce mit einem Tauschangebot in die Zeitung, und wir hatten Glück. Eine alte Dame meldete sich, aber die hatte erst tausend Wünsche, wie ihre neue Wohnung sein sollte: Wasser rein, Gas raus, rosa Zimmerdecke mit Wolkenmuster. Damals haben wir gelernt, wie man Wände abwäscht, tapeziert, einen Ofen »kehrt« (Deckkacheln abmachen, eimerweise Asche herauskratzen, Kacheln mit Lehmpampe wieder aufkleben). Dann war noch unsere ertauschte Wohnung herzurichten, und wir konnten endlich einziehen, mit unserem ersten Kind, das inzwischen geboren war.

Das Haus, in dem wir jetzt wohnen würden, lag hoch oben an einem Hang. 82 Treppenstufen führten von der Straße hinauf, für den Transport der Kohlen zum Heizen waren neben der Treppe Schienen verlegt, auf denen eine kleine Lore hochgezogen werden konnte.

Wir bewohnten zwei Zimmer à elf Quadratmeter, dazu gehörte eine kleine Küche, zum Kohlenkeller ging es von der Küche aus vier Stufen nach oben (!), wir Eltern schliefen in einer bunker-ähnlichen schmalen Kammer, die 1,20 breit und 3 Meter lang war, in einem Doppelstockbett.

Wir wohnten »Souterrain«, also etwas unterirdisch, was aber auch bequem war. Der Garten befand sich auf gleicher Höhe wie unsere Fensterbretter, und unser Töchterchen konnte gleich zum Küchenfenster hinausgereicht werden.

Die Zimmerdecken hatten ein interessantes Muster, das wir lange für Stuckkunst oder so was hielten. Kleine Kreise von zwei Zentimetern Durchmesser waren da einer neben dem anderen eingeprägt, das Muster ging gleichmäßig über die ganze Decke. Später erfuhren wir von der Vormieterin, wie das zustande gekommen war. In der Wohnung über ihr wohnte eine Familie mit Kindern, bei denen es manchmal turbulent zuging. Das Trippeln und Hopsen wurde eine Etage tiefer als nervig empfunden, und so kam der Besenstiel zum Einsatz, mit dem durch heftige Stöße nach oben Signale gegeben wurden, einprägsam Abdruck um Abdruck.

Wir hatten endlich was eigenes und fanden's gut so und kauften uns einen großen Kleiderschrank. Die Windeln wurden auf dem Küchenherd in einem sehr voluminösen Topf gekocht. Meine Frau schrieb, während die Tochter zwischen ihren Beinen herumkroch, Diktate eines Röntgenarztes ab – vom Tonband ins Schreibmaschinen-Protokoll. Und weil's so schön war und wir so alternativ waren, nahmen wir einige Wochen später noch eine junge Frau mit Kind auf, die zu Hause »rausgeflogen« war.

Unterweltfestspiele
Es war 1973 in den Tagen der »Weltfestspiele der Jugend und Studenten« in Berlin. Ich fuhr U-Bahn. Plötzlich blieb der Zug auf freier Strecke stehen, irgendwo unter den Straßen Ostberlins. Das Licht im Wagen erlosch. Zuerst gab es den üblichen Tumult, Kreischen, Grölen – die Festivaljugend

war unter sich. Dann deutete einer auf das Fenster. Alle starrten auf das Bild, das langsam aus dem Dunkel hervortrat. Man blickte in einen stillgelegten U-Bahn-Schacht. Der Tunnel war von matten Glühlampen spärlich erleuchtet. Und dort saßen überall Uniformierte, mit Stahlhelm, schwer bewaffnet, rauchten oder dösten vor sich hin. Dann ging das Licht im Waggon wieder an. Die Fahrt ging weiter, der Spuk war vorbei.

ABC des Lebens
An einem Wintertag Anfang des Jahres 1971 betrat ich eine kleine Baracke, traf dort auf etwa zwanzig doch recht abenteuerliche Gestalten, die auf Tischen und alten Polstermöbeln hockten, und wir diskutierten und diskutierten ... Hier in der Weinbergskirche im Dresdner Norden begann 1970 die erste »offene Jugendarbeit« in der Region, angestoßen von Pfarrer Frieder Burkhardt. »Weinberg« wurde Treffpunkt und Heimat. Was ich hier erlebte, hat mich geprägt, hat mich verändert, hat mich viele Jahre festgehalten.

Im Kirchengebäude, in der »Jugendbaracke« und in offenen Wohnungen begegneten sich – oft mehrmals in der Woche – junge Menschen auf der Suche nach gelungenem Leben, nach Orientierung, Ermutigung und Mitsprache. Sie kamen aus ganz unterschiedlichen sozialen Milieus, aber eines hatten sie gemeinsam: Sie wollten das »ABC des Lebens« buchstabieren, wollten nachdenken über den Sinn und das Ziel ihres eigenen Daseins, und sie wollten alternative Lebensentwürfe auch wirklich ausprobieren. (Da wurden nebenbei Pläne geschmiedet für die Gründung einer »Kommune« auf dem Land. Zum Test wurde erst einmal unser Trabant von drei Familien gemeinsam genutzt, was ganz gut klappte.)

Die Einladungen zu den wöchentlichen thematischen Veranstaltungen in der Kirche trugen die Überschrift: »Komm zur Besinnung«. Dort kam es zu intensiven Debatten über (antiautoritäre) Erziehung, zu Generationsfragen, über den Sinn und Unsinn des Soldat-Seins, über Gewalt und Protest und Freiheit. Musik war immer dabei – z. B. von Bob Dylan und Wolf Biermann – oder sie wurde auch selbst gemacht. Eigene Texte kamen zu Wort. Verbotene Bücher gingen von Hand zu Hand. Der Zustand der Umwelt in der DDR sorgte für Unruhe. In der Weinbergskirche fanden regelmäßig »Ökumenische Jugendgottesdienste« statt. Auch Nichtchristen, Menschen mit ganz unterschiedlichen Weltanschauungen, suchten hier Anschluss.

Der vormundschaftliche DDR-Staat fand unsere Treffen »feindlich-negativ«, und einige erlebten Ausgrenzung und brutale Willkür durch den politischen Machtapparat.

Ich begegnete im »Weinberg« auch Künstlern aus einem ganzen »Untergrund«-Netzwerk. Und ich lernte die »Tramper« kennen, die mit Schlafsack auf dem Rücken und ein paar Adressen in der Tasche unterwegs waren, einziges Ziel: per Anhalter zum nächsten Konzert »ihrer« Bluesband.

1973 schrieb ich einen Text für die Rockgruppe LIFT. Die Aufforderung »Komm doch mit hinüber, drüben spielt die Band ...« bezieht sich mit »hinüber« ganz nüchtern-konkret auf unsere »Weinbergs-Baracke« als Junge-Gemeinde-Treffpunkt, und mit der »Band« ist LIFT gemeint, denn die Gruppe nutzte die Baracke damals gerade als Probenraum:

»Komm doch einfach mit«

Macht ein Tag dich müde, weil dir nichts gelingt –
lass dich bloß nicht schaffen: hilf dir mit Musik,
die dich heiß macht, bis die Erde schwingt,
lässt dich einfach nicht mehr los, trägt dich fort,
immer weiter ... komm doch einfach mit!

Tief in deinen Träumen ein paar Melodien,
wenn es dich gepackt hat, kannst du nicht mehr flieh'n,
und der Rhythmus, der dein Leben treibt
lässt dich einfach nicht mehr los, trägt dich fort,
immer weiter ... komm doch einfach mit!

Komm doch mit hinüber, drüben spielt die Band,
und da ist ein Feuer, das dich fast verbrennt,
dieses Feuer, das dich weiter treibt,
lässt dich einfach nicht mehr los, trägt dich fort,
immer weiter ... komm doch einfach mit!

... dieses Feuer, das dich fast verbrennt,
lässt dich einfach nicht mehr los, trägt dich fort,
immer weiter ... komm doch einfach mit!

(Komp.: Franz Bartzsch, Text: Joachim Krause,
Rockgruppe LIFT mit Christiane Ufholz und Stephan Trepte, 1974;
36 Jahre später singt die halbe Ostrock-Community das Lied live
im Finale beim Gedenkkonzert für Franz Bartzsch 2010)

Feindberührung
Für den 12. November 1973 hatte mich ein Termin per Postkarte ereilt. Zur »Klärung eines Sachverhalts« sollte ich im VPKA Dresden (»Volkspolizeikreisamt«) erscheinen. Der Termin passte mir gar nicht. Die Geburt unseres zweiten Kindes stand unmittelbar bevor, ich hatte unterwegs einen neuen Kinderwagen erworben, unten drin im Wagen-Korb lag ein gerollter Bettvorleger. So ausgerüstet meldete ich mich im Polizeigebäude an der Information. Meine Frage nach »Zimmer 211« löste merkwürdige Reaktionen aus: hektische Betriebsamkeit, Getuschel, klappende Türen, Telefongespräche. Dann endlich der Verweis, nach oben zu gehen. Dort saß ich wieder lange vor einer verschlossenen Tür. Irgendwann wurde ich hineingebeten. Halbdunkel, zwei Herren in Zivil, Ausweise vor meiner Nase. Stasi. Panik. Aber zunächst waren sie ganz freundlich. Fragten nach Persönlichem, nach Beruf und Freunden. Ich habe doch gute Kontakte zu Musikern aus der Rock-Szene. Es wurde härter, bedrohlicher: Ich wüsste doch sicher, dass da mit den Steuern getrickst würde, dass die Verstärkertechnik illegal aus dem Westen käme. Und um klar zu beweisen, dass ich damit nichts zu tun habe, sollte ich doch mal erzählen, was ich denn so wüsste ... Ich wusste zwar einiges, wollte jedoch nichts gegen meine Kumpels sagen, wollte aber auch die Herren nicht unnötig verärgern. Eiertanz, Angstschweiß. Ein zarter Hinweis, dass ich irgendwann nach Hause müsste, wurde abschlägig beschieden: Dieses Gespräch würde so lange gehen, wie es eben gehen müsste. Passendes Detail: Die Tür hatte innen und außen keine Klinke. Die Zahl der Herren nahm zu, sie waren austauschbar, betraten und verließen nach irgendeiner Regie das Zimmer, waren mal verständnisvoll und dann mal sehr aufgeregt und in Droh-Pose. Was ich für Freunde hätte. Ob ich denn dies und jenes von dem und jenem wüsste. Dass ich natürlich nicht verdächtig wäre, aber dass ich vielleicht was aufklären könnte, eigentlich gehe es durchweg um Verstehen und Helfen ... Konzentrationsübung. Fluchtreflexe. Ich wollte hier raus. Aber da war diese Tür ohne Klinke. Nach zwei oder drei Stunden war endlich Schluss. Vorläufig, wie sie sagten. Im Aufstehen wurde mir ein Zettel vor die Nase gelegt, den ich doch bitte unterschreiben möge. Reine Routine: dass das heute Gefragte und Gesagte unter uns bliebe und dass ich bereit sei, das Gespräch demnächst fortzuführen. Fast hätte ich unterschrieben, nur um hier endlich wegzukommen. Da ging im Hinterkopf eine rote Lampe an. Nein, sagte ich, mit meiner Frau werde ich drüber reden. Die Herren waren böse, aber gerade ihre Unsicherheit bestärkte mich. Der Zettel blieb ohne Unterschrift.

Zu Hause folgten stundenlange Gespräche, mit meiner Frau, mit Freunden, zu denen ich befragt worden war. Schlaflose Nächte. Dann schrieb ich einen Brief, Eilsendung und Einschreiben, mangels Namenskenntnis adressiert an »Zimmer 211« im VPKA Dresden. Und darin sagte ich endgültig NEIN: Konspirative Gespräche mit mir allein und über Dritte würde es nicht geben.

Erst zwanzig Jahre später ist mir richtig klar geworden, dass diese kleine Unterschrift mein Leben vielleicht völlig verändert hätte. Meine Stasiakte beginnt mit einem dünnen Hefter, in dem ich als »IM-Vorlauf«, also als potenzieller Mitarbeiter der »Organe« geführt werde. Dort ist zusammen mit dem Protokoll zu dem geschilderten Gespräch auch ordentlich ein Umschlag abgeheftet worden, auf den das Wort »Verpflichtung« gestempelt ist. Und dieser Umschlag ist leer geblieben. Damit war mein potenzielles »IM«-Dasein schlagartig beendet. Es gab im Denken der Stasi aber nur Freund oder Feind, und so wurde im Abschlussprotokoll festgelegt, »die Bearbeitung des Kandidaten in einem IM-Vorlauf einzustellen und ihn unter Operative Personenkontrolle zu nehmen.« In den nächsten 17 Jahren war ich dann »Staatsfeind«, erfreute mich intensiver »Zuwendung«, und die von der Stasi erstellten Konzeptionen für meine »Betreuung« sahen nun vor, die Menschen und die Gruppierungen, mit denen ich zusammenlebte, »systematisch zu zersetzen und zu liquidieren«.

Auch ich zog konkrete Schlussfolgerungen aus dem Stasi-»Gespräch«, in das ich doch ziemlich unvorbereitet geschlittert war. Ich sprach in der Folgezeit mit Freundinnen und Freunden, die schon ähnliche Erfahrungen auf Ämtern oder mit überraschenden Besuchern zu Hause gemacht hatten, und bot für die Jugendlichen in unserer offenen kirchlichen Jugendarbeit regelrechte Schulungs- und Trainingsabende an: Wie verhalte ich mich, wenn ich eine Vorladung erhalte, wenn unerwartet fremder Besuch klingelt? Was habe ich für Rechte, wie kann ich »die« ärgern, verunsichern?

Eine Spur solcher Erfahrungen findet sich in diesen Jahren auch in meinen Liedtexten wieder, aufmüpfige Nachdenklichkeit:

»Über mich«

Hab viel gesehen,
manches nicht verstanden,
doch weiß ich täglich mehr.

Stand an vielen Türen,
hatte keinen Mut,
doch ging ich wieder hin.

Hab viel versprochen,
manches nicht gehalten,
jetzt denk ich vor dem Wort.

Hab viel genommen,
wenig nur gegeben,
doch fing ich grad erst an.

Kannte viele Worte,
die andre gerne hören,
jetzt sag ich, wer ich bin.

Hab viel begonnen,
manches nicht beendet,
doch ich hab was getan.

(Komp.: Herbert Dreilich, Text: Joachim Krause,
Rock-Gruppe PANTA RHEI – wenig später KARAT,
Gesang Herbert Dreilich, 1973;
der Text dieses Liedes wurde 2012
im Buch »Lebenswege« abgedruckt, herausgegeben vom
Humanistischen Verband Deutschlands zur Jugendweihe)

»Wenn«

*Wenn ein Tag gut war,
muss etwas neu sein danach.*

*Wenn du allein stehst,
darf deine Meinung nicht sterben.*

*Auch wenn du laut sprichst,
wird eine Lüge nicht wahr.*

*Wenn jemand NEIN sagt,
den frage nach seinem Plan.*

*Wenn etwas lang schon geht,
kannst du es trotzdem noch ändern.*

*Wenn du verstehen willst,
dann lerne Fragen zu stellen.*

*Wenn du nur redest,
bekommt dein Traum kein Gesicht.*

(Komp. Jürgen Heinrich, Text Joachim Krause,
Rockgruppe LIFT mit Christiane Ufholz, 1973)

Biermann-Abend im Weinberg

Die DDR hatte Wolf Biermann ausgewiesen. Einige Tage später trafen wir uns wie jede Woche in der »offenen Jugendarbeit« der Weinbergs-Kirchgemeinde. Die Stimmung war aufgeheizt, Wut und Verzweiflung, hundert junge Leute, es kochte.

Zunächst begann der Abend ganz banal. Ich war diesmal zuständig für die Verpflegung der Massen, hatte aber vergessen, Brot zu holen. Ich stürzte also hektisch im Trabbi los und fuhr oder parkte etwas auffällig. Eine

Polizeistreife »griff« mich, aber als ich ihnen erklärte, warum ich etwas konfus sei, nämlich weil hundert Leute darauf warteten, dass ich was zu essen brächte, zeigten sie Verständnis und wünschten mir sogar gute Fahrt. Ich kam mit dem Brot zurück und erzählte zum Start der Veranstaltung von meiner entspannten Begegnung mit der Staatsmacht – das entkrampfte die Situation etwas.

Dann las Jojo eine – in der DDR gedruckte – Geschichte vor, die Parabel vom Hahn und dem Regenbogen: Immer wenn dieser wundersame Hahn krähte, erschien ein Regenbogen am Himmel, und wenn die Menschen dann darunter hindurchgingen, konnten die, die reinen Herzens waren oder verliebt, fliegen, die anderen aber, die machtbesessen oder grausam oder verlogen waren, die mussten fortan auf allen Vieren gehen. So haben wir an diesem bösen Abend doch lachen können. Die Stasi hatte mit dem Schlimmsten gerechnet. Im Umfeld der Kirche waren Beobachter postiert und im weiteren Umkreis wurden alle Fahrzeuge erfasst. Meiner Stasiakte habe ich später entnommen, dass so alle Autobesitzer auf unserer Straße vorübergehend ins Fahndungsraster gerieten.

(Wolf Biermann hat erst 2010 davon berichtet, dass er fünf Jahre nach seiner Ausweisung doch noch einmal in die DDR einreisen durfte. Sein bester Freund Robert Havemann, ebenfalls ein schlimmer Staatsfeind, lag im Sterben. Biermann schrieb an Erich Honecker, ob er »rein« dürfe, um Abschied zu nehmen. Völlig überraschend genehmigte Honecker den Besuch, und Biermann war für einige Tage wieder hier – oder drüben?)

Erpresstes Bekenntnis
Am 16. November 1976 war die Ausbürgerung Biermanns offiziell bekannt gemacht worden. Zwei Tage später ging ein Brief an den Staatsratsvorsitzenden Erich Honecker. Als Absender stand auf dem Umschlag: Gruppe LIFT, Weinbergstraße 53, 8023 Dresden. Das war eigentlich meine Privat-Adresse, aber ich machte damals auch die Öffentlichkeitsarbeit für die Gruppe LIFT und erledigte ihre Autogrammpost. Alles schien also äußerlich korrekt zu sein – aber drinnen wurde es brandgefährlich. Denn der Protest-Brief nahm zwar die Ausbürgerung Biermanns zum Anlass, holte aber zu einem politisch-kritischen Rundumschlag aus: die DDR gebrauche hier faschistische Methoden, ihr »Sozialismus« sei noch sehr verbesserungswürdig, die Wirtschaft hinke dem Westen enorm hinterher, Arbeiter seien schlecht bezahlt, die »hohen Leute« dagegen könnten sich alles leis-

ten, mit den Selbstschussanlagen an der Grenze führe die Regierung Krieg gegen die eigene Bevölkerung ... Und darunter standen Unterschriften der sechs Musiker von LIFT und von mir.

Gerhard Zachar wurde von der Stasi am 16.12.1976 von dem Brief in Kenntnis gesetzt. Drohkulisse, Entsetzen, Bemühen um Schadensbegrenzung. Eigentlich war allen, auch den damit befassten Stasi-Leuten, von Anfang an klar, dass der Brief fingiert und die Unterschriften gefälscht waren. Aber für die »Organe« bot sich dadurch ein Anlass, nun genüsslich in ganz unterschiedlichen Richtungen zu wühlen. Zwei Jahre lang (!) beschäftigten sich ab jetzt 1 Leutnant, 1 Oberleutnant, 2 Hauptleute, 1 Major, 4 Oberstleutnante und 1 Oberst der Stasi mit dem flugs angelegten »Operativen Vorgang« zu dem ominösen Brief – im OV »Protest«.

Zunächst wurden für insgesamt 14 verdächtige Personen Proben ihrer Handschriften und Druckproben der für sie jeweils zugänglichen Schreibmaschinen eingesammelt, kriminalistisch ausgewertet (und vorsorglich für den Fall späterer »Auffälligkeiten« archiviert). Später wurde »die Überprüfung auf weitere operativ interessante Personen ausgedehnt«. Sogar die an die Gruppe LIFT gerichtete Autogrammpost wurde systematisch nach dem möglichen »Täter« durchforstet!

Der Leiter der Gruppe LIFT war unmittelbar nach der Biermann-Ausbürgerung von einem Mitarbeiter des Komitees für Unterhaltungskunst aus Berlin angerufen und zu einer Stellungnahme zugunsten der DDR-Regierung aufgefordert worden, Gerhard hatte aber entschieden, dass sich die Band weder Pro noch Contra positionieren könne und werde, da man Biermann kaum kenne und zu wenige Informationen zu seinen Texten und seinen »Vergehen« habe. Dann aber erhöhte sich der Druck, die komplette Band musste zu einem langen Gespräch beim Berliner Komitee antanzen, und es gab eine Vorladung zum Kultursekretär bei der Bezirksleitung der SED in Dresden – am Schluss unterschrieben alle Mitglieder der Gruppe LIFT (einschließlich der drei Techniker) einen Brief, in dem u.a. zu lesen war: »Nach eingehender Information über Wolf Biermann bekennt sich hiermit die Gruppe LIFT einmütig zur Maßnahme der Regierung der DDR gegen Biermann im November 76«. Abgehakt. So hatte man doch noch die erwünschte Stellungnahme von LIFT in der Biermann-Affäre erwirkt!

Meine Unterschrift fehlte. Ich war zu dem entscheidenden Gesprächstermin verhindert gewesen, und später sah ich keine Veranlassung, mich dem erpressten Votum anzuschließen. Die Stasi hat in dieser Angelegenheit nie direkten Kontakt zu mir aufgenommen, obwohl ich ja formal als der eigentliche Absender des Briefes gelten musste. Aber sie hatte mich natürlich schnell im Visier: »Als eine neue Verdachtsrichtung wird der ›Pressereferent‹ der Gruppe LIFT, Joachim Krause, bearbeitet, der im OV ›Theologe‹ bereits als Hauptverdächtiger angefallen ist.« Es ging also jetzt um ein ganz anderes »Problem«, um die offene Jugendarbeit in der Weinbergskirche! Gleich mehrere Stasi-IM wurden losgeschickt und schrieben auftragsgemäß Berichte über mein Verhalten und Befinden. Diesen Druck habe ich durchaus gespürt. Gerhard Zachar, der durch eine Erpressung zum IM geworden war (er hatte westliche Verstärkertechnik illegal über die Westberliner Grenze schmuggeln lassen), hat übrigens die ganze Zeit hindurch mir gegenüber mit offenen Karten gespielt und mich immer aktuell zum Stand der Dinge informiert.

Erst im Herbst 1978 schloss die Stasi die Aktendeckel: »Der Täter konnte nicht ermittelt werden.« Vielleicht wars ja eine Täterin?

Zensierte Regentropfen
Es war ein trüber Tag. Nicht nur, weil es regnete, auch in meinem Inneren sah es grau aus. Ich hatte das Fenster geöffnet, starrte hinaus in das Geniesel. Wie immer lag mein Notizbuch in Reichweite, in dem ich alle Bilder und Wortspiele aufschrieb, aus denen vielleicht mal ein Text für ein Lied werden könnte. Satzfetzen kamen geflogen, und bald stand eine Text-Skizze im Heft. Ich hatte versucht, meine momentane Befindlichkeit in Naturbilder zu fassen. Gerhard Zachar gefielen die Zeilen, er machte eine Melodie dazu, und nun hätte das Lied eigentlich im Tonstudio produziert werden können. Aber da gab es noch das »Lektorat«: In Berlin saß ein Zensurgremium für die »Unterhaltungskunst«. Die Leute dort mussten alle neuen Rockmusiktitel erst einmal begutachten und dann – vielleicht – freigeben. Da bekamen wir manchmal zwar auch ganz hilfreiche handwerkliche Hinweise. Aber als Gerhard Zachar unseren »Regentag« vorstellte, entdeckte die Zensur schlimme Dinge in meinem Text. Da stand z. B. der mehrdeutige (?) Satz: »Weit drüben sind Gesichter – grau hinter grauem Glas«– das hatte ich einfach so im Haus gegenüber gesehen. Aber »drüben« war eben in der DDR eine politische Metapher für den »Westen«, konnte also in einem sozialistischen Text nicht stehen bleiben! Und dann entdeckte das Kontrollorgan gar noch die Worte »Durch Mauern aus Gedanken kommt Licht von irgendwo …«. Bei »Mauer« war natürlich sofort an die Mauer in Berlin zu denken, und von daher sollte gar noch Licht kommen? Das ging gar nicht! Text abgelehnt.

Gerhard Zachar berichtete mir zerknirscht von der zweistündigen Diskussion um den harmlosen Text. Und weil ich mir diesmal wirklich nichts Hintergründiges dabei gedacht hatte, erfolgten zwei klitzekleine sprachliche Korrekturen – und nun durfte das Lied auf Schallplatte produziert werden.

»Regentag«

*Ein Meer aus grauen Strahlen
stürzt auf den Tag herab.*

*Ich sehe Perlen fallen
aus Bäumen zum Asphalt.*

*Ein Blatt weht durch die Straßen
bis es in Tränen stirbt.*

*Ich ahne nur Gesichter
grau hinter grauem Glas.*

*Im Wind zerfließen Haare
zu einem Regentraum.*

*Ich höre Worte schweben
durch seidenes Papier.*

*Durch Nebel aus Gedanken
kommt Licht von irgendwo:*

Unendlich weit die Sonne!

(Komp.: Gerhard Zachar, Text: Joachim Krause
Produktion: LIFT mit Christiane Ufholz 1973)

Ein paar Jahre später, 1978, schrieb der neue Sänger der Rockgruppe LIFT, Henry Pacholski, den Text für das Lied »Nach Süden«. Vordergründig ging es darin um die alte kindliche Sehnsucht, fliegen zu können und grenzenlose Freiheit zu erfahren. Ich meine aber, dass jeder Hörer in der DDR die verschlüsselte Sprache in Pacholskis Text verstand. Wie bei jedem Zugvogel im Herbst richtete sich die Sehnsucht »nach Süden« – aber um nur 90 Grad weiter an der Windrose gedreht, war damit »nach Westen« angesagt, und dorthin wollten schon in den 1970er Jahren viele junge Leute »fliegen«. Wenn man das »g« gegen ein »h« austauscht, wird der Bezug noch deutlicher. Und wenn einem dann »hinter dem Hügel« – also außerhalb der Sicht- und Reichweite neugieriger »Staats-Organe« – Flügel wachsen, um »vor dem Winter abzuhau'n«, das heißt der Kälte des erstarrten DDR-Systems zu entkommen (»abhauen« war eine gängige Vokabel für »Republikflucht«), dann lockte im Vogelflug die große Freiheit. Ich finde diesen Text genial in seiner Unangreifbarkeit. Die Zensurbehörde war völlig machtlos – sie konnte gegen Kinder-Träume vom Fliegen und gegen die Himmelsrichtung Süden offenbar argumentativ nichts einwenden!

Refrain: »Nach Süden, nach Süden
wollte ich fliegen,
das war mein allerschönster Traum.
Hinter dem Hügel
wuchsen mir Flügel,
um vor dem Winter abzuhau'n,
abzuhau'n!«

(Aus dem Titel »Nach Süden«, Rockgruppe LIFT 1979,
Komp.: Wolfgang Scheffler, Text: Henry Pacholski)

Alternative Konzepte?
Unser Nachdenken über alternative Gesellschaftskonzeptionen war intensiv und nahm konkretere Gestalt an. Ende der 1970er Jahre habe ich an einem Manuskript geschrieben mit dem Titel: »Die andere Hälfte«. Da wollte ich aufzeigen, was diesem Sozialismus fehlte, die Kluft deutlich machen zwischen dem schönen Anspruch und der ganz anderen Wirklichkeit unseres Alltags. Ich wollte das System DDR messen an seinen eigenen hohen

Zielvorgaben. Ich habe Rosa Luxemburg, auch Marx und Engels gelesen – und mit deren Zitaten argumentieren gelernt.

Das unfertige Manuskript ist dann aber leider irgendwann mit in den Ofen geraten, als wieder einmal jemand verhaftet wurde und die Wohnung »sauber« sein musste.

Zeltplatzleben
Mein Freund Bernd hatte den Ehrgeiz, zum Zelten praktisch ohne Mobiliar anzureisen und alles selbst zu bauen. In den ersten Tagen nach der Ankunft saß die Familie noch auf dem Fußboden, Bernd war ständig unterwegs, kam mit Ästen aus dem Wald oder mit Brettern vom Strand und fertigte daraus Regale und Kisten und Hängematten und ähnlich nützliche Dinge. Eines Tages entdeckte er einen schönen festen Draht, der im Wald herumlag, rollte ihn auf, und als der Draht kein Ende nahm, kniff er ihn einfach mit der Zange ab. Ein paar Stunden später entstand große Aufregung auf dem Zeltplatz, Grenzsoldaten bevölkerten den Wald. Bernds Basteldraht war das Telefonkabel der Grenztruppen der DDR gewesen ...

Zu unserem Zeltplatz-Freundeskreis gehörten eine Anzahl sangesfreudiger und instrumenten-kundiger Mitmenschen. Wir wurden gefragt, ob wir nicht ein Konzert für Urlauber in der Kirche von Altenkirchen ausgestalten könnten, und wir beschlossen, mit 8 Leuten vierstimmig zu singen. Das bedeutete aber erst einmal üben. Zu den Proben gingen wir abseits vom Zeltplatz ein Stück in den Wald. Die Gerüchteküche meinte, als im Fichtendickicht Schütz-Choräle erklangen, da sei jetzt wohl eine »Sekte« auf dem Platz. Ein paar Tage später sangen wir unser Programm in der Kirche. Zur Verabschiedung baten wir nicht um Geld, sondern schilderten dem andächtigen Publikum unsere Not: Wir brauchten auf dem Zeltplatz Zwiebeln zum Kochen, aber die waren gerade nirgendwo zu kriegen – wenn jemand solche hätte, möge er die Gabe in der Sakristei der Kirche hinterlegen. Ein paar Tage später ward unser Wunsch tatsächlich erfüllt.

Ein Doktor der Theologie aus Berlin »bewohnte« die Strandburg neben uns. Er hatte Kinder, die mit unseren Kindern spielten, und so hockten wir öfter zusammen. Er hatte auch eine Schwiegermutter, und die betrieb einen privaten Fischladen mit Räucherei in Saßnitz. Frischfisch war eigentlich auch an der Ostsee »Bückware«. Solche Dinge gab's nur, wenn die Verkäuferin sich hinter der Ladentafel bückte und für besondere Kunden begehrte Raritäten »fand«. Und gar Aale galten als längst verschollene sagenhafte Fischart ... Aber die Schwiegermutter hatte das alles, der Doktor holte mit dem Trabbi eine Ladung, und dann brutzelten in mehreren Pfannen Dutzende (!) Aale, dazu gab's noch panierte Schollen. Wir spendierten den Rotwein zum Menue und revanchierten uns, indem wir unsere Westbücher als Urlaubslektüre verliehen.

Verbotene Welten
Es war ein nieseliger Abend in Leipzig. Mein Freund H. sagte nur: Komm mal mit. Wir stiegen in sein Auto. Verschlungene Wege durch die Stadt, plötzliches Abbiegen, Umwege, Blicke in den Rückspiegel, ob uns jemand folgte. Mir wurde zunehmend mulmig zumute. Dann hielten wir auf einer kaum beleuchteten Straße, betraten ein verfallenes Haus, H. klopfte merkwürdige Sequenzen – ein offenbar vereinbartes Signal, auf das hin sich die Tür auftat.

Drinnen standen einige Leute herum, die ich nicht kannte und die auch mich misstrauisch musterten. Aber dann wurde es interessant. In mehreren Räumen lagen – auf Tischen und Regalen ausgebreitet – Bücher. West-Bücher! Begehrtes und Verbotenes, was ich sonst nur aus Katalogen oder aus Gesprächen kannte, Politisches und Philosophisches und Umwelt und Wirtschaft und Psychologie – hier lag das alles zum Anfassen und Blättern bereit. Wer Westgeld bei sich hatte, konnte sogar gleich zufassen und kaufen und mitnehmen.

Das Leseglück wurde jäh durch einen Zwischenfall unterbrochen. Es klopfte erneut an der Tür, aber es war wohl nicht der vereinbarte Code, denn alle erstarrten. Erst der Versuch, das Klopfen mit Schweigen zu ignorieren, aber nach wiederholtem Pochen ging doch jemand zur Tür. Inzwischen hatten wir uns alle darauf eingestellt, dass gleich die Staatsmacht erscheinen würde, Knastgedanken. Aber es war dann doch ein vertrautes Gesicht, der Neuankömmling hatte sich nur beim Klopfsignal verzählt ...

Frechheit siegt
Harald war in Ungarn gewesen, hatte Bücher gekauft, Westbücher. Einen ganzen Stapel hatte er auf der Rückfahrt im Zug bei sich, im Jackenfutter, in der Unterwäsche versteckt. Aber an der Grenze zwischen der ČSSR und der DDR in Děčín war Schluss. Bei der Kontrolle wurde die »Feindliteratur« entdeckt und »sichergestellt«. Der Verlust schmerzte. Ein paar Wochen später saß er mit seiner Frau bei uns in der Wohnung – und wir machten böse Pläne. Die Grenzer hatten ihm mit deutscher Gründlichkeit eine Quittung ausgehändigt, auf der stand, dass »die Einfuhr der Bücher in die DDR nicht

gestattet sei«, sie lagen aber noch dort unter Verschluss, waren theoretisch weiter sein Eigentum. Wir wollten nun versuchen, die Bücher doch noch irgendwie rüber zu kriegen. Wir würden noch einmal an die Grenze fahren. H. wollte sich dort seine Bücher abholen und in Richtung Tschechien weiterfahren. Dann aber würden wir am nächsten Bahnhof aussteigen und über die »grüne«, damals unbewachte, Grenze durch die Sächsische Schweiz in die DDR zurückwandern.

Nun wurde schon über Zugfahrpläne und das Reagieren auf unangenehme Eventualitäten gesprochen. Unsere Frauen waren dagegen, aber die Abenteuerlust siegte, und dann saßen wir im Zug nach Děčin. Wir fuhren getrennt, taten so, als ob wir uns nicht kannten. H. ging am Grenzkontrollpunkt zielstrebig ins Büro, ich stand mit Bauchschmerzen auf dem Bahnsteig und überlegte, was in welchem Fall nun zu tun sei. Da aber kam H. schon wieder heraus, hatte eine schwere Tüte in der Hand und lief – Konspiration hin oder her – direkt auf mich zu. Wir könnten mit dem nächsten Zug nach Dresden zurückfahren, sagte er. Dem Zollbeamten drinnen war so etwas noch nie vorgekommen. Er hatte, als H. seine Quittung vorlegte und die Aushändigung »seiner« Bücher verlangte, diese nach kurzer Zeit im Nachbarzimmer gefunden. Er fragte, was H. nun tun werde. Als dieser sagte, dass er die verdächtigen Gegenstände wieder nach der ČSR ausführen werde, meinte der Grenzer nur trocken, das könne er machen, wie er wolle, ihm sei es zu blöd, das nun vielleicht auch noch zu kontrollieren, von ihm aus könne er die Bücher auch mit nach Hause nehmen ...

So etwas haben wir uns viel zu selten getraut.

Ein potenzieller Brandstifter
Das Institut, an dem ich arbeitete, lag am Stadtrand. Genauer war es eine ehemalige Wohnbaracke, in der wir nun forschten. Wir hatten moderne Chemie-Labors, eine hochkarätige Spezial-Bibliothek, mehrere Werkstätten, ein Fotolabor, und es gab nette Kollegen. Eine meiner Spezialaufgaben im »Kollektiv der sozialistischen Arbeit« war es, zu Geburtstagfeiern mit dem Auto zur Arbeit zu kommen, unterwegs beim Bäcker in Weißig anzuhalten und eine Quarksahnetorte zu kaufen. Die musste ich dann – je nach gerade vorhandener Zahl feierwütiger Kollegen – ganz gerecht in exakt gleichgroße Stücke zu zerteilen, was bei 7 oder 11 gar nicht so einfach ist. In der Weihnachtszeit schleppte ich auch schon mal meinen Plattenspieler mit auf Arbeit und wir stellten uns gegenseitig unsere Lieblingsplatten vor. Solche Sorgen also hatten wir manchmal.

Eines Morgens fuhr ich mit dem Bus zur Arbeit, aber schon beim Näherkommen war klar: Irgendetwas stimmte nicht. Auf den zweiten Blick Erschrecken: Dort, wo gestern noch mein Arbeitsplatz gewesen war, standen rauchende Trümmer. Ein Teil unserer Baracke war völlig abgebrannt, auch mein Zimmer existierte nicht mehr. Feuerwehrleute räumten ihr Gerät ab. Einige Kollegen standen versteinert in Gruppen zusammen, andere stürzten hektisch herum. Da kam ein Abteilungsleiter auf uns zu und sprach mich gezielt an – man wolle mich als ersten befragen. In einem provisorisch eingerichteten Untersuchungsraum saßen einige mir völlig fremde Menschen – ich rate mal: Feuerwehrfachleute und Stasi –, und nun wurde ich hochnotpeinlich ausgeforscht, was ich gestern als Letztes getan, wie ich meinen Arbeitsplatz verlassen, was ich in der letzten Nacht getrieben habe usw. Es war schon ziemlich beklemmend und unheimlich. Und es sah nicht gut aus: Die Experten hatten zum Beispiel durch Untersuchung der zusammengeschmolzenen Reste aus meinem Labor herausgefunden, dass ich den Hahn an der Propangasflasche nicht zugedreht hatte; aus Faulheit sperrte ich immer nur die Gasleitung am Bunsenbrenner ab. Aber ich durfte erst einmal gehen, andere Kollegen wurden befragt.

Zum Glück war einige Stunden später klar, dass es »nur« eine normale Brandstiftung war – ein institutsfremder Mensch hatte aus Liebeskummer gezündelt – und dass kein politischer oder staatsfeindlicher Hintergrund bestand. Gerade dieser Verdacht aber, erfuhr ich später, hatte mir die »Ehre« eingebracht, als Hauptverdächtiger in Frage zu kommen. Ich lag politisch etwas quer, und das machte mich eben auch zu einem potenziellen Brandstifter.

Wunderbare Jahre
Ein schmales Büchlein machte heimlich die Runde. Rainer Kunze, einer »von hier«, einer von uns, hatte Geschichten niedergeschrieben, über Erlebnisse in der DDR, und sie gingen uns nahe, weil sie unsere eigenen Erfahrungen widerspiegelten. Der Band »Die wunderbaren Jahre« war leider nur im »Westen« erschienen – dem DDR-System galten die Erzählungen als staatsgefährdend und waren konsequenterweise verboten. Aber wie konnten wir dennoch erreichen, dass mehr Menschen »hier« so etwas zu lesen bekamen, für die die Geschichten doch eigentlich bestimmt waren?

In dem staatlichen Institut, in dem ich damals arbeitete, gab es ein ORMIG-Gerät, eine Maschine für einfache Vervielfältigungen. Das Gerät war natürlich nur »für den Dienstgebrauch« zugelassen und stand folglich unter

Verschluss und Genehmigungspflicht. Aber wir wussten, wo es stand und wie es funktionierte. Ich zog zwei Kolleginnen ins Vertrauen, und sie waren bereit, jeweils einen Teil des Buchtextes von Rainer Kunze abzuschreiben. Sie wussten, dass das strafbar war und dass sie ihren Job riskierten – und sie taten es dennoch –, und so konnten einige Wochen später einige Dutzend Leute das begehrte Buch in einer kleinen »Sonderausgabe« nutzen.

Unser Instituts-Fotograf hat für mich Fotokopien ganzer Bücher angefertigt (z. B. »Die Grenzen des Wachstums« des Club of Rome), die dann im Kollegen-Kreis und anderswo in Dresden kursierten.

H. hatte ein Paket »importiert« mit 40 Exemplaren eines brisanten Buches: »Die Alternative« von Rudolf Bahro. Ich kaufte eins für mich. Mein Gruppenleiter im Institut, mit dem ich mich gut verstand, bekam etwas mit, fragte, ob er vielleicht auch ... Er hatte Westgeld, ich brauchte Kaffee. Also ging er in den Intershop und erwarb vier Pfund Kaffee, und dafür erhielt er »seinen« Bahro, der nun auch eine Wanderung durch viele Hände begann.

Ich habe viele Menschen gekannt, die überhaupt keine Widerstandskämpfer sein, sondern einfach nur in Ruhe hier leben wollten – und die trotzdem Mutiges taten. Solche Mit-Menschen zu haben, machte das Weiterleben in der DDR leichter – und den Gedanken an's Weggehen schwerer.

Erziehung – antiautoritär
Wir hatten Kinder. All unsere Freunde hatten Kinder. Wir hatten nach gemachten schlechten Erfahrungen das Gefühl, dass wir in der DDR-Gesellschaft ziemlich AUTORITÄR behandelt wurden. Darauf reagierten wir – es war die '68er Zeit, auch im Osten! – allergisch und waren alle etwas ANTI. Und da machten wir uns Gedanken, über Erziehung im Allgemeinen, über neue Lebensentwürfe: Wer war bereit, irgendwo auf dem Lande eine Kommune mit zu gründen?

Mit Heißhunger verschlangen wir die Bücher des britischen Reformpädagogen Alexander Sutherland Neill über sein Projekt »Summerhill«, über seine Erfahrungen mit »antiautoritärer Erziehung«, seine theoretischen Ansätze dazu. Neill hatte wichtige Anregungen für sein Erziehungskonzept in Hellerau erhalten, einem Stadtteil von Dresden, nur wenige Kilometer von uns entfernt. SO ungefähr konnte es aussehen! Mehr Loslassen, mehr Freiheit, mehr Offenheit – danach war uns doch auch zumute. Nicht immer vorschreiben, selber suchen lassen, auch um den Preis von Irrwegen. Begleiter sein, nicht Befehlshaber einer Marschkolonne.

Die Berichte in den Büchern machten beschwingt und mutig. Die Praxis zu Hause in unseren Wohnzimmern war etwas beschwerlicher. Die Kinder mussten nun nicht mehr zu einer festen Zeit ins Bett, sie durften auch mal auf dem Wohnzimmerteppich einschlafen, es war kein Problem, wenn sie Zucker aufs Schnitzel wollten. Was aber tun, wenn sie nach eins in der Nacht immer noch im Zimmer herumtobten, wenn sie den selbstgewünschten Essensmix nun gar nicht mochten ...?

So richtig ein Programm mit festeren Vorstellungen ist die Idee von der antiautoritären Erziehung für mich nie gewesen, eher ein flockiger, verlockender Traum, der einen die gewohnten Verkrustungen hinterfragen ließ.

In der alltäglichen Erziehungspraxis ging's bei uns bald wieder ziemlich »normal« zu.

Der tollwütige Maulwurf
Unsere Kinder spielten mit Nachbars Rangen gern in der »Drachenschlucht« gegenüber, einem kleinen Tal mit alten Bäumen und mancherlei interessantem Müll und Schmetterlingen und anderem Getier.

Eines Abends kam der Sohn nach Hause und erzählte, dass die Kinderschar am Nachmittag einen Maulwurf gefunden und mit ihm gespielt habe, er sei aber nun leider tot und man habe ihn feierlich begraben.

Meine Frau hatte aber am gleichen Tag in der Zeitung gelesen, dass in unserem Stadtgebiet bei Wildtieren die Tollwut ausgebrochen sei. Und so war Panik angesagt. Ein totes Tier, spielende Kinder ... Ein Anruf beim Veterinäramt ergab: Wenn das so ist, müssen Sie das Tier finden und zu uns bringen, nur mit einer Untersuchung können wir Tollwut ausschließen, sonst müssen alle Kinder. die mit dem Tier Kontakt hatten, geimpft werden, was bei Tollwut ziemlich langwierig und unangenehm ist. Nach einer schlaflos verbrachten Nacht, in der es auch noch pausenlos geregnet hatte, musste der Sohn die Mutter in die Drachenschlucht begleiten. Mit einiger Mühe wurde der Maulwurf tatsächlich gefunden, konnte untersucht werden, und es gab Entwarnung.

Ur-Ängste
Eine Freundin war bei uns zu Besuch, in Dresden, oben auf dem Hang. Dämmerlicht, Rotwein, das Gespräch plätscherte so dahin. Plötzlich war da etwas. Irgendwas stimmte nicht. Dann sahen wir, wie im Aquarium, das im Bücherschrank stand, das Wasser hin und her schwappte. Aus der benachbarten Küche kamen merkwürdige Geräusche. Ich ging hinüber und sah,

wie dort Gläser auf dem Tisch hin und her rollten. Wir alle wussten, obwohl wir das noch nie erlebt hatten: Das ist ein Erdbeben! Die Kinder wurden aus dem Bett gerissen, aber ehe wir die Treppe hinuntergehen konnten, war alles schon wieder vorbei. Der Puls raste noch, aber war das wirklich …? Am nächsten Tag stand es amtlich in der Zeitung, dass die Erde gebebt hatte, es war also doch nicht der Rotwein gewesen.

Bäumepflanzen als Provokation
Meine Dresdner Freunde aus der kirchlichen Umwelt-Szene sahen den Zustand der Umwelt in der DDR eigentlich sehr kritisch und standen auch dem Tun (oder Nichts-Tun, Nichts-tun-können?) der Ämter und Behörden ziemlich skeptisch gegenüber. Aber einer unserer Grundsätze hieß von Anfang an: »Wir wollen nicht nur meckern, sondern auch machen!« Unsere deutliche Kritik sollte ergänzt werden und dadurch auch glaubwürdiger sein, dass wir bereit waren, im eigenen Alltag nach unseren Einsichten zu leben, und auch nach außen hin »Zeichen zu setzen«.

Auf diesem Hintergrund entstanden mancherlei »Aktionen«, in denen wir unseren Protest in subtiler Form und konstruktiv vortrugen.

Da ging jemand von uns fröhlich zu dem Amt, das eigentlich für die Beräumung und Begrünung von Freiflächen im Stadtgebiet zuständig war. Dort hatte man aber weder Leute noch Geld, um etwas zu tun. Wir machten nun den Vorschlag, dass eine »Gruppe von Jugendlichen, die etwas für die Umwelt tun wollten«, bereit wäre, an einem Wochenende eine »Baumpflanzaktion« durchzuführen. Wir hätten uns auch schon eine Fläche ausgesucht, die wir gern begrünen würden (natürlich lagen solche Flächen möglichst an »öffentlichkeitswirksamen« Orten). Das Amt war überrascht. Wer konnte schon etwas gegen das Pflanzen von Bäumen haben, kostenlos erledigt noch dazu? Das Vorhaben wurde genehmigt, das Amt stellte Spaten und Pflanzgut und Gießkannen zur Verfügung. Und wir machten ein Event rund um das Schaufeln und Pflanzen. Unsere zahlreichen Kinder tobten auf der Wiese herum, es gab Picknick im Grünen, und in den Pausen sangen wir munter zur Gitarre. Da ergab sich manche Gelegenheit zu Gesprächen mit neugierigen Passanten, irgendwo hing ein aufklärend-einladendes Schild, dass hier eine »Kirchliche Baumpflanzaktion« stattfand, und dass es am Abend noch eine Informations-Veranstaltung zu Umweltfragen geben werde. Bei Sonnenuntergang waren alle müde, in Dresden war es etwas grüner geworden, und die Ämter versuchten, diese »Provokation« zu verstehen.

Ein Reis-Eintopf wird zur Legende: PLOW
Das befreundete Ehepaar Albani hatte eine Zeitlang in Moskau studiert. Und neben manchen anderen spannenden Erfahrungen brachten sie ein Kochrezept mit, das sie von einem Kollegen aus Usbekistan übernommen hatten. Eines Tages wurden wir eingeladen: Es gäbe PLOW (gesprochen »Ploff«). Nie gehört, aber neugierig machten wir uns auf den Weg. In der ganzen Wohnung waberten würzige Dämpfe. Später türmte sich auf dem Tisch auf einem großen Holzbrett ein Berg aus Reis, aus dem Möhren und Fleischstückchen hervorragten, und dessen Gipfel mit Zwiebelringen belegt war. Alle versammelten sich erwartungsvoll in enger Runde um den Tisch. Teller, Essbesteck? – Fehlanzeige. Wir lernten, dass in Moskau der Originalplow oft einfach auf einer »Prawda« (Zeitung) als Unterlage ausgebreitet worden war, und dass dieses Gericht stilvoll eben nur mit den Fingern gegessen würde. Zunächst etwas zögerlich begannen wir, uns in den heißen Reis-Berg hineinzuarbeiten. Klebrig, deftig, würzig, köstlich! – das war unsere Erstbegegnung mit einem Gericht, das in den Folgejahren im Freundeskreis zur Legende wurde.

Im Laufe der Zeit wurde das Originalrezept den Geschmackserwartungen von Mitteleuropäern sowie den Bedingungen und Möglichkeiten der DDR angepasst. Manche Gewürze mussten ersetzt werden. Von den zwei hierzulande angebotenen Reissorten erwies sich nur der »Brühreis« als geeignet. Der musste allerdings zuerst aus der Tüte geschüttet und ausgelesen werden (kleine Steinchen und Ratten-Köttel waren immer zu finden). Und dieser Reis brauchte manchmal eine Stunde, um weich zu werden! Frische Möhren gab's auch nicht immer – also wurde mit Gemüse aus dem Glas experimentiert. Um für einen PLOW an der Ostsee die nötigen Zwiebeln zu bekommen, haben wir einmal sogar die Besucher eines Chorkonzertes (das wir gestalteten) um Naturalspenden gebeten – mit Erfolg. Und was für eine Fleischqualität man erwischte, war immer auch ein Glücksspiel – manchmal haben wir heftig an den Sehnen und Schwarten alter Kühe herumgesäbelt.

Wenn man sich jetzt mit Freunden traf – zu Geburtstagen oder Kindstaufen –, immer öfter dampften PLOW-Berge auf den Tischen. PLOW gab's sogar am Arbeitsplatz: In dem Institut, in dem ich damals arbeitete, war es eigentlich Tradition, dass zu Geburtstagen in der Abteilung eine Torte »ausgegeben« wurde. Ich habe diese Regel durchbrochen, einmal in jedem Jahr die Küche okkupiert – und dann saßen eigentlich wohlerzogene Akademiker im Kreis, schnappten sich gegenseitig die besten Fleischbrocken vor der Nase weg und schleckten genüsslich die letzten Reiskörnchen von den Fingern.

Auch unter erschwerten Bedingungen war PLOW ein Muss. Zu unseren Zelturlauben an der Ostsee schleppten wir immer den DDR-typischen, für die PLOW-Bereitung bestens geeigneten Fünf-Liter-Schnellkochtopf (SKT) aus Aluminium mit. Es war nicht ganz einfach, quasi im Freien rund um den Campingkocher eine Großküche zu improvisieren, aber jede Woche einmal wurden vier oder fünf Campingtische in einer langen Reihe zusammengestellt, sauber abgewischt, die PLOW-Hügel wurden direkt auf der Tischplatte errichtet – und dann luden wir die ganze Nachbarschaft mit Kind und Kegel ein, und zwanzig und mehr Menschen saßen beim fröhlichen Palaver stundenlang beisammen. Ich habe inzwischen bestimmt hundert Mal PLOW gekocht, und dabei alle Extreme probiert. Als ich einmal zum Geburtstags-PLOW eingeladen hatte, konnte mein Freund Harald auf einer Dienstreise nur vormittags mal kurz vorbeikommen. Und da habe ich ihm zu Ehren eben extra einen »Ein-Mann-PLOW« zubereitet.

Und der größte PLOW, dessen Zubereitung ich zu verantworten hatte, wurde von mehr als hundert Menschen gegessen. Es war mein Abschiedsfest im Dresdner »Weinberg«. Da saßen ein Dutzend nette Helfer schon Stunden vor dem Mahl bei der Vorbereitung zusammen und »schnippelten« Gemüse. Ich erinnere mich an vier Eimer, gefüllt mit geschnittenen frischen Zwiebeln, an mehrere Kinderbadewannen mit Bergen geschnittener Möhren. Gekocht wurde parallel in zwei Küchen. Ein Freund wohnte auf der anderen Straßenseite, so war Blickkontakt von Küchenfenster zu Küchenfenster möglich, die Telefonleitung glühte, und manchmal wurde ein Bote auf die andere Seite geschickt, um Salz zu holen oder ein paar Tüten Reis zu bringen. Sechs riesige Töpfe dampften, nahmen nach und nach die Zutaten auf – und später am Abend im Garten an kerzenbeschienenen Tischen wurden tatsächlich alle Gäste satt.

Der Mann, der an allem »schuld« war, hieß Bachrom. Er war Usbeke, Astrophysiker, und er kam eines Tages zu Besuch nach Dresden. Und: Er würde PLOW für uns kochen, er, der Meister, und »richtigen« PLOW! Ich ließ es mir nicht nehmen, live dabei zu sein. Abends gegen 8 Uhr sollte das Essen stattfinden, ich ging also schon am Nachmittag hin, um nichts zu verpassen. Bachrom saß – in Socken und im schwarzen Anzug – in der Küche der Familie A. und aß Marmeladenschnitten; das schmecke doch viel besser als jeder PLOW, meinte er. Im Topf schmorte (als kompaktes Stück) ein

Zwei-Kilogramm-Rinderbraten vor sich hin. Das dauerte natürlich, aber Bachrom hatte alle Zeit dieser Welt. Die Gäste trudelten ein, gespannt, hungrig, es wurde acht, es wurde neun, in der Küche war keine Hektik. Es gab ja Marmeladenbrote. Endlich war der Braten durch, wurde zerschnitten, der Rest der PLOW-Zutaten kam in den Topf, und schließlich gegen zehn wurden die Gäste an den Tisch gebeten, und sie stürzten sich – dem Verhungern nahe – auf den Reishügel, der schnell zusammenschrumpfte. Bachrom saß entspannt in der zweiten Reihe, angelte sich immer mal gelassen ein Reisbällchen – und er war etwas verstört, denn bei ihm zu Hause war PLOW-Essen nicht ernährungsorientierter Selbstzweck, sondern eine schöne Nebensache, um Gäste zu ehren, stundenlang in Gemeinschaft zusammenzusitzen, und in aller Ruhe und Gelassenheit mehr oder wenige wichtige Dinge zu bereden.

(Wer jetzt erst einmal nicht mehr weiterlesen kann, weil er/sie richtig Appetit bekommen hat, findet mein Rezept für die Bereitung eines köstlichen PLOW unter: http://www.krause-schoenberg.de/Rezept-PLOW.pdf)

Von Ferngläsern und Schreibmaschinen
Es gab in der DDR vieles nicht, aber eigentlich gab es doch fast alles. Die Dinge waren nur nicht zur rechten Zeit am rechten Ort, wo der Kunde sie gerne gekauft hätte. Man musste entweder die richtigen Leute kennen – »Beziehungen«! – oder man musste den richtigen Riecher dafür haben, wann es wo etwas gab.

Ferngläser gab es in Dresden schlecht, obwohl Carl Zeiss in Jena doch gute Gläser herstellte. Aber ich musste nur einem Kollegen, der zur Dienstreise nach Berlin aufbrach, meine Bitte sagen, dann machte er – neben dem dienstlichen Besuch im Ministerium – einen Abstecher in einen bestimmten Laden, und am nächsten Tag war ich stolzer Besitzer eines Feldstechers.

Ein andermal suchte ich eine Schreibmaschine, aber es gab eben keine. Nach längeren Recherchen hatten mir Eingeweihte verraten, wie das ging: Man musste einfach – ohne Voranmeldung und ohne Beziehungen zu haben – montags früh um 8.30 Uhr möglichst als erster Kunde vor einem bestimmten Fachgeschäft in der Räcknitzstraße stehen. Und tatsächlich, das klappte: Es gab immer vier bis fünf Schreibmaschinen. Nun hatte ich auch mal was zu bieten! In den nächsten Monaten habe ich die ganze Verwandtschaft mit solchen Geräten versorgt.

In der ständigen Suche nach irgendwas aber merkte man manchmal zu spät, dass man nach stundenlangem Stehen in einer Schlange etwas erworben hatte, das man so dringend eigentlich gar nicht brauchte.

Jungwähler
Peter ging in unserer Familie ein und aus, trank literweise Tee, diskutierte nächtelang über Gott und die Welt und die DDR. Nun stand ihm etwas Wichtiges bevor. Er durfte das erste Mal zur Wahl gehen (es war so etwa 1980). Wir hatten vorher über das Pro und Contra geredet, er war entschlossen, hinzugehen. Er war früh als erster im Wahllokal erschienen, bekam – wie jeder »Erstwähler« – einen Blumenstrauß. Er hätte nun, den DDR-Spielregeln für eine Wahl folgend, folgendes tun müssen: den Wahlzettel in Empfang nehmen und dann auf direktem Weg zur Wahlurne gehen und den unveränderten Schein einwerfen. Das hieß »offene Stimmabgabe für die Kandidaten der Nationalen Front«, wäre politisch erwünscht und staatsbürgerlich korrekt gewesen.

Peter aber ließ sich, geduldig und eben als demokratie-unerfahrener Neuling, zeigen, wo die Wahlkabine stand, was entsetzte Blicke der Wahlhelfer hervorrief. Aber es gab wirklich eine Kabine – weit hinten in der Ecke. Er schritt tapfer dorthin, machte irgendwas und steckte dann seinen Wahlschein in die Urne.

Abends nahm er mich mit zur öffentlichen Auszählung der Stimmen. Peter guckte sich das interessiert an, aber als alles fertig war und das Protokoll verlesen wurde, sagte er knapp: »Falsch, mein Zettel war jetzt nicht dabei, ich habe nämlich mit NEIN gestimmt.« Es gab eine erneute Auszählung, bei der nun nicht nur sein Stimmzettel »gefunden« wurde, zusätzlich kamen noch einige weitere NEIN-Stimmen zutage, die in der ersten Runde im vorauseilenden Staatsgehorsam »übersehen« worden waren.

Von Rom über Wittenberg nach Dresden
Ich hatte in der zweiten Hälfte der 1960er Jahre an der TU in Dresden Chemie studiert und danach 12 Jahre lang in einem staatlichen Institut gearbeitet (Zentralstelle für Korrosionsschutz, Dresden). Dort beschäftigten wir uns mit dem Verhalten von Bau- und Konstruktionswerkstoffen (Stahl, Kupfer, Beton usw.) unter dem Einfluss der zunehmenden Umweltbelastungen in der DDR.

Anfang der 1970er Jahre bekam ich ein dünnes Büchlein in die Hand, das mein Weltbild und meinen weiteren Lebensweg nachdrücklich veränderte. Der »Club of Rome« beschäftigte sich schon länger mit Krisensignalen in der Welt wie Bevölkerungswachstum, Rohstoffverbrauch und Umweltbelastung, und er hatte einen Bericht dazu erstellen lassen, der die »Grenzen des Wachstums« ansagte. Das war in einer Welt, die in Ost und West auf »schneller-höher-weiter« orientiert war, in der Fortschritt gleichgesetzt wurde mit Expansion und Wachstum, unzeitgemäß und ein Schock. Mein Fortschrittsoptimismus jedenfalls bekam einen deutlichen Dämpfer und wich der Nachdenklichkeit. Ich habe das ganze Buch mit Hilfe unseres freundlichen Institutsfotografen – wie schon gesagt – als Fotokopie vervielfältigt und in Umlauf gebracht. Ich habe Dias von den Grafiken angefertigt und begonnen, vor Freunden im kleinen Kreis Vorträge zu halten. Ich habe mich mit dem Autor des Buches in den USA in Verbindung gesetzt, und er schickte mir sein einziges deutschsprachiges Belegexemplar, zusätzlich auch den ausführlichen wissenschaftlichen Bericht zum Projekt. Dass ich den besaß und bereit war, ihn zur Auswertung zur Verfügung zu stellen, habe ich damals der Strategieabteilung beim ZK der SED (Zentralkomitee der Sozialistischen Einheitspartei Deutschlands) mitgeteilt, die sich zwar mit einem freundlichen Brief bedankte, aber das Buch (offiziell) nicht lesen wollte – oder nicht lesen durfte.

Bei der Beschäftigung mit dem Thema UMWELT begegneten mir in Dresden Gleichgesinnte, woraus sich eine dauerhafte, intensive Zusammenarbeit ergab. Am »Weltumwelttag«, dem 5. Juni 1980, ging ich gemeinsam mit ein paar Freunden in die breitere Öffentlichkeit. Ein meditativer Diavortrag in der zentral gelegenen Kreuzkirche mit anschließender Diskussion war der Startschuss für eine organisierte Beschäftigung mit Umweltfragen im Raum der Kirche. Der »Ökologische Arbeitskreis der Dresdner Kirchenbezirke« wurde gegründet, und in Arbeitsgruppen wurde fortan ein schnell breiter werdendes Themenspektrum naturwissenschaftlich-fachlich, gesellschaftspolitisch, pädagogisch und theologisch bearbeitet.

Etwa zur gleichen Zeit hörte ich auch zum ersten Mal vom »Kirchlichen Forschungsheim« (KFH) in der Lutherstadt Wittenberg. In dem kleinen Institut waren ein Theologe und ein Naturwissenschaftler hauptamtlich tätig. Finanziert wurde die Einrichtung gemeinsam von mehreren ostdeutschen Landeskirchen. Schon seit vielen Jahren hatte man sich dort mit weltanschaulichen und ethischen Fragen, vor allem im Bereich der Biologie, auseinandergesetzt. Seit Ende der 1970er Jahre kamen verstärkt ökologische Probleme auf die Tagesordnung. Nun entwickelte sich das KFH schnell zu einer zentralen Schaltstelle im Netz der kirchlichen Umweltarbeit in der DDR. Ein Arbeitskreis, der aus etwa einem Dutzend kritischer Wissenschaftler aus ganz unterschiedlichen Fachrichtungen bestand und regelmäßig im KFH zusammenkam, hatte ein Papier erarbeitet, das in einem breiten Ansatz Umweltprobleme behandelte – von der Problemanzeige bis hin zu Handlungsmöglichkeiten: »Die Erde ist zu retten – Umweltkrise, christlicher Glaube, Handlungsmöglichkeiten«; das Heft mit etwa 70 Seiten Umfang erschien in kurzer Folge in mehreren Auflagen. Das Forschungsheim gab in mehrmonatigen Abständen auch eine eigene Zeitschrift mit einer Auflagenhöhe von 2000 Exemplaren heraus (»Nur für den innerkirchlichen Dienstgebrauch!«), in der aktuelle Probleme dargestellt und diskutiert wurden, die »BRIEFE zur Orientierung im Konflikt Mensch – Erde«.

Ab Anfang der 1980er Jahre erschienen weitere Broschüren, zum Beispiel »Wie man in den Wald rußt ...« (zum Thema Waldsterben) oder »Anders Gärtnern macht Spaß« (zu alternativen Methoden in Gartenbau und Landwirtschaft). Ich klinkte mich ein und schrieb zunächst ein Mutmach-Heft »Fang an – Tipps für umweltgerechtes Verhalten im Alltag« (im Internet unter: http://www.krause-schoenberg.de/umw_FangAn_Neuauflage-2014.htm) und nach dem Atom-Unfall in Tschernobyl ein Papier mit grundlegenden Informationen zur Nutzung der Kernenergie und dem Pro und Contra dazu: »... nicht das letzte Wort – Kernenergie in der Diskussion« (www.krause-schoenberg.de/umw_KE-Heft_KFH1986.htm). Der Staat fand unsere publizistische Tätigkeit gar nicht gut, intervenierte auch ständig bei der kirchlichen Obrigkeit, aber von dort her stärkte man uns immer wieder den Rücken und verteidigte unseren Einsatz als Aufgabe der Kirche in der Gesellschaft, und so waren wir unbequem, wurden aber geduldet.

Als um 1980 in Wittenberg die Stelle des naturwissenschaftlichen Mitarbeiters neu besetzt werden sollte, erfuhr ich leider zu spät von dieser Chance. In der Dresdner Ökogruppe hatten wir diskutiert, ob das Thema Umwelt nicht zu wichtig sei, um sich nur so nach Feierabend nebenbei damit zu beschäftigen. Wir hatten erwogen, ob nicht ein Freundeskreis von Spendern, die in einem gesicherten Arbeitsverhältnis standen, durch verbindliche monatliche Zahlungen eine Arbeits-Stelle finanzieren könnte. Wir schrieben auch Appelle an die kirchliche »Obrigkeit«, für diesen Themenbereich hauptamtliche Stellen zu schaffen. Dafür bestand gerade zu dieser Zeit eine reelle Chance. Im Auftrag der Evangelischen Landeskirche in Sachsen hatte sich zwanzig Jahre lang ein Pfarrer speziell mit dem Fragenkomplex beschäftigt, wie christlicher Glaube aussehen und gelebt werden kann in einer Welt, die von Naturwissenschaft und Technik nachhaltig geprägt ist, und welche weltanschaulichen und ethischen Fragen sich daraus ergeben. Jetzt ging er in den Ruhestand, aber der Arbeitsbereich sollte fortgeführt werden.

In dieser Phase schickte ich im Dezember 1980 einen Brief an das Landeskirchenamt in Dresden. Er enthielt zum einen eine »Bewerbung um eine Anstellung bei der Landeskirche auf dem Arbeitsgebiet ›Glaube und Ökologie‹«. Der Bewerbung fügte ich auf sechs engzeilig beschriebenen Seiten einige konzeptionelle Vorstellungen bei: »Kirche und Ökologie – Ziele und Aufgaben«.

Aber eine solche Stelle, wie ich sie beschrieben hatte, mit Ausrichtung auf ökologische Fragestellungen – die war im Landeskirchenamt zunächst überhaupt nicht im Blick. Folgerichtig erhielt ich einen reichlichen Monat später eine freundlich gehaltene Ablehnung aus dem Landeskirchenamt, weil man zum einen schon in Verhandlungen mit einem anderen Bewerber stehe und es auch um ein breiteres Themenspektrum gehen solle: »Glaube und Naturwissenschaften«.

Dann trat eine längere Pause ein. Der andere Bewerber sagte ab.

Inzwischen stand ich kurz vor dem Abschluss einer theologischen Ausbildung, die ich als Fernstudium im Rahmen des »Kirchlichen Fernunterrichts« absolvierte. Eigentlich hatte ich das aus ganz privaten Gründen getan – aber nun war es ein gewichtiges Zusatzargument für meine Bewerbung. Naturwissenschaftler und Theologe – das war doch die ideale Kombination!

Ich wurde zu Gesprächen ins Landeskirchenamt eingeladen. Und mir wurde deutlich, dass sich die ins Auge gefasste Beauftragung mit der Zuständigkeit für »Glaube und Naturwissenschaft« ja auch sehr weitherzig verstehen und mit ganz unterschiedlichen Inhalten füllen ließ. Ich könnte durchaus zunächst mit »meinem« Schwerpunkt »Schöpfungsverantwortung – Ökologie« einsteigen. Aber ich würde die Möglichkeit haben, mich bei neuen Herausforderungen immer auch neuen Fragen zuwenden zu können. Und andere Stichworte, die genannt wurden – »Evolution« und »Gentechnik« und »Kosmologie« –, das alles hatte mich immer schon zum Staunen und Nachdenken angeregt.

Wir wurden uns einig. Ich war nun »Landesbeauftragter für Glaube und Naturwissenschaft«. Mein Arbeitsgebiet war vor allem der Bereich der sächsischen Landeskirche. Aber von Anfang an war klar, dass ich auch außerhalb von kirchlichen Räumen und Gruppen und außerhalb des sächsischen Territoriums tätig werden konnte und durfte.

Am 1. März 1982 trat ich meinen Dienst bei der Evangelisch-Lutherischen Landeskirche Sachsens an.

Umwelt-»Spionage«
Die DDR hatte seit 1970 ihr »Landeskulturgesetz«, hier gab es einen der ersten Umweltminister in Europa, Umweltschutz war schon früh in die Verfassung geschrieben worden – alles vorbildlich. Aber in Wirklichkeit war die DDR an vielen Stellen ein »Saustall«. Ich war, wie gesagt, seit 1982 Umweltbeauftragter bei der Kirche in Sachsen (auch wenn das aus taktischen Gründen nach außen nicht so deutlich benannt wurde). In dieser Tätigkeit begegnete ich zwangsläufig vielen Problemen, über die offiziell geschwiegen wurde: Um solche Sachen kümmerte ich mich: Fakten sammeln, Verlässlichkeit der Informationen prüfen, und dann Informationen in die Öffentlichkeit bringen. Die »Organe« diffamierten das zwar als »staatsfeindlich«, aber angesichts der genau recherchierten und belegbaren Fakten waren sie hilflos. Irgendwie war das ja auch peinlich, wenn öffentlich vorgerechnet werden konnte, dass sogar Daten im Statistischen Jahrbuch der DDR gefälscht waren.

Ein Beispiel: Die »Forsthochschule« in Tharandt (der TU in Dresden zugehörig) hatte eine lange Tradition in der Beschäftigung mit der Kultivierung und Bewirtschaftung sächsischer Wälder. Auch das Phänomen, das im Westen in den 1970er Jahren als »Waldsterben« diskutiert wurde, wurde im Erzgebirge schon seit längerem beobachtet. Die »Rauchschäden«, verursacht durch Industrieabgase, hatten vor allem auf dem Erzgebirgskamm bereits zu dramatischen Schäden und dem Absterben von Fichten auf größeren Flächen geführt. Die Belege häuften sich, dass auch die Gesundheit der Menschen durch die Luftbelastung beeinträchtigt wurde. Betroffenheit, Gerüchte, aber keine Fakten. Was war dazu wirklich sachlich zu sagen? Ich bekam 1982 Verbindung zu einem Professor der Forsthochschule, aber er wollte lieber nicht selbst mit mir sprechen. Immerhin erhielt ich von ihm einen Namen und eine Telefonnummer: Einer seiner Mitarbeiter wäre bereit, sich mit mir zu unterhalten. Nicht am Arbeitsplatz natürlich, aber man könne sich ja mal privat treffen.

Wenig später saß ich heimlich bei Dr. R. zu Hause im Wohnzimmer. Ich erhielt von ihm zunächst eine profunde Einführung in die Geschichte der »Rauchschäden« in der Region. Wir blätterten gemeinsam in wissenschaftlichen Berichten und Tabellen mit Daten zur Umweltbelastung und zum Ausmaß der Schäden – dabei »übersahen« wir geflissentlich die Geheimhaltungsstempel auf den Papieren.

Der Mann begab sich mit diesem Gespräch in erhebliche Gefahr. Er musste darauf vertrauen, dass sein Professor, der den Kontakt vermittelt hatte, sich in meiner Verlässlichkeit nicht getäuscht hatte, und dass auch ich mit den Daten, zu denen er mir Zugang verschafft hatte, vertraulich umgehen würde. Namen von Informanten habe ich später nie genannt. Aber solche Hintergrundgespräche waren sehr wichtig dafür, dass ich bei öffentlichen Auftritten und Vortragsveranstaltungen mit belastbaren und gut begründeten Fakten arbeiten konnte.

Im Ergebnis dieses und weiterer Gespräche mit Fachleuten und Betroffenen sowie durch Lektüre von Fachveröffentlichungen, die damals in der DDR noch frei zugänglich waren, entstand eine erste Zusammenstellung von Informationen über das Waldsterben im Erzgebirge: »Fichtenrauchschadengebiet Erzgebirge«, zwei engzeilig mit Schreibmaschine beschriebene Seiten mit Situationsbeschreibung, Daten und Fakten, Wirkzusammenhängen, Schäden für den Wald und Gefahren für die menschliche Gesundheit, Prognosen, mögliche Gegenmaßnahmen. Eine erste Fassung übergab ich an das Landeskirchenamt. Aber ein paar Monate später gingen wir mit unseren Erkenntnissen auch an die »Öffentlichkeit« und veröffentlichten die ermittelten Fakten und Zusammenhänge in den Wittenberger Umwelt-BRIEFEN.

Eine Apotheker-Zeitschrift macht einen Umweltskandal publik
1982 kaufte ich zwei Exemplare einer mir bis dahin völlig unbekannten Fachzeitschrift. Wieso das? Im Sommer des Jahres 1982 hatten zwei Freunde eine Seminarwoche mit Oberschülern in Bad Berka durchgeführt. Und dort hatte ihnen der Schwiegersohn des Pfarrers etwas von einem interessanten Aufsatz erzählt: Brisantes Material mit bisher unbekannten Umwelt-Informationen! Damit sich die Kunde von dieser Entdeckung in der Umwelt-Szene verbreitete, druckten die beiden dazu wenig später einen knappen Hinweis in den Wittenberger Umwelt-BRIEFEN ab:

So war auch ich neugierig geworden und hatte mir nun zwei Exemplare der Zeitschrift besorgt (»Zentralblatt für Pharmazie, Pharmakotherapie und Laboratoriumsdiagnostik«, Heft 6/1982) – ganz offiziell auf dem amtlichen Weg bestellt beim »Zentralen Postzeitungsvertrieb der DDR«. Eine wirklich spannende Lektüre! Der Lese-Tipp sprach sich schnell herum und brachte eine ganze von Umweltverschmutzung besonderer Art betroffene Region in Aufregung. Viele Menschen blätterten neugierig in der begehrten Apotheker-Zeitschrift, die sonst wahrscheinlich in Bibliotheken verstaubt wäre. In einigen nüchternen Fachartikeln wurde über Untersuchungen zur Umweltbelastung im Gebiet rund um die sächsische Stadt Freiberg berichtet. In gravierendem Ausmaß waren dort Luft, Staub, Wasser, Böden und

Nahrungsmittel durch die Schwermetalle Blei und Cadmium belastet und vergiftet. Verursacher war die örtliche Hüttenindustrie. Jetzt war der Skandal öffentlich! Bestürzung bei der betroffenen Bevölkerung, Entsetzen bei staatlichen Stellen. Das Heft mit den unliebsamen Fakten wurde in einer Nacht-und-Nebel-Aktion aus Bibliotheken und von Abonnenten zurückgeholt. Aber längst kursierten Kopien und Abschriften der Artikel, kirchlich organisierte Informations-Veranstaltungen fanden statt, Arbeitsgruppen nahmen das Thema auf – die Diskussion war nicht mehr zu stoppen.

Letztlich wurde das Informations-Leck, das sich hier gezeigt hat, Anlass für dramatische Konsequenzen. Am 16. November 1982 beschloss der Ministerrat (die Regierung) der DDR eine »Anordnung zur Sicherung des Geheimschutzes auf dem Gebiet der Umweltdaten«. Von da an war der Zugang zu exakten Daten über den Zustand der Umwelt in der DDR fast unmöglich.

»Urlaub« mit Hindernissen

In meinem Terminkalender ist für Mai 1983 der harmlose Eintrag »Urlaub« zu finden. Eigentlich war da zunächst nur wirklich vorgesehen, einfach mal mit der Familie fortzufahren. Ziel war das Böhmische Mittelgebirge, von Dresden aus gleich hinter der Grenze in der Tschechoslowakei gelegen. Am malerischen Elb-Bogen bei Litoměřice hatten wir eine lauschige Hütte gemietet, und gemeinsam mit ein paar Freunden wollten wir wandern und Knödel essen und tschechisches Bier trinken.

In der Planung kam aber etwas Wichtiges dazwischen. Denn mitten in der Urlaubswoche steht plötzlich im Kalender sperrig der Eintrag:

»Freiberg 8.30 Gespräch Rat des Kreises«.

Die Region um Freiberg war wegen spezifischer Belastungen durch die örtliche Hüttenindustrie ein Umweltbrennpunkt in Sachsen. Die Pfarrer der Region hatte darum gebeten, das ganze Problem zum Gegenstand eines Fachgesprächs beim Rat des Kreises zu machen. Da ich inzwischen mit den fachlichen Gegebenheiten ganz gut vertraut war und schon einige Informationsveranstaltungen in Kirchgemeinden der Region durchgeführt hatte, sollte ich als naturwissenschaftlicher Berater bei dem Gespräch dabei sein. Es ergab sich ein Spagat: Eigentlich und privat war ich ja im Urlaub, andererseits (mit »dienstlich« pochendem Gewissen, und natürlich auch, weil es interessant zu werden versprach) rief die Pflicht. Ich hatte mir einen Kompromiss ausgedacht:

Ich fuhr zunächst einmal ganz normal mit der Familie in den Urlaubsort nach Böhmen. Unterwegs stellte ich in Freiberg eine Aktentasche ab, in der sich meine gesammelten Unterlagen zum »Fall Freiberg« befanden. Nach drei erholsamen Tagen mit den Kindern setzte ich mich am 10. Mai frühmorgens allein in den Trabant und fuhr in die DDR zurück. In Freiberg fand das Gespräch Kirche-Staat statt, das natürlich von beiden Seiten mit erheblichem Druck geführt wurde und nur einen mäßigen Erkenntnisgewinn brachte. Also wieder zurück in den Urlaub.
Im Kalender steht als nächste Station:
»12.–12.30 Uhr in Colmnitz Sawatzkis abholen«.

Ich wollte bei der Rückfahrt unterwegs ein befreundetes Ehepaar mit seinem Kind abholen, um sie zum gemeinsamen Urlaubsort mitzunehmen. Und in ihrer Wohnung – so war es vereinbart – wollte ich vorübergehend meine Aktentasche abstellen, die mit dem brisanten Material zu den Freiberger Umweltproblemen noch in meinem Auto lag. Das war schön gedacht, klappte aber nicht. Missverständnis – die Freunde waren einfach nicht da, und nach einer halben Stunde vergeblichen Suchens beschloss ich, allein zu meiner Familie zurückzufahren. Etwas durcheinander war ich schon, und rollte genervt in Richtung Staatsgrenze. Und ich hatte angesichts der zu erwartenden Kontrollen ein völlig reines Gewissen. Allein, leeres Auto – was sollte da passieren? Dann stand ich im Kontrollpunkt. Finster blickende Grenzer fragten nach Papieren, nach Geld. Ich solle doch mal den Kofferraum öffnen. Auch da freute ich mich schon darauf, dass sie jetzt nur meinen Sack mit dem öligen Werkzeug entdecken würden. Erst beim Öffnen der Heckklappe durchfuhr mich der Schreck: die Tasche! Sie lag vergessen da hinten. »Was haben wir denn da? Aha!« Der Fund wurde als interessant erachtet, und nun ging es richtig los. Die Tasche wurde vor meinen Augen geöffnet. Fragen zum Inhalt. Telefonate. Dann sperrte man mich allein in einen Raum. Nach längerer Zeit, meinerseits voller Unruhe und als endlos erlebt, noch ein Gespräch. Ich könne die Tasche mit *diesem* Inhalt NICHT mit ins Ausland nehmen. Ob ich sie nicht irgendwo in der DDR deponieren könne. Ich Rindvieh hätte einfach JA sagen müssen, und bei einem Pfarrer in der Nähe wäre das sicher möglich gewesen. Aber ich zuckte die Achseln. Da machte mir der Offizier der Vorschlag, dass er ja das Material auch hier in der Abfertigungsstelle aufbewahren könne und mir bei der Einreise nach dem Urlaub wieder aushändigen würde. Abgemacht.
Der Urlaub ging normal zu Ende.

Dann kam die Rückreise. An der Grenzstation wurde ich offensichtlich schon erwartet. Bei unserer Einfahrt in den Kontrollbereich entstand ungewöhnliche Hektik unter den Uniformierten. Ich bekam letztlich – trotz der Zusage – meine Tasche NICHT zurück. Weiterreise. Inzwischen läuteten bei mir alle Alarmglocken. Ich suchte in Freiberg den Superintendenten auf, der mich zu dem Pfarrergespräch eingeladen hatte, und erzählte ihm von meinem Missgeschick. Er telefonierte sofort mit dem Präsidenten des Landeskirchenamtes, erreichte ihn, zu Hause. Alarmstufe ROT: Sofort am nächsten Tag sollte ich nach Dresden kommen. Ich erklärte dort noch einmal kleinlaut, was mir widerfahren war, wurde angebrüllt, aber man werde sich bei den zuständigen staatlichen Stellen kümmern und mir – wenn nötig – helfen.

Ein paar Tage zum Nachdenken (warum bist Du auch so blöd und nimmst im Urlaub dienstliche Termine wahr ...?) –

Einige Tage später gibt es einen weiteren Eintrag im Kalender:

»*Karl-Marx-Stadt Zoll Treffen mit Oberlandeskirchenrat Z.*«

Ich hatte eine Postkarte erhalten mit der lapidaren Aufforderung, mich in Karl-Marx-Stadt in der Nähe des Bahnhofs beim »Binnenzollamt« zu melden, »Klärung eines Sachverhalts«. Immerhin beschlich mich die Ahnung, dass »Zoll« auf »Grenze« verwies und dass es um meine Aktentasche gehen könnte. Ich informierte das Landeskirchenamt, und kein Geringerer als ein Oberlandeskirchenrat (ein Jurist) wurde zu meiner Hilfe entsandt. Wir meldeten uns gemeinsam beim »Zoll« am Einlass. Da nur ich allein erwartet worden war, hieß es zunächst NEIN, dann: Wir müssen erst einmal klären, ob der Begleiter mit hinein darf. So saß ich wartend mit einem Oberlandeskirchenrat in einem schmalen, völlig leeren Raum mit einer schmalen Pritsche und einem unerreichbar weit oben angeordneten kleinen Fenster, der sonst offenkundig als Gefängniszelle diente. Endlich wurden wir in das Gesprächszimmer geführt. Schreibtisch, Uniform. Wir waren natürlich nicht beim Zoll, sondern bei der Stasi!

Der Tatbestand wurde kurz rekapituliert, ergänzt um die Mitteilung, dass ich eigentlich bei der Einreise verhaftet werden sollte, nur die überraschende Anwesenheit meiner Familie im Auto hatte die »Organe« davon abgehalten. Die Kontrolleure hatten sich sehr intensiv mit meinen Unterlagen beschäftigt, fragten, vermuteten, drohten. Aber am Ende bekam ich ALLES zurück, bedankte mich bei meinem Schutzengel aus dem Landeskirchenamt und konnte erleichtert(er) nach Hause fahren.

Erholungsgebiet mit »Industrieklima II«

In dem Dresdner Institut, in dem ich arbeitete, befassten wir uns, wie schon gesagt, mit Korrosionsschutz. Im engeren Sinne ging es dabei darum, das Rosten von Eisenwerkstoffen zu verhindern. Aber auch alle möglichen anderen Metalle galt es zu schützen. In einem Sondereinsatz entwickelten Kollegen von mir sogar mal ein Verfahren, mit dem ein berühmter Sandsteinfelsen in der Sächsischen Schweiz, die »Barbarine«, vor dem Zerbröseln gerettet wurde; durch Imprägnieren mit irgendwelchen Silikonwerkstoffen wurde der Fels zusammengeklebt. Korrosion hat viel mit Luftschadstoffen zu tun. Und davon gab es in der DDR mancherlei. Vor allem die hohen Schwefeldioxid-Konzentrationen, verursacht durch die allgegenwärtige Verbrennung der schwefelhaltigen Braunkohle, machten Eisen- und Stahlkonstruktionen schwer zu schaffen. Wir versuchten, Anstrichstoffe zu finden, die das Eisen wenigstens ein paar Jahre schützten. Aber an manchen Industriestandorten war die Luft derart aggressiv, dass auch unsere besten und dick aufgetragenen Lackschichten schon nach einem halben Jahr die ersten Rostflecke zeigten. Im Erzgebirge war die Stahlkonstruktion von Gittermasten für Fernsehumsetzer, die eigentlich einige Jahrzehnte lang halten sollte, schon nach acht Jahren »hin«. Ehe ich das Wort Waldsterben gehört hatte, wusste ich, dass in unseren Belastungskarten manche »Erholungsorte« im Erzgebirge unter »Industrieklima II« eingeordnet waren.

Dienstreisen kreuz und quer durch die DDR verschafften mir einen Einblick, was sich hinter »Leuna I« oder »Leuna II«, verbarg, was »Buna« in Schkopau bedeutete oder wie Industriegiganten wie »Bitterfeld«, »Wolfen«, »Piesteritz«, »Coswig«, »Schwarze Pumpe« usw. aussahen. Der »Blick von hinten« in die DDR-Kombinate war sehr lehrreich. Diese Vorzeigebetriebe waren großzügig, manchmal auch großkotzig errichtet worden, aber im Laufe der Jahre war der Glanz verblichen. In Leuna forderte mich zum Beispiel ein Begleiter auf, den sowieso vorgeschriebenen Arbeitsschutz-Helm doch lieber wirklich aufzusetzen, man wisse nie, was da von oben aus den Rohrleitungen heruntertropfe: »Wenn hinten aus einem Rohr nichts mehr rauskommt, legen wir lieber gleich eine neue Leitung«. In Bitterfeld stiegen wir hoch auf das Dach eines Gebäudes, auf dem unser Institut zu Testzwecken Proben ausgelegt hatte. Schon im Treppenhaus hatte ich mich gewundert, warum da Glasvitrinen standen, in denen Gasmasken für unterschiedliche giftige Gase lagerten. Oben auf dem Dach hatte ich dann das Pech, in die dicke Abgaswolke aus einer benachbarten Produktionsanlage zu geraten, hochkonzentrierter Ammoniak setzte mich schlagartig außer Gefecht; zum Glück gelang es meinen Begleitern, mich schnell wieder wachzuklopfen.

Die Zähne der Kinder von Dohna
Seit 1982 war ich als bei der Kirche angestellter Naturwissenschaftler für »Glaube und Naturwissenschaft« zuständig, sollte mich also um Fragen kümmern, wo Entwicklungen in Naturwissenschaft und Technik, bei Weltbildern oder im medizinischen Bereich Herausforderungen für den christlichen Glauben darstellten. In der »realsozialistischen« DDR-Situation mit ihren gravierenden Umweltproblemen und dem staatlich verordneten Schweigen dazu war eine meiner Aufgaben, mich zu bestimmten Fragen sachkundig zu machen, darüber zu informieren und Betroffenen Hilfe anzubieten.

Mein erster Fall hieß »Dohna«. Dohna ist ein Städtchen in der Nähe von Dresden. Ein Freund von mir war dort Zahnarzt und hatte schon 1980 von bedrückenden Beobachtungen berichtet: Praktisch alle Kinder und Jugendlichen aus dem Ort, die er behandelte, hatten typische Zahnschäden. Die zweiten, bleibenden Zähne, die nach dem Milchgebiss durchbrachen, waren oft gelblich bis schwarz verfärbt, waren spröde, schnell brachen also Teile ab. Ein Blick in viele Münder zeigte ein Ruinenfeld. Grund für diese Schäden war der Ausstoß von Schadstoffen aus einem im Ort ansässigen Betrieb, dem »Fluorwerk«. Das Werk arbeitete mit Flusssäure und ihren Salzen. Schon im Routinebetrieb wurden schädliche Gase freigesetzt, manchmal gab es aber auch Havarien, und dann wehten giftige Nebel durch den ganzen Ort. Das Trinkwasser war belastet, die Früchte, die in den Gärten geerntet wurden, enthielten hohe Fluorkonzentrationen. Nun wird ja manchmal Fluor Zahnpasten zugesetzt oder in Tablettenform empfohlen, um die Mineralisation der Zahnsubstanz zu verbessern. Aber in Dohna erhielten viele Einwohner zwangsweise und tagein tagaus eine extreme Überdosis. Dadurch wurden die Zähne zu hart und spröde.

Das Problem war bekannt – und ein Fall für die Wissenschaft. Die betroffenen Bewohner blieben im Unklaren. Ich erfuhr durch eine Indiskretion davon, dass drei Zahnärztinnen an dem Problem geforscht hatten und nun ihre gemeinsame Doktorarbeit verteidigen würden. Verteidigungen waren aber auch in der DDR eine öffentliche Angelegenheit, mein Freund lieh mir einen weißen Arzt-Kittel, woraufhin ich prompt mit »Herr Kollege« angesprochen wurde, und dann saß ich im Hörsaal und hörte das, was ich nie hätte hören dürfen – die Fakten zum Schicksal der Kinder von Dohna: Hunderte waren von »Dentalfluorose« betroffen!

Inzwischen hatte ich auch selbst recherchiert und in medizinischen Fachzeitschriften der DDR einiges zu dem Fall gefunden. Einen in Dohna praktizierenden Arzt, der über die Schäden geschrieben hatte, suchte ich auf, um von ihm noch einiges über die Hintergründe zu erfahren. Denkste! Vielleicht hatte er ja einfach Angst, weil er mich gar nicht kannte und weil er wusste, in welch gefährlichem Terrain wir uns bewegten. Beunruhigt hat mich aber doch – ganz grundsätzlich – seine Reaktion. Ich erzählte ihm, welche interessanten Informationen ich in den Fachartikeln entdeckt hatte, worauf er trocken meinte: »Da habe ich etwas falsch gemacht. Das, was ich da aufgeschrieben habe, war nur für Fachkollegen gedacht. Sie hätten das nicht verstehen dürfen.«

Die präsidiale »Sondergenehmigung Nr. 2692«
Zu manchen der Themen, mit denen ich zu tun hatte, war es einfach erforderlich, mal was Gediegenes zu lesen, mit grundlegenden Informationen und ohne staatlich verordnete Filter. Leider gab es solche Literatur oft nur im »Westen«. Eigentlich unerreichbar. Aber: Ich hatte Freunde »drüben«, die Verständnis für meine Nöte hatten und aus eigener Tasche hin und wieder etwas für meinen Bücherschrank kauften. Privat, geschenkt, auf Schleichwegen in die DDR gebracht. Auch meine alte Tante hat manchmal mutig etwas herübergeschmuggelt.

Grundsätzlich konnte ich von Beginn meiner Tätigkeit bei der Landeskirche an in dringenden Fällen bei der Bibliothek einen Antrag auf Beschaffung von Fachliteratur aus dem »Westen« stellen. Dieser Weg erwies sich aber als nicht sehr ergiebig.

Der Präsident des Landeskirchenamtes genoss ein interessantes Privileg: Er besaß – in seiner kirchlichen Dienstfunktion – eine vom Staat zugewiesene personengebundene »Sondergenehmigungs-Nummer«. Eines Tages teilte er mir mit, dass auch ich fortan diese Nummer bei Bedarf in Anspruch nehmen könne. Sparsam, verantwortlich, nur in dringenden Fällen! Wenn auf Postsendungen aus dem »Westen« eine solche Nummer angegeben wurde, fand keinerlei Kontrolle des Inhalts statt und die Sendung wurde ungeöffnet und direkt zugestellt. Ein schönes Privileg, von dem viele Leute in meinem Umfeld nicht zu träumen gewagt hätten. Eine Weile lang ging das gut, meine Freunde drüben verschickten die brisante Literatur nun direkt an meinen Präsidenten, er begutachtete die Materialien und gab mir die Bücher weiter. Sehr begehrt in Umweltkreisen war damals das Buch: »Global 2000«. Ich besaß diese »Bibel der Umweltbewegung« zwar schon seit einiger Zeit über private Kanäle, hatte sie auch längst durchgelesen, aber zum Verleihen an andere Interessenten war ein zweites Exemplar durchaus willkommen. Etwas schlitzohrig bestellte ich also ein zweites Exemplar, ungefährlich über die Nummer des Präsidenten, es kam auch an – aber dann stand das Buch als Zierde im Arbeitszimmerbücherregal des Präsidenten, nicht bei mir. Ich bekam es nur zum Lesen ausgehändigt, mit dem Auftrag, eine Zusammenfassung zu erstellen. Die verlangten »Inhaltsangaben und Anmerkungen zu dem Buch ...« (den Inhalt von 1800 Seiten sollte ich komprimiert zusammenstellen auf 5 Schreibmaschinenseiten!) legte ich im Februar 1983 vor, ein Exemplar für den Präsidenten des Landeskirchenamtes, eines für den Landesbischof; immerhin hat der mir später erzählt, dass er es von da an gern als Hintergrundpapier bei internationalen Konferenzen nutzte.

Wenig später krachte es heftig. Der Präsident des LKA bestellte mich ein und tobte. Ich hätte seine Nummer missbräuchlich genutzt und gefährdet. Vor ihm lagen zwei dicke grüne Buch-Bände: das »DDR-Handbuch« von Ulrich und Fehlhauer. Dieses Lexikon hatte ein Freund in Frankfurt am Main für mich auf den Weg gebracht, ein teures und inhaltsschweres Geschenk. Es handelte sich um eine ergiebige und solide Datenquelle mit einer Fülle von Fakten zu Staat und Gesellschaft, Politik und Wirtschaft in der DDR, auch zu Umweltfragen. Ich erfuhr vom Präsidenten, dass das Buch natürlich sehr nützlich sei, ER besitze es schon seit längerem selbst und nutze es mit Gewinn, um sich auf Vorträge vorzubereiten usw. Aber genau diesen Informationsvorsprung gefährdete nun wohl das Buch, wenn es auch in meinen Händen wäre. Und so bekam ich es nicht in die Hand, sondern es verschwand vor meinen Augen in einem Schrank im Landeskirchenamt.

Post von Willy Brandt
Ich verehrte Willy Brandt wegen seiner klugen und erfolgreichen Ostpolitik gegenüber der DDR und der Sowjetunion, die zu spürbarer Entspannung und Erleichterungen geführt hatte. Dann kam die »Guillaume-Affäre«. Aus der DDR war erfolgreich ein Spion ins Bundeskanzleramt eingeschleust worden, der als persönlicher Referent Kanzler Willy Brandt sehr nahegekommen war. Brandt trat zurück. Als ich davon erfuhr, habe ich spontan einen Brief an ihn geschrieben, seinen Abgang bedauert und ihm für sein

Wirken gedankt. Der Brief plumpste ganz offiziell in einen normalen Briefkasten mit einer geratenen Anschrift, etwa »Bundeskanzler Willy Brandt, 5300 Bonn, BRD«. Er muss normal befördert worden sein – andere derartige Briefe von mir hat die Stasi immer wieder abgefangen und in ihre Akten geheftet –, denn einige Wochen später erhielt ich Post mit einer Abstempelung »Ollenhauerhaus in Bonn«, das war die Parteizentrale der SPD. Darin steckte eine Karte mit einem handschriftlichen Dank von Willy Brandt.

Es war schon erstaunlich, dass mein Brief »hingefunden« hatte und dass auch die Antwort nicht »verlorengegangen« war.

Knast als reale Möglichkeit
Im Spätsommer 1980 wurde Harald verhaftet. Er hatte gemeinsam mit anderen in Leipzig politische Literatur aus dem Westen gezielt in die DDR eingeführt und verbreitet. Auch bei mir standen Bücher wie »Die Alternative« von Bahro oder Werke von Solschenizyn aus diesen dunklen Kanälen in Schrank, und ich hatte auch öfter Schallplatten- und Bücher-Pakete zur Post gebracht, aus deren Erlös im Westen der Bücherkauf finanziert wurde. Nun schlug der Blitz ganz in meiner Nähe ein. Verhaftung, Haussuchung, Beschlagnahmungen. Harald war mit seiner Familie auf dem elterlichen Bauernhof zu Besuch. Dort, in der ländlichen Einsamkeit, traute sich die Stasi: Zwölf ihrer Leute waren aus Leipzig gekommen, hatten den Hof beobachtet und griffen zu. Ein zufällig auch anwesender Freund von Harald überbrachte uns – wir saßen nichts ahnend drei Kilometer entfernt im Garten – die böse Nachricht. Aber auch Entwarnendes konnte er mitteilen: Ich war am Abend vorher noch drüben zu Besuch gewesen und wir hatten einige Manuskripttexte ausgetauscht. Der Freund hatte einige Blätter, die von mir stammten, als Nachtlektüre mit auf sein Zimmer genommen, und als die Stasi schon im Haus war, ging er in aller Ruhe aufs Klo und spülte einige besonders böse Papiere das Rohr runter.

Trotzdem, jetzt herrschte Panik. Angstschweiß trat auf, wenn ein unbekanntes Auto auf der Straße vorfuhr – kommen sie jetzt auch zu uns? Sie kamen nicht. Aber ich wusste: Sie hatten bei der Hausdurchsuchung auch Bücher beschlagnahmt, die mir gehörten. Mein Selbstbewusstsein kehrte wieder, und ich schrieb einen Brief an den Staatsanwalt in Leipzig, in dem ich ihn aufforderte, mir mein – doch wohl irrtümlich und rechtswidrig konfisziertes – Eigentum, alles genau aufgelistet, wieder auszuhändigen. Und Frechheit siegte: Wenige Wochen später übergab mir ein Kurier irgendwelcher Staatsorgane ein Päckchen mit meinen beschlagnahmten

Büchern und Briefen. Die Erkenntnis hieß: Man hat auch in der DDR Rechte, und – aber auch nur – wenn man die einklagt, kriegt man (manchmal) auch Recht. Da war offenbar Spielraum im System, und diese Grenzen galt es auszuloten!

Als – erst viele Monate später – der Gerichtsprozess gegen Harald stattfand, haben wir die Staatsmacht erneut getestet und verunsichert. Grundsätzlich waren auch »politische« Verfahren vor Gericht öffentlich. Also erkundeten wir mühsam den genauen Ort und Termin der Verhandlung. Freunde und Bekannte wurden in Kenntnis gesetzt und zum Hinkommen ermutigt. Dann erschienen wir zum anberaumten Gerichtstermin: Klopfen und Klingeln an der lange verschlossen bleibenden Tür des Untersuchungsgefängnisses, entschlossenes Vorbeischreiten an den verdutzten und verunsicherten Uniformierten, hektische Betriebsamkeit im Verhandlungsraum, der weder von den vorhandenen Stühlen her noch seitens der Richter und Anwälte auf Öffentlichkeit vorbereitet war, solidarischer Blickkontakt zu den bereits herangeführten Beschuldigten, stolze Teilnahme an der verzögert und nervös zelebrierten Eröffnung der Verhandlung. Dann erfolgte der von uns erwartete amtliche »Ausschluss der Öffentlichkeit«. Aber wir gingen erhobenen Hauptes. Wir hatten es uns selbst und »denen da« gezeigt: Wir lassen uns nicht (mehr) alles so einfach gefallen!

Trotzdem waren solche Erfahrungen mit Gefängnisnähe Anlass, sich in der Familie nüchtern die Frage zu stellen: Wie viele Jahre Knast kommen in Frage, und wann ist Ausreise angesagt? Schön theoretisch war sie schon, diese Frage. Ich glaube, die Verständigung mit meiner Frau hieß: höchstens ein Jahr. Bei einer längeren Haftstrafe hätten wir einen Ausreiseantrag gestellt. Makaber, aber der »Westen« war in dieser Sicht immer eine Rettungsmöglichkeit, mit der wir für den Krisenfall rechneten.

Von Stund an gab es auch bei uns zu Hause eine Liste mit Namen, die im Ernstfall zu informieren waren.

H. wurde übrigens von Wolfgang Schnur verteidigt – genau: von *dem* Stasi-IM Schnur! Ich hatte Haralds Frau dazu geraten, sich diesen Anwalt zu nehmen. Aber wir waren vorsichtig. Sie sollte erst einmal zuhören, was er tatsächlich über den Fall wusste, ihm nicht mehr sagen als unbedingt nötig, und vor allem: keine Namen! Schnur hat auf Freispruch plädiert, und nach einem Jahr war Harald wieder draußen.

Operativer Vorgang – OV »Grüner«

Auf den 21.9.1983 ist ein Schreiben datiert, das ich in meiner Stasi-Akte gefunden habe. Das Schreiben sollte vermutlich die Identifizierung meiner Person an »Tatorten« erleichtern. Es ist wie ein Steckbrief geschrieben, und dem Blatt wurde jeweils ein Passfoto von mir beigelegt. Dieser Brief wurde wohl an die Stasi-Dienststellen in allen Kommunen geschickt, in denen ich zu Veranstaltungen auftrat. Damit konnten mich die »geschickten« Zuhörer identifizieren. Merkwürdigerweise lagen auch kopierte Passfotos meiner Frau bei den Unterlagen.

»Bezirksverwaltung für Staatssicherheit Karl-Marx-Stadt
Kreisdienststelle Glauchau, 21.9.83 ...
übersende ich Ihnen eine Personenbeschreibung und das Kennzeichen für das genutzte Kfz des Landesbeauftragten für Glaube und Naturwissenschaft der Landeskirche Sachsens, Krause, Joachim ...
Personenbeschreibung

scheinbares Alter	*40 bis 45 Jahre*
Größe	*1,72*
Gestalt	*kräftig, muskulös, sportlich*
Kopf/Gesicht	*quadratische Kopfform, dunkler Teint, volle Gesichtszüge, blonde, lockige Kurzhaarfrisur, blonder Vollbart, Brillenträger, schadhafte dunkle Schneidezähne, Pfeifenraucher*
Kleidung	*meist nachlässig – sportlich*
Sprache	*hochdeutsch mit »sächsischem Akzent«; rhetorisch gewandt ... «*

Am 17.1.84 wird der Operative Vorgang »Grüner« eröffnet, weil

»der Verdacht besteht, dass der K. unter dem Deckmantel seiner beruflichen Tätigkeit staatsfeindlich ... tätig ist ... «

Zwei Tage später werden in einem »Operativplan« konkrete Maßnahmen festgelegt:

Im OV wird der zu den reaktionärsten Kreisen der ev.-luth. Landeskirche Sachsen zählende Krause, Joachim ... operativ bearbeitet ...

1.2. Durch die IM ›U.‹ und ›H.‹ bestehen verwandtschaftliche Beziehungen zum Verdächtigen. Unter Ausnutzung dieser Beziehungen sind beide IM in die Aufklärung des Verdächtigen einzubeziehen. ...
3. Zur Aufklärung ... machen sich ... koordinierte operativ-technische Maßnahmen mit den Abteilungen M, PZF und 26 erforderlich«

(M = Postüberwachung, PZF = Postzollfahndung, 26 = Telefonüberwachung)

und später ist zu lesen:

3. In der Bearbeitung des OV ›Grüner‹ sind Beweise zu Straftaten gemäß §§ 97, 98, 99, 100, 106, 218, 219, 220 und 245 StGB auf der Grundlage eines neu zu erarbeitenden Operativplanes ... zu schaffen.
(Nach dem Strafgesetzbuch der DDR von 1968 bedeuteten die oben angegebenen Paragraphen Straftaten zu folgenden Stichworten: § 97 = Spionage, § 98 = Sammlung von Nachrichten, § 99 = Landesverräterischer Treubruch, § 100 = Staatsfeindliche Verbindungen, § 106 = Staatsfeindliche Hetze, § 218 = Vereinsbildung zur Verfolgung gesetzwidriger Ziele, § 219 = Ungesetzliche Verbindungsaufnahme, § 220 = Staatsverleumdung, § 245 = Geheimnisverrat)

Wenig danach hatte ich noch die zweifelhafte Ehre, eine Stufe höher, in einem »Zentralen Operativen Vorgang« in Berlin »bearbeitet« zu werden (ZOV »Konflikt«). Ich bin dankbar, dass ich von all dieser staatlichen »Zuwendung« und »Betreuung« nie richtig etwas bemerkt habe. Vielleicht war ich ja in den folgenden Jahren einfach vorsichtig genug (Selbstzensur?), vielleicht habe ich auch manches unter »normal« verbucht (»die Stasi ist sowieso immer dabei«), was leicht hätte brenzlig werden können. Ich war jedenfalls kein harter standsicherer Widerstandskämpfer, der all dem fröhlich getrotzt hätte. Ich hätte wohl einfach nur Angst gehabt.

Mach mal was Passendes

Es war einer jener Augenblicke im Leben, die nie mehr aus dem Gedächtnis verschwinden. Der DDR-Rundfunk hatte es in den Nachrichten ausführlich gemeldet: Gerhard Zachar und Henry Pacholski waren auf einer Straße in Polen tödlich verunglückt. Nüchtern. Amtlich. Ein plötzlicher, schriller und schmerzlicher Akkord. Die Ära Lift – auch ein wichtiger Abschnitt in meinem Leben – war von diesem Tag an Vergangenheit ...

Monate später kam ein Anruf. Werther Lohse: Wir wollen weitermachen mit Lift, ich steige wieder ein. Und: Wir brauchen Texte, kannst du? Wenig später brachte mir Wolfgang Scheffler ein Demo-Band mit schon ziemlich fertigen Musikstücken vorbei: Mach da mal was Passendes dazu! Mir war es eigentlich immer lieber gewesen, wenn Musikanten zu ihren musikalischen Ideen auch ein paar inhaltliche Vorstellungen dazu packten, worum es in dem Text etwa gehen könnte. Diesmal nur: Mach mal ...

Die Melodie zehnmal, zwanzigmal hören, Welche Worte, welche Geschichten könnten dazu passen? Wo sollte ich anknüpfen? Erinnerungen stiegen hoch, wie war das damals gewesen? »*Am Abend mancher Tage, da stimmt die Welt nicht mehr.*« Es wurde ein Text von Bruchstellen im Leben, die weh tun, und von dem Mut, trotzdem wieder aufzustehen.

Ich nahm den Textentwurf mit zur Probe von Lift ins Kulturhaus von Heidenau. Wolfgang war sich unsicher, ob das Lied nicht insgesamt (Musik und Textidee) zu schmalzig und gefühlsbeladen sei. Ich habe daraufhin noch zwei weitere Textentwürfe mit ganz anderen Inhalten abgeliefert. Dann probte die Band wieder im Kulturhaus. Der Hausmeister lief durch den Raum, hielt andächtig inne, und er sagte, nachdem das Lied verklungen war: »Das wird ein Hit.« Und auf sein Votum hin entschied die Band: Wir machen das Lied fertig, und es bleibt bei dem ersten Text. Bald erschien die Schallplatte, der Titel fand erstaunlich gute Resonanz in den Hitparaden. Am Ende des Jahres 1980 habe ich einige Stunden lang am Radio gesessen. Die hundert besten Pop-Musik-Titel des Jahres in der DDR wurden gespielt. Ich wartete auf das eine Lied, zu dem ich den Text geschrieben hatte: »Am Abend mancher Tage«. Es blieben nur noch wenige Titel bis zu Platz 1, hatte ich's doch verpasst? Am Ende gab's die große Überraschung. »Mein« Lied stand auf dem ersten Platz, war Hit des Jahres in der DDR!

Ich habe danach nie wieder einen Rockmusik-Text geschrieben.

(In der Bilanz sind es ziemlich genau siebzig auf Rundfunk-Tonbändern oder auf Schallplatte produzierte Musikstücke, zu denen ich die Texte beigetragen habe.)

Zusammen mit »Am Abend mancher Tage« erschienen noch zwei weitere Texte von mir auf der nächsten Langspielplatte der Gruppe LIFT, die im Folgenden mit abgedruckt sind:

»Am Abend mancher Tage«

*Am Abend mancher Tage – da stimmt die Welt nicht mehr:
Irgendetwas ist zerbrochen, wiegt so schwer.
Und man kann das nicht begreifen,
will nichts mehr seh'n –
und doch muss man weitergeh'n*

*Am Abend mancher Tage – da wirft man alles hin.
Nun scheint alles, was gewesen, ohne Sinn.
Und man lässt sich einfach treiben,
starrt an die Wand.
Nirgendwo ist festes Land.*

*Refrain: Gib nicht auf,
denn das kriegst du wieder hin!
Eine Tür schlug zu,
doch schon morgen wirst du weiter seh'n ...*

*Manchmal ist eine Liebe erfroren über Nacht.
Manchmal will man hin zur Sonne – und stürzt ab.
Manchmal steht man ganz allein da,
ringsum ist Eis,
alles dreht sich nur im Kreis.
Refrain: Gib nicht auf ...*

*Am Abend mancher Tage – da stimmt die Welt nicht mehr:
Irgendetwas ist zerbrochen, wiegt so schwer.
Und man kann das nicht begreifen,
will nichts mehr seh'n –
und doch muss man weitergeh'n
... und man läßt sich einfach treiben,
will nichts mehr seh'n,
und doch wird man weitergeh'n ...*

(Text: Joachim Krause, Musik: Wolfgang Scheffler;
Rockgruppe LIFT mit Werther Lohse 1979.
Der Titel wurde später gecovert, z. B. von den Puhdys, Jan Josef Liefers,
Manuel Schmid, Uschi Brüning ...; der Liedtext ist 2018 abgedruckt worden
im Buch »Auch wenn dein Herz voll Trauer ist«, St. Benno Verlag Leipzig)

»Märchenland«

*Land, fast vergessen –
drei Meilen hinter der Zeit –
frag deine Träume – schick sie weit ...*

*Land voller Hoffnung –
der Schwache muss klüger sein,
um sich vom Unrecht zu befrei'n.*

*Refrain:
Lass deinem Mut freien Lauf,
schöpf neue Kraft, geh bergauf.
Wer nicht mehr träumt, gibt sich auf.*

*Land voller Sehnsucht –
wer Leben gewinnen will,
setze sein Leben auf's Spiel ...*

Lass deinem Mut freien Lauf ...

*Land voller Zweifel –
im Spiegel frag deinen Blick:
Wirft er die Wahrheit dir zurück?*

*Land, nie vergessen –
drei Meilen hinter der Zeit –
frag deine Träume – schick sie weit
... ins Märchenland*

(Komp.: Wolfgang Scheffler / Michael Schiemann,
Text: Joachim Krause / Werther Lohse,
Rockgruppe LIFT mit Werther Lohse, 1979)

»Komm heraus«

Des Tages erste Stunde
ist grad mit mir erwacht,
ich seh ins Grau der Fenster,
da ist nicht Tag noch Nacht.
Im Nebel aus Gedanken
bricht scheu das Licht herauf,
ein Bündel klarer Strahlen
reißt alle Himmel auf.

Komm heraus, Bruder, wach auf,
jetzt beginnt deine Zeit
– welch ein Tag!
wach auf, komm heraus!

Ein Ball aus Glut und Feuer
schwimmt aus dem Nebelmeer,
und Wolkenschiffe jagen
der Sehnsucht hinterher.
Ringsum erwachen Farben.
So neu war nie die Welt.
Dort kann nichts dunkel bleiben,
wohin dies Feuer fällt.

Komm heraus ...

Der neue Tag ist offen,
wie Kinderaugen sind,
und Vogelschwingen tragen
ein neues Lied im Wind.

Komm heraus ...

(Komp.: Wolfgang Scheffler, Text: Joachim Krause,
Rockgruppe LIFT mit Werther Lohse, 1979)

Gefährliche Offenheit
An einer Stelle war das System DDR besonders verletzlich: Offenheit, Öffentlichkeit waren nicht vorgesehen. Vieles geschah nach Spielregeln, die in internen Zirkeln verabredet wurden. Entscheidungen waren nicht durchsichtig. Weder war ihr Zustandekommen nachzuvollziehen, noch waren Verantwortliche greifbar. Mechanismen einer Mitwirkung oder Kontrolle durch die Öffentlichkeit gab es nicht. Für alle Lebensbereiche waren Strukturen vorgegeben, und damit war jeder andere Weg oder jede andere Organisationsform auch schon ausgeschlossen. Alles, was nicht offiziell angeordnet oder organisiert war, war eigentlich verboten ...

Und nun kamen da Leute und machten »offene« Jugendarbeit. Treffs, zu denen einfach jeder kommen konnte, bei denen jeder sagen durfte, was ihm wichtig war. Und die verborgenen Zuhörer, die in »dienstlichem« Auftrag dabei waren, wurden von uns auch offensiv aufgefordert, kritische Botschaften doch weiterzutransportieren!

Für die Stasi war De-Konspiration, also das Auffliegen-lassen der Geheim-Sphäre, zum Beispiel das (öffentliche) Reden über Kontakte zu diesem »Organ« oder über dort gehabte Gespräche die schrecklichste Sache überhaupt. Also lautete die Regel Nummer 1, die wir untereinander weitersagten: Wenn schon jemand eine solche Begegnung der besonderen Art hatte, dann solle er mit allen möglichen Leuten darüber reden und das auch den Schlapphüten mitteilen!

Ich habe immer sehr freizügig und ganz offen Kontakte Richtung Westen gesucht. Oft geschah das sogar dienstlich von der Arbeitsstelle aus. Durch Abschicken von besonderen, offiziell vorgedruckten Postkarten hatte man die Chance, an wichtige fachliche Informationen heranzukommen (Sonderdrucke aus Fachzeitschriften), ich schrieb auch Briefe direkt an Autoren und Verlage. Der Rücklauf klappte recht gut, wurde also nicht unterbunden, aber die Vorgesetzten und manche Behörden hatten schon erhebliche Schwierigkeiten mit derlei »Westkontakten«, die es eigentlich gar nicht geben sollte.

Trabant I: Überlebenstraining
Ich bin eigentlich, was Technik anbelangt, ziemlich blind. Aber für'n Trabant hat's doch gereicht. Wenn man sich in diesem Auto umsah oder die Motorhaube öffnete, war sehr übersichtlich alles zu sehen, was zu einem Auto gehört, und wie das funktioniert, konnte man auch verstehen. Denn um mit dem Trabant zu überleben, musste man mancherlei wissen, was

und wo und wie, und man musste oft selbst Hand anlegen. Es gab zum Beispiel einen Feuerlöscher. Als eine Freundin sich einmal unser Auto geborgt hatte, ist der tatsächlich zum Einsatz gekommen, bei einem Brand im Motorraum mitten auf der Kreuzung. Es gab einen Reserve-Hahn für die Benzinzufuhr. Wenn der Motor plötzlich stotterte – es gab keine Vorwarnung durch eine Tankanzeige im Cockpit –, tauchte der kundige Fahrer blitzschnell nach rechts unters Lenkrad ab und drehte einen kleinen Hahn nach links. Ich führte für den Notfall immer eine Rückzugsfeder für den Bowdenzug vom Gaspedal mit; wenn diese unscheinbare Spirale aus Draht brach – auch das habe ich erlebt – tourte der Motor auf Vollgas hoch und röhrte auf vollen Touren; eine missliche Situation, wenn man die 15 Pfennige für die Feder gespart hatte! Man hatte auch immer einen Keilriemen dabei – clevere Leute schworen auf West-Nylon-Strümpfe als Ersatz-Variante. Wenn der Riemen riss, war die Stromversorgung des Trabbi hin. Da war es gut zu wissen, dass man in diesem Fall die Lichtmaschine locker schrauben musste, um den Ersatzriemen einfädeln zu können. Auch nur Trabbifahrer konnten wissen, dass es Schmierfilze für die Unterbrecherkontakte der Zündspule gab und wo diese zu finden und wie sie im Krisenfalle auszuwechseln waren. Dazu musste man die Vorderräder scharf einschlagen. Dann konnte man am Rad vorbei eine Dose ertasten – die war natürlich mörderisch verdreckt –, eine Klemme beiseite drücken, den Deckel abnehmen – und dort waren die kleinen Bösewichte, die manchmal verölten. Aus diesen und anderen Gründen hatte jeder Trabbifahrer immer ein mittelgroßes Ersatzteillager, teils im Auto und teils zu Hause. Und wenn's irgendwo Schalldämpfer gab, legte man sich auch vorsichtshalber einen hin für die nächste Reparatur.

»Wir bleiben hier!«
Ab 1982 verschickte ich alljährlich an alle Freunde und Verwandten einen »Jahresbrief« als etwas ausführlicheres Rundschreiben, damit sie wenigstens einmal im Jahr etwas über unser Leben und unsere Befindlichkeit erfuhren. 1982 waren wir am ersten Adventssonntag umgezogen aufs Dorf. Im Jahresbrief stand knapp:
> »... *Wir kehren der großen Stadt den Rücken und ziehen nach Westen – nein, nur 100 Kilometer – wir bleiben hier!* ...«

»Nach Westen umziehen«, in dieser Formulierung steckte auch 1982 schon eine Doppelbödigkeit, die hier trotzig mit der (eigentlich erst 1989 bekannt gewordenen) Parole »Wir bleiben hier!« geradegerückt wird.

Postkontrolle
Anfang der 1980er Jahre wurde unsere Post aus dem Westen intensiv »gefilzt«. Briefe verschwanden, jedes Weihnachtspäckchen war erkennbar durchwühlt. Manchmal konnten einem die Kontrolleure aber auch richtig leidtun! Eines Tages nahm mich ein Abteilungsleiter in meinem Institut auf die Seite und berichtete, dass eben zwei Herren bei unserem Direktor gewesen seien und sich bitter über meine Provokationen beklagt hätten. Ich hatte ganz ehrlich keine Ahnung, was ich angestellt haben sollte. Was war passiert? Die beiden Herren waren mit der Kontrolle meiner Post beauftragt. Kürzlich war ein großes Paket mit 20 Rollen Klopapier aus dem Westen gekommen. Welche Bösartigkeit war da zu vermuten? Die Herren bekamen den Auftrag, das Papier von einer Rolle nach der anderen komplett abzuwickeln – vielleicht war da drin ja eine konspirative Botschaft versteckt – und danach natürlich wieder ordentlich aufzurollen. 20 Mal! Und nichts gefunden! Ich konnte verstehen, dass sie sauer waren. Des Rätsels Lösung war banal. Ein Freund aus dem Westen war bei uns zu Besuch gewesen. Wie so oft zu DDR-Zeiten gab es gerade kein Klopapier, und er hatte sich auf unserer Toilette mit zerrissenen Zeitungen herumplagen müssen. Da wollte er uns eben mit 20 Rollen samtenen Westpapiers was Gutes tun.
    Über solche Geschichten, die genüsslich weiter erzählt wurden, konnte als Real-Satire gelacht werden – wie über die schönen DDR-Witze –, und das tröstete über den bitteren Ernst mancher Lage ganz gut hinweg.

Tschernobyl und die Folgen
26. April 1986 – dieses Datum hat sich tief in das Gedächtnis einer ganzen Generation eingebrannt, verbunden mit dem Stichwort »Tschernobyl«. In einem sowjetischen Kernkraftwerk war das geschehen, was nie geschehen durfte! Infolge menschlicher Bedienungsfehler und unzureichender technischer Sicherheitsvorkehrungen war der Reaktorblock Nr. 4 außer Kontrolle geraten und explodiert, und ein glühendes Höllenfeuer aus Graphit und Strahlenasche schickte wochenlang Wolken mit hochradioaktivem Staub rund um den Globus.
    Schlagartig wurde deutlich: Die schon länger diskutierten Risiken beim Betrieb von Kernkraftwerken waren eben nicht nur theoretische Rechenspielereien – ein solcher Reaktor konnte wirklich völlig außer Kontrolle geraten. Und obwohl das Tausende Kilometer entfernt passiert war, waren wir plötzlich direkt mit betroffen: Bei strahlendem Wetter wehte der Ostwind den radioaktiven Staub bis in die Idylle deutscher Kleingärten.

Erschrecken machte sich breit, Nachdenklichkeit, Ratlosigkeit. Auch die Menschen hierzulande stellten Fragen, sie erwarteten Antworten, sie wollten Informationen.

Der Staat DDR war auf ein solches Geschehen ausgerechnet im sozialistischen System überhaupt nicht vorbereitet und versteckte sich (zunächst) hinter Schweigen, wenig später folgten Beschwichtigungen und Verharmlosungen und Lügen, die in den Medien verbreitet wurden.

Bis dahin hatte es eine breitere oder gar öffentliche Debatte über Pro und Kontra der Kernenergie in der DDR nicht gegeben. Der Informationsbedarf war riesig. Wie arbeitet eigentlich so ein Atomkraftwerk, was kann bei einem Unfall passieren, welche Gefahren bestehen für die Bevölkerung, ist die Kernenergie unverzichtbar oder gibt es Alternativen?

Ich schrieb in den folgenden Wochen eine Informationsbroschüre, die interessierten Mitmenschen helfen sollte, sich in der Debatte zurechtzufinden und selbst eine Meinung zu bilden.

Herausgegeben und vervielfältigt wurde das Heft über das »Kirchliche Forschungsheim« in Wittenberg. Wir gaben dem Heft etwas schlitzohrig den Titel

»... nicht das letzte Wort«.

Das war nämlich ein Zitat von Erich Honecker, dem damaligen Generalsekretär der allmächtigen »Partei« und Staatsratsvorsitzenden der DDR. (Die Staatspartei in der DDR hieß wirklich bis zum Schluss SED, Sozialistische Einheitspartei Deutschlands!) Er war mit dieser Formulierung in einem Interview nach den Ereignissen von Tschernobyl einer endgültigen Bewertung zu den Perspektiven der Kernenergie in der DDR ausgewichen.

Mein Kernenergie-Heft wurde seit Ende März 1987 im Lande verbreitet. Natürlich stand wie immer im Impressum der Vermerk »Für innerkirchlichen Gebrauch!« Aber natürlich sollten und durften auch alle anderen interessierten Mitmenschen darin lesen. Und wir konnten davon ausgehen, dass sich längst auch die »zuständigen Organe« damit beschäftigten.

Zunächst sei noch auf eine kleine Ergänzung hingewiesen, durch welche WIR die Verwendung einschränkten: Im Impressum war zu lesen: »Nicht zur Veröffentlichung!« Das klingt etwas schizophren, hatten wir das Heft doch gerade gedruckt und boten es öffentlich an. Entschlüsselt bedeutete dieser Satz: Die Menschen hier im Osten sind unsere Zielgruppe, eine »Veröffentlichung« in westlichen Medien mit den damit verbundenen politischen Turbulenzen würde unserem Anliegen eines Gesprächs innerhalb der DDR mehr schaden als nützen.

Und weil wir grundsätzlich immer mit offenen Karten spielten und auch gern ein bisschen pokerten, und natürlich auch, weil wir gespannt waren, was passieren würde, war es nur folgerichtig, dass ein paar Wochen später ein Exemplar direkt per Post an Erich Honecker ging:

Sehr geehrter Herr Generalsekretär!
Hiermit übersende ich Ihnen ein im Raum der Kirche entstandenes und verbreitetes Papier zur Diskussion über die Nutzung der Kernenergie zu friedlichen Zwecken. ...
Es mag unüblich sein, Ihnen ein solches Heft zuzuschicken. Ich tue es trotzdem, da ich aus Pressemitteilungen und aus Berichten eines Ihrer Gesprächspartner weiß, dass die Problematik der Kernenergienutzung Sie bewegt und da der Titel des beiliegenden Heftes auf Sie zurückgeht.
Mit freundlichen Grüßen ...

Den weiteren Fortgang der Geschichte haben wir erst nach dem Ende der DDR aus staatlichen Archiven erfahren. Erich Honecker hielt unser Schreiben tatsächlich wenige Tage später in der Hand und notierte handschriftlich auf dem Brief: »*Gen. F. J. Hermann zur Prüfung E. H. 22.4.87*«
Die Prüfung im ZK der SED dauerte zwei Wochen, und sie und ergab, dass wir »oppositionell und staatsfeindlich« seien. Wir landeten aber erstaunlicherweise nicht etwa im Knast, sondern erhielten einige Wochen später eine Einladung in das zuständige »Staatliche Amt für Atomsicherheit und Strahlenschutz« zu einem Fachgespräch.

Solche Erfahrungen machten durchaus Mut, weitere »staatsfeindliche Aktionen« dieser Art ins Auge zu fassen.

Undichte Vertraulichkeiten
Mein oberster Chef im Landeskirchenamt ließ sich einige Wochen nach dem Unfall in Tschernobyl von mir über die ersten Ergebnisse der Diskussion zur Kernenergie unterrichten. Der Hintergrund für sein Interesse ist mir erst später deutlich geworden. Er nahm im September 1986 an einem »Gespräch über die verantwortliche Nutzung der Atomenergie nach der Havarie von Tschernobyl« teil. In erlauchter Runde trafen sich in Berlin reichlich 20 Vertreter der Kirchenleitungen verschiedener evangelischer Landeskirchen (Bischöfe, Präsidenten, Mitglieder von Synoden) mit Vertretern des Staates: dem Staatssekretär für Kirchenfragen Klaus Gysi (der Vater von Gregor Gysi) und seinen Mitarbeitern, einem Mann vom ZK der

SED – und Prof. Klaus Fuchs (dem ehemaligen Atomspion in den USA in Diensten der Sowjetunion). Sie ließen sich informieren, es gab Möglichkeiten zu Rückfragen und zum Gespräch. ABER: Alles blieb, auch innerkirchlich, geheim. Kirchennahe Leute, die sich fachlich-kritisch mit den Folgen des Unfalls in Tschernobyl beschäftigten, und zu denen auch ich gehörte, wurden weder in solche Gespräche einbezogen noch erfuhren wir etwas über deren Inhalt und Verlauf.

Ich kenne das Protokoll des Treffens trotzdem, aber nur deshalb, weil es mir Monate später am Rande einer Veranstaltung irgendjemand verstohlen in die Hand gedrückt hat. Es handelt sich dabei um eine Fotokopie. Auf einigen Seiten sind Ahornblätter mit aufs Foto geraten – irgendjemand hatte das Original wahrscheinlich illegal im Gebüsch hektisch abfotografiert.

Die Macht der Eingaben und der Zitate
In diesem Land DDR gab es kaum einklagbare Rechte, aber es gab eine Macht des kleinen Mannes, die in den so genannten »Eingaben« steckte. Man durfte und konnte sich beschweren, wenn einem etwas nicht passte, und die staatlichen Stellen waren verbindlich verpflichtet, innerhalb von vier Wochen die Angelegenheit zu bearbeiten und zu (er-)klären. Und so beschwerte auch ich mich: weil ich keinen Ersatzreifen für mein Auto bekam, weil aus einem Westpaket Schallplatten beschlagnahmt worden waren, weil ein Dresdner Kraftwerk zu sehr qualmte. Einmal schrieb ich an den Genossen Hans Modrow, damals Bezirkssekretär der Einheitspartei in Dresden, weil plötzlich einige Dutzend Militärmaschinen auf den Dresdner Zivilflughafen standen und von morgens 6 Uhr an pausenlos über die Stadt donnerten. Unerträglicher Lärm, schlaflose Kinder, genervte Nachbarn. Keine Antwort. Ich wartete genüsslich den Ablauf der ominösen Vier-Wochen-Frist ab, dann rief ich in der Bezirksleitung der SED an. Und löste das erhoffte Beben aus. Hektische Betriebsamkeit, Entschuldigungen, ein schriftlicher Zwischenbescheid schon am nächsten Tag. Und eine Woche später erhielten wir in unserer Wohnung amtlichen Besuch. Zwei hoch dekorierte Offiziere der NVA, die in voller Uniform erschienen, breiteten auf dem Tisch geheime Karten aus, erläuterten uns die militärische Lage im Luftraum über Dresden – und sie sagten zu, dass die morgendlichen Flüge ab sofort erst eine Stunde später starten würden, und ohnehin würden die Maschinen kurzfristig wieder verlegt.

Als wirksam erwies sich auch das Zitieren von Stimmen und Zeugnissen, die die DDR zu ihren Heiligtümern erklärt hatte, auf die sie stolz war und auf die sie sich selbst immer wieder berief. Marx und Engels, Honecker und die Schlussakte von Helsinki, die Menschenrechtskonventionen der UNO oder die Umweltgesetze der DDR, Parteitagsbeschlüsse oder in DDR-Fachzeitschriften und -Büchern veröffentlichte Zahlen und Fakten – darauf konnte man sich berufen, und man hatte damit stets gute Trumpfkarten für die Diskussion mit amtlichen Stellen.

Lachen zwischendurch
Bei all den Problemen, mit denen wir uns herumschlagen mussten – manchmal haben wir auch zu DDR-Zeiten herzlich lachen können. Später habe ich die Witze mit den »Meldungen vom Sender Jerewan« sehr vermisst, oder »Treffen sich Chruschtschow, Kennedy und Ulbricht ...«. Vielleicht gelang ja nur so das Überleben.

In den 1980er Jahren erschien zum Beispiel ein Aufruf in den Wittenberger Umwelt-BRIEFEN:
»*Unser Leser Matthias hat 1000 Mark gespendet für einen Wettbewerb. Gesucht werden Zwei- und Vierzeiler, Slogans, Spots, Limericks, Persiflagen auf bekannte Lieder oder Ähnliches – immer zur Umweltzerstörung und -bewahrung. ...*«

In den nächsten Wochen kam Abwechslung in meine manchmal langen Dienstfahrten. Ich saß gemütlich im Zug und grübelte mit Bleistift im Mund. Oder ich fuhr auf der Autobahn, wartete darauf, dass mich die Muse küsste, und wenn zwei oder drei Ideen eingeschwebt waren, hielt ich auf dem nächsten Parkplatz an und kritzelte ein paar Zeilen auf einen Zettel. So kamen einige witzige und nachdenkliche Textchen zusammen – hier ist eine Auswahl zusammengestellt:

ÖKO-SPRÜCHE

Man soll die Luft nicht vor der Nachtschicht loben.

Wer fastet, entlastet.

Der Geist ist willig –
aber das Fleisch schmeckt gut.

Viel Maikäfer gab's einst in Laage,
und jeder stimmt ein in die Klage:
Man nahm DDT,
das tut Käfern weh –
jetzt sind sie ein Tier aus der Sage.

Aller Anfang ist gut.

Zwei Schornsteine unweit von Seyde,
die standen im Wettbewerb beide,
sie rauchten und bliesen
über Felder und Wiesen –
da husten noch heute die Leute.

An ihren Autos sollt ihr sie erkennen.

Sauer macht lustig, sagte der Wald –
da lachte er sich tot.

Sich auf-regen bringt Segen.

Bei Bitterfeld sind alle Katzen grau.

Da kräht kein Hahn danach, sagte der Agrochemiker –
da hatte er alle Hähne schon vergiftet.

Die Enkel werden strahlen, sagte der Mann –
da vererbte er ihnen seinen Atommüll.

Un-Ruhe ist die erste Bürgerpflicht.

Machen ist gesund.

Das schützende Dach der Kirche

Wie es sich für eine in der Öffentlichkeit wirkende Einrichtung gehört, bekam ich als »Landesbeauftragter« einen ordentlichen Beirat zur Seite gestellt. Zwischen fünf und zehn Herren (selten waren auch Damen dabei) unterschiedlicher Profession – Biologen, Physiker, Theologen, Umweltschützer, Pädagogen – begleiteten meine Arbeit. Der Beirat musste sich auch »Beschwerden staatlicher Stellen über die Tätigkeit von J. Krause« anhören. »Die Kirche«, also meine Vorgesetzten und damit die Landeskirche, nahm nicht nur mich, sondern auch »ihre« Friedens- und Umweltgruppen unter ihre schützenden Fittiche. Ich denke schon, dass die Kirche auch stolz darauf war, dass diese wichtigen und brisanten Fragen unter ihrem Dach diskutiert wurden. Sie gab Raum für die Erörterung von Themen, die in der Gesellschaft brodelten, für die es aber innerhalb der staatlicherseits vorgesehenen Institutionen und Spielregeln keinen Platz gab. Und das verschaffte der Kirche ja durchaus auch ein positives Image in der DDR-kritisch eingestellten Öffentlichkeit.

Ich denke, dass meine kirchliche Obrigkeit manchmal gar nicht so genau im Bilde war, was ich da genau machte. Aber gegenüber staatlichen Stellen wurde immer wieder standhaft Stellung bezogen: »Wir wissen, was er tut, und wir stehen dahinter und wir wollen das – die Beschäftigung mit diesen Themen ist ein christliches Anliegen und gehört zum Auftrag der Kirche!«

Eingeschriebene Geheimnisse
Von 1984 an habe ich oft dienstliche Briefe und Päckchen als »Einschreiben« abgeschickt und die Belege abgeheftet. Der Grund lag darin, dass mancher Brief einfach – im Gestrüpp der staatlich-politischen Kontrollen – »verschwand«. Mit dem »Einschreibe-Trick« erhöhte sich die Hemmschwelle für das Einfach-verschwinden-lassen deutlich. Manche Briefe wurden zwar immer noch »herausgefischt«. In einer Stasiakte habe ich später gelesen, dass eine Zeitlang der gelbe Postkasten, in den ich normalerweise meine Sendungen einwarf, meinetwegen immer gesondert geleert wurde. Und manche Briefe wurden sicher auch weiterhin »mitgelesen«, aber sie erreichten dann mit Verspätung doch ziemlich sicher den richtigen Adressaten.

Konrad Lorenz light
Sommerurlaub. Drei lange Wochen im Zelt an einem See in Brandenburg. Paddeln, Wandern, Baden, Gewitterangst – alles war schon gewesen. Die Kinder langweilten sich. Dem Vater musste was Neues einfallen. Ich beschloss, mich als Bootsbauer zu versuchen. Ein passendes Brett war bald gefunden, nach einigen Beilhieben war die Form eines Schiffsrumpfes zu

ahnen. Es schwamm. Aber den Kindern reichte das noch nicht. Es sollte ein Segelschiff sein. Das mit dem Mast war ja noch einfach – ein Loch wurde in das Brett gebohrt, ein gerader Ast hineingesteckt und festgekeilt. Aber woher nun ein Segel nehmen? Die rettende Idee: einfach ein Blatt Papier aus dem Schreibblock, Format A4, oben und unten ein Loch hineingerissen, vorsichtig über den Mast gezogen – und nun blähte sich stolz das weiße Segel im Wind. Und wenn das Schiff ordentlich zu Wasser gelassen wurde und richtig zum Wind stand, fuhr es wirklich los. Allseits Freude, und wir spielten Seefahrt.

Bis plötzlich etwas Eindrückliches geschah. Weit drüben am anderen Seeufer kam Bewegung auf. Ein Schwan, der dort all die Tage immer majestätisch auf und ab geschwommen war, die Ruhe in Person, begann plötzlich mit seinen mächtigen Flügeln zu schlagen, rauschte und flatterte ganz gewaltig und setzte sich in Bewegung. Dicht über dem Wasser raste er in gerader Linie direkt auf unsere kleine Bucht zu. Das wirkte schon ziemlich bedrohlich. Der Schwanenvater hatte uns fast erreicht, als er Hals über Kopf seinen Sturmlauf »bremste« und irgendwie unsicher und verlegen wenige Meter vor uns herumschwamm. Alarm beendet. Die Kinder wurden beruhigt. Aber was war da passiert? Nach einigen Tagen habe ich den ungewollten »Versuch« noch einmal wiederholt. Unser Schiff kriegte eine neues blendend weißes Papiersegel, und dann wurde damit einfach hin- und hergefahren ... Und es klappte. Einige hundert Meter weiter war ein Schwanenpaar in Begleitung einiger grauer Küken auf Familienausflug. Als sie nach wenigen Minuten unser Segel bemerkten, ließen die Eltern ihre Kinder im Stich – so wichtig war ihnen der weiße Fleck! – und rasten über den See los in Richtung auf unser unschuldiges Schiffchen. Wieder bedrohliches Rauschen, dann Notbremsung wenige Meter vor uns und verlegenes Abdrehen der großen Vögel. Wahrscheinlich hatten sie aus der Ferne unser harmloses Papiersegel wegen Farbe und Größe für einen Schwanen-Konkurrenten gehalten, der an »ihrem« See nichts zu suchen hatte und der verjagt werden musste. Das Revier musste verteidigt werden, das war so wichtig, dass sogar die eigenen »Kinder« im Stich gelassen wurden. Ein weißer Fleck von der richtigen Größe reichte aus, um das Verhaltensprogramm anzuschalten und abzuspielen. Ich habe meine Beobachtungen zur Verhaltensforschung später an eine Tierzeitschrift im Westen geschickt, wo der Beitrag auch gedruckt wurde; die Stasi hat auch das – etwas irritiert – in der Akte abgeheftet.

Umweltfreundliche Dienstreisen
In meinen Veranstaltungen hatte ich oft über Umweltprobleme zu sprechen, über ihre tieferen Ursachen und ihre Verflechtungen mit unserem eigenen Lebensstil. Da ich zusätzlich auch noch der »amtliche« Umweltbeauftragte der Landeskirche war, hatte ich all die Jahre über den Ehrgeiz, möglichst umweltfreundlich zu den Veranstaltungen anzureisen. Also nutzte ich, wo das möglich war, öffentliche Verkehrsmittel. Zwei Bahnhöfe lagen in Reichweite meines Wohnorts – Glauchau für die West-Ost-Strecke Plauen–Zwickau–Chemnitz–Dresden–Bautzen–Görlitz und Gößnitz für die Süd-Nord-Trasse Plauen–Zwickau–Leipzig–Berlin. Allerdings waren jeweils etwa zehn Kilometer Strecke bis zum Bahnhof schienenfrei zu überbrücken. In den ersten Jahren war ich sehr konsequent. Oft bin ich auf das Fahrrad gestiegen, habe den unhandlichen Overheadprojektor an den Lenker gehängt und bin bei Wind und Wetter zum Bahnhof geradelt (und manchmal nachts zurück). Später setzte sich der Kompromiss durch, doch wenigstens bis zum Bahnhof das Auto zu nutzen. Die Umweltfreundlichkeit des Reisens hatte einen schmerzlichen Preis: Wenn ich zum Beispiel in Dresden eine Veranstaltung hatte, war das mit dem PKW alles in allem in fünf bis sechs Stunden zu schaffen, mit der PKW-Bahnfahrt-Kombination dauerte es neun bis zehn Stunden.

Der Fahrpreis erlebte im Laufe von 40 Jahren ein erhebliches »Wachstum«. 1982 bis 1990: 4,60 Ostmark für die Arbeiterrückfahrkarte (evtl. plus 6 Mark D-Zug-Zuschlag); 1991: 28,00 D-Mark; 2022: 51,60 Euro.

Seltsame Vögel
Ein sonniger Nachmittag im Frühsommer. Wir saßen plaudernd auf der Terrasse, der Tee dampfte in den Gläsern. Im Garten lärmten und sangen die Vögel. Plötzlich war da etwas Neues! Wir hatten es beide gehört, sahen uns zunächst verunsichert an und begannen dann zu raten, welcher Vogel wohl so singen könnte. Wir versuchten auch, die Richtung zu bestimmen, aus der die Töne kamen, um den Sänger vielleicht zu entdecken. Merkwürdig, der Gesang kam von tief unten, irgendwo aus dem Gebüsch neben den Erdbeeren. Nun war die Neugier doch größer als das nachmittägliche Ruhebedürfnis. Vorsichtig schlichen wir in die Richtung, wo weiterhin der Gesang ertönte. Ganz unten auf der Erde? Da war es: Eine dicke Igel-Mutter wackelte durch die Beete, und hinter ihr torkelten fünf kleine Stachel-Bällchen im Gänsemarsch. Sie ließen sich von uns gar nicht stören, sondern wanderten weiter – und sie sangen dabei. Die Igelfamilie unter-

hielt sich mit quietschend-melodischen Tönen, die an das Zwitschern von Vögeln erinnerte. Seltsame Vögel. Es stellte sich heraus, dass sie zu einem Nest unterwegs waren, einem Haufen von vorjährigem Laub und Gras, in dem sie untertauchten und leise weiter zwitscherten. Wir stülpten eine Kiste über die Sommerwohnung als Schutz gegen Regen und neugierige Kinder. Und da haben unsere Singe-Igel in den nächsten Wochen gelebt. Als Futter stellten wir ihnen aber doch kein Vogelfutter vors Haus, denn am liebsten fraßen sie schmatzend das Dosenfutter, das eigentlich für Katzen bestimmt war.

Im Frühsommer versammelten sich – wie in jedem Jahr – die Frösche und Kröten zu Hunderten in unserem Dorfteich, quakten und knurrten einige Nächte lang wie gewohnt im lauten Chor. Dann Stille. Der Tag der Hochzeit war da. Die Weibchen legten ihren Laich, die Eier, in langen Schnüren (Kröten) oder in Klumpen (Frösche) ab, die kleineren Männchen spritzten in milchigen Wolken ihr Sperma ins Wasser. Neu für mich war die Beobachtung, dass die hochzeitlich erregten Tiere eine himmelblaue Färbung annahmen. Die himmlische Erregung verging schon nach wenigen Stunden, dann hockten die Tiere wieder unauffällig grau-grün-braun im Wasserpflanzenwald.

Im Herbst streunte ich einmal durch Feld und Hecken, als plötzlich ein greller Pfiff ertönte. Unmittelbar vor mir musste das sein! Aber da war nichts. Bei jeder Bewegung meinerseits ertönte wieder ein durchdringendes Quieken. Ein Vogel, eine Maus? Erst als ich mich von dem Such-Schema »Maus, grau« gelöst hatte und der »Quelle« auf einen halben Meter nahe gekommen war, entdeckte ich eine Fledermaus mit wunderschön orange gefärbtem Bauch, die um sich biss und mich mit ihren unerträglich hohen Tönen schließlich erfolgreich vertrieb.

Aufkauf von Obst
In der DDR gab es, nicht nur wegen der ständigen Mangelwirtschaft, sondern auch als grundsätzlich ganz sinnvolles Prinzip die staatliche Vorgabe, dass alle heimischen Ressourcen an Obst genutzt werden sollten. Damit das funktionierte und sich auch lohnte, war festgelegt, dass in jeder angebotenen Menge Obst aufgekauft werden musste, und dafür gab's auch noch richtig Geld, was das Pflücken lohnte. So kriegte der Staat etwas Obst in die Verkaufsstellen, und der Bürger hatte einen Anspruch darauf, dass sein Obst immer aufgekauft werden musste, auch in Jahren mit »Obstschwemme«.

Wir haben also immer im Herbst unsere Äpfel und Birnen – vorsichtig gepflückt und wohlsortiert in Tafelobstqualität – in die Verkaufsstellen der HO (»Handelsorganisation«) gebracht, und zehn Minuten später waren sie schon in der Auslage zu finden. Dabei war der staatlich vorgegebene Ankaufpreis manchmal höher als der – ebenfalls festgelegte – Verkaufspreis, zu dem sie nun angeboten wurden.

Es gab auch die Pflicht zum Aufkauf von »Mostäpfeln« minderer Qualität, die nur für die industrielle Verarbeitung oder zur Saftherstellung geeignet waren. Mit Kisten und Säcken standen wir in der Schlange der Lieferer, die Äpfel wurden gewogen, in andere Kisten umgefüllt, und wir bekamen dafür gutes Geld. In knappen Jahren wurde das Obst auch wirklich schnell abtransportiert und verwertet, aber wenn zu viel gewachsen war, waren die Verarbeitungskapazitäten einfach überfordert, dann wurde trotzdem aufgekauft, aber anschließend standen manchmal die überquellenden Kisten wochenlang in der Sonne und das Obst faulte, umschwärmt von Wespen, in den Kisten vor sich hin. Irgendwann wurde alles weggeschmissen.

Viele besserten auch mit der Haltung von kleinen und großen Tieren ihr Einkommen auf: Hühner, Karnickel, Schweine, Mastochsen wurden zu Hause gefüttert und verkauft – an den »Staat«, denn der zahlte garantierte und relativ hohe Aufkaufpreise. Da lohnte es sich eben, die Hühner-Eier im »Konsum« zunächst »abzuliefern« und diese fünf Minuten später – es waren die gleichen Eier (!), nun aber für's halbe Geld – für den eigenen Bedarf zurückzukaufen. Wer rechnen konnte, holte auch das Futter für sein Viehzeug zu staatlich subventionierten Tiefstpreisen in der Verkaufsstelle, einmal einen Kasten Trinkmilch und ein paar Brote für's Schwein und ein andermal Haferflocken für die Gänschen oder Wintermöhren für die Schafe.

Behütet

Schräg gegenüber von unserem Wohnhaus im Dorf stand das kommunale Gemeindeamt. Ich dachte eigentlich, dass wir zu einem ganz konstruktiven Verhältnis zwischen Kirche und Staat hier im Kleinen gefunden hätten. Beim Lesen meiner Stasiakte Jahre später wurde ich aber eines Besseren belehrt. Auf Vorschlag der misstrauischen Bürgermeisterin wurde im Gemeindeamt jahrelang die ganze Wohnung im ersten Stock freigehalten. Von dort hatte man freie Sicht auf unser Grundstück, um »feindliche« Bewegungen zu beobachten. Eine später tatsächlich dokumentierte Beobachtung sah zum Beispiel so aus, dass unsere Jungs gerade »Pirat« spielten und auf unserem Küchenbalkon eine selbstgefertigte Totenkopfflagge gehisst wurde – da wurde nun lang und breit sinniert, welchem Feind der Republik damit welche Botschaft signalisiert werden sollte ...

Jeder, der fortan mit dem Auto in unser Grundstück einfuhr, hatte die Chance, aktenkundig zu werden.

Nach der Wende entdeckten wir in einem kleinen Nebenraum im Gemeindeamt ein Bündel dünner Drähte, das aus der Wand kam. Hier bestand die Möglichkeit, in politisch kritischen Zeiten jederzeit die Telefone im Ort gezielt »anzuzapfen«, abzuhören, auch unseres.

Familie Schubert
Unser Freund Bernd hatte – mit einem Plakat auf dem Rücken – gegen die Verhaftung von Rudolf Bahro protestiert, und nun saß er in Untersuchungshaft. Verschiedene Leute aus seinem Umfeld bekamen in den nächsten Tagen Besuch. Herren erschienen an der Wohnungstür und wollten Gespräche führen. Für einen solchen Fall hatten wir unter uns immer den Tipp weitergegeben, penetrant nach dem Namen zu fragen. Bernds Freund in Leipzig fragte also den unbekannten Besucher, der an der Haustür auftauchte, der aber auch ganz ordentlich Auskunft gab: Er hieße Schubert. Bei einer amtlichen Befragung in Dresden in gleicher Sache stellte sich heraus, dass auch hier der Mann vom »Organ« – Schubert hieß. Als dann bei noch einer weiteren Begegnung wieder von dem Mitarbeiter der »Organe« der gleiche Name genannt wurde, roch das doch sehr nach geschulter Identität.

Druck mit dem Drucken
Bedrucktes Papier hatte in der DDR einen ganz anderen Stellenwert als in der Postwurfgesellschaft des Westens. Unsere Materialien zu Umweltthemen erschienen nur in begrenzter Auflagenhöhe, ein paar hundert bis wenige tausend Exemplare je Heft, aber die wurden uns aus der Hand gerissen, durchgelesen, zu Hause als Rarität archiviert oder zerfleddert an Dritt- und Viertleser ausgeliehen. Dabei war die Qualität manchmal grottenschlecht. Eine Variante der Vervielfältigung hieß ORMIG. Der Text wurde – möglichst im ersten Anlauf fehlerfrei, man hatte nur einen Versuch! – auf eine besondere Matrize geschrieben. Von einem zweiten, untergelegten Blatt übertrug sich dabei blaue Farbe auf die Buchstaben, die angeschlagen wurden. Die Matrize wurde dann in einem Gerät auf eine Rolle gespannt, die sich mit einer Handkurbel drehen ließ. In einem Vorratsgefäß befand sich Alkohol, der einen Filz nässte, der seinerseits Papierblätter befeuchtete, die

auf einer zweiten Walze gegenläufig an die Druck-Vorlage gepresst wurden. Dabei übertrug sich immer ein wenig von dem blauen Farbstoff auf das Papier. Von Umlauf zu Umlauf und von Blatt zu Blatt verblassten die Kopien. Wenn man Pech hatte, waren nur 20 Exemplare lesbar, bei frischen »West«-Vorlagen gingen auch mal 120 durch.

Für größere Auflagen eignete sich ein Verfahren, bei dem auch Matrizen beschrieben wurden, allerdings wurden hier die Buchstaben durch den Schreibmaschinenanschlag fein herausgestanzt, und durch die entstandenen Öffnungen wurde dann Druckfarbe gepresst, die zähflüssig auf einer Walze verteilt war.

Jedes Mal, wenn wir etwas drucken wollten, hatten wir auch mit anderen DDR-spezifischen Problemen zu kämpfen. Woher sollten wir das Papier kriegen? Wir brauchten für eine Auflage einer Broschüre zum Beispiel 80 500-Blatt-Pakete A4-Papier. Der Drucker wünschte sich zwar eine bestimmte und vor allem eine einheitliche Papierqualität, aber er bekam immer eine Mischung quer durch das DDR-Angebot. Konkret fuhr ich, wenn es wieder einmal so weit war, mit dem Trabbi auf Dienstreise, Anhänger hintendran. Ich informierte mich im Telefonbuch von Dresden oder Karl-Marx-Stadt oder wo ich gerade war, über die Anschriften von Geschäften mit Bürobedarf. Die klapperte ich dann systematisch ab. Rein in den Laden, Frage nach Papier: Gab's überhaupt welches? Spätestens bei der nächsten Frage, wie viele Pakete ich denn nun bekommen könne, guckten manche Verkäufer schon misstrauisch. Also lieber etwas weniger, um keinen Verdacht zu erregen, und weiter zum nächsten Laden. Der Hänger füllte sich, da lagen nun 13 Pakete mit handgeschöpft Bütten, 18 hatten weiße holzfreie Qualität, 25 Päckchen enthielten eine gelblich-graue raue Papiersorte, bei der kleine Holzspänchen zu erkennen waren usw. Entsprechend »bunt« sahen später auch die gedruckten Hefte aus.

Wenn wir die fertigen Drucke endlich abholen durften, bekamen wir sie als lose Blätter in die Hand, für jedes Seiten-Paar ein gesondertes Bündel. Dann wurden ein paar Freunde zusammengetrommelt, der erste ging mit dem Blatt mit den Seitenzahlen 1 und 2 im Kreis um einen großen Tisch herum und legte die Blätter nebeneinander, dahinter lief der nächste und legte jeweils das Blatt mit den Seite 3/4 darauf, dann kam die Seite 5/6 usw. usw. Am Schluss wurde alles mit einem stabilen »Klammeraffen« zusammengeheftet.

Teils durch gezielte Mitteilungen in »unseren« Untergrundzeitschriften, teils durch Mund-zu-Mund-Propaganda erfuhren die Leute, dass neue

Literatur im Angebot war. Meist verteilten und verschickten wir die Hefte kostenfrei, baten aber im Gegenzug um Spenden. In der Regel war den Lesern eines der Heftchen zwischen 5 und 50 (!) Mark wert. Bedrucktes Papier war ein Wertgegenstand. Die Broschüren wurden nicht nur aufmerksam gelesen, sondern auch sorgsam aufbewahrt und gezielt weitergegeben.

Trabbi II: Schaf mit Stehplatz
Der Trabbi war ein Allroundgerät. Man konnte mit ihm einfach »Auto« fahren. Aber da ging noch mehr! Bei den jährlichen Urlaubsfahrten war er uns ein zuverlässiger Lastesel. Es musste ja der gesamte Haushalt für die Familie für drei Wochen Camping transportiert werden, einschließlich Kinderbett und Küchenzelt und Lieblingsbär. Also wurde ein Anhänger geliehen und beladen, bis die Räder schief standen. Dann kam ein Dachgitter auf den Trabbi, das die Zeltsäcke aufnahm, umhüllt von einer haltbaren, aber hässlichen Plaste-Plane. Innen war das Auto auch gut gefüllt, es musste nur etwas Platz bleiben für die zwei Kinder, die bei der nächtlichen Fahrt in der Hutablage ruhten.

Noch Schlimmeres hatte der Trabbi zu bewältigen, wenn es eine reichliche Apfelernte gegeben hatte. Dann wurde das Fallobst zur Mosterei gebracht, und damit sich's lohnte, das Auto bis unters Dach vollgestopft und der Rest im Hänger verzurrt. Als Rekord erinnere ich mich an 28 Säcke zu je 30 bis 50 Kilogramm auf einer Fahrt.

Ein bisschen gewöhnungsbedürftig waren für die Mitdörfler hinter dem Gartenzaun unsere jährlichen Fahrten mit dem Schaf. Bei uns standen immer ein paar Schafe im Garten, die die Wiese kurz hielten. Einige wurden im Herbst verkauft, weil wir nur einen Mini-Stall hatten. Aber ein weibliches Tier blieb immer da, und seine Aufgabe war es, uns die Lämmer fürs nächste Jahr ins Haus zu bringen. Das passiert aber auch bei Schafen nicht von allein, da musste man »zum Bock« fahren. Der stand bei einem Bauern im Nachbardorf, und ihm wurden im Herbst die Schafe zugeführt zum nachwuchszeugenden Sprung. Einmal nur hatten wir versucht, das Schaf an einer Leine durchs Dorf zu führen, aber halb, weil wir vor Lachen nicht mehr konnten, halb, weil wir ziemlich ohnmächtig an dem Tier zerrten, gaben wir auf und machten's fortan anders. Im Trabbi wurde vorn der Beifahrersitz ausgebaut. Das Schaf wurde hineingeschoben. Hinter dem Schaf auf der Rückbank saß meine Frau und hinderte das Tier daran, sich zu setzen. Während der Fahrt guckte das Schaf etwas verdutzt durch die Frontscheibe – und die Passanten guckten noch verdutzter zurück. Aber der Ausflug lohnte sich, und im nächsten Jahr blökten wieder junge Lämmer in unserem Garten.

Der Geigerzähler
In den 1980er Jahren begannen wir in der »kirchlichen Umweltbewegung«, systematisch die Umweltsituation in der DDR »aufzuklären« – im doppelten Sinne verstanden, als Erfassung der Fakten und als Information der Bevölkerung. Mitstreiter Michael Beleites hatte – als Autodidakt – begonnen, sich mit den materiellen Hinterlassenschaften und den Gesundheitsschäden zu beschäftigen, die im Gefolge des Uranbergbau der »SDAG WISMUT« (»Sowjetisch-Deutsche Aktiengesellschaft«) in Sachsen und Thüringen auftraten.

Freunde aus der grünen Bewegung im »Westen« hatten für ihn einen Geigerzähler besorgt. Ein netter »Grenzgänger« schmuggelte ihn in die DDR. Interessant war für mich, später in der Stasiakte zu lesen, dass die Stasi von Anfang an gewusst hatte, dass wir dieses Gerät besaßen, aber sie griffen nicht zu, sondern ließen uns messen. Offenbar war die Stasi selbst daran interessiert, so indirekt etwas über den WISMUT-Bereich zu erfahren, der nämlich auch für diese sonst allmächtige Organisation weithin tabu war.

Wir hatten nun jedenfalls ein richtiges Messgerät, das uns brauchbare Aussagen über die Strahlenbelastung lieferte. Wir fuhren zu zweit im Trabbi über Land, besuchten alte Bergbauanlagen, inspizierten Halden und – heimlich – noch aktive WISMUT-Einrichtungen. Immer tickte der Geigerzähler und wir notierten die Messwerte.

Wir bemerkten, dass es überall »tickte«, vor allem, wo Granit aus dem Erzgebirge lag. Aber auf manchen Halden oder an Becken mit Abfallschlämmen aus der Urangewinnung war die Aktivität noch deutlich höher. Und oft waren diese Anlagen ja auch längst für die normale Bevölkerung zugänglich. Die weitaus höchsten Messwerte ergaben sich an völlig unerwarteten Stellen, zum Beispiel im Keller von alten Häusern im Erzgebirge, wo es hinter dem Regal mit dem Eingemachten einen direkten Weg, einen alten Schachteingang in den Berg gab, oder im Schotter auf Feldwegen Dutzende Kilometer weit weg vom Bergbau. Die WISMUT hatte Gestein, das als minderwertiges Erz eingestuft worden war, als Wegebaumaterial verschenkt, manche LPG hatte es dankbar abgeholt und zur Befestigung ihrer Wege eingesetzt – da lag nun aber manches Stück stark radioaktives Erz in der Landschaft herum und strahlte.

West-Kontakt
Eigentlich war ich Anfang des Jahres 1987 mit einem dreitägigen Seminar bei Studenten einer kirchlichen Ausbildungsstätte beschäftigt. Am zweiten Tag des Kurses bekam ich einen Anruf von zu Hause, der mich sofort alle Zelte abbrechen ließ. Wichtigeres!? Einfach abhauen? Den Hintergrund für meinen hektischen Aufbruch bildete die permanente große Sehnsucht, auch endlich einmal Westluft zu schnuppern. Immer mehr Mitmenschen durften »reisen«, zu Besuch bei nahen Verwandten. »Runde Geburtstage« und Jubiläen berechtigten zwar dazu, dass man überhaupt einen »Antrag« stellen konnte, aber damit waren keinerlei Rechte verbunden, man blieb von der Willkür der staatlichen Organe abhängig.

Einer meiner Freunde wohnte in München. Er war schon einige Jahre zuvor mit seiner Familie »ausgereist«. Der Kontakt war geblieben. Zwischendurch hatten wir uns auch einmal (halblegal) in der Tschechoslowakei getroffen. Nun feierte er dort weit weg im Westen seinen 50. Geburtstag. Unter den »hiergebliebenen« Freunden entstand eine Schnapsidee: Wollten wir nicht versuchen, zu seinem Geburtstag eine Reiseerlaubnis zu bekommen? Völlig irre: Wir waren ja überhaupt nicht verwandt! Eine Hilfskonstruktion wurde gebastelt: Der Mann in München war »Patenonkel« meines Sohnes. Das stimmte, machte ihn aber auch nicht zu einem engen Verwandten. Ich besorgte mir dennoch die notwendigen Antragsformulare. Der Freund schickte mir eine förmliche Einladung. Die Kopie einer Urkunde belegte seine Patenschaft bei meinem Sohn. Ich erbat eine Stellungnahme meiner Arbeitsstelle, dass diese nichts gegen eine Besuchsreise einzuwenden hatte (eine solche Stellungnahme war zwar im Antragsverfahren gar nicht vorgesehen, aber sie konnte ja mit dem amtlichen Briefkopf und Stempel des Landeskirchenamtes vielleicht Eindruck machen). Alle Papiere wurden bei der Pass-Stelle eingereicht. Das alles lief eigentlich mehr als Spielerei, als Test, wie die Behörden reagieren würden, aber dass eine Ablehnung kommen würde, war sonnenklar.

Wochen später ließ die Antwort noch immer auf sich warten. Nachfrage. »Noch nicht endgültig entschieden.« Der Tag des geplanten Reisetermins war verstrichen. Und dann geschah das Wunder. Ganz kurzfristig und völlig überraschend erhielt meine Frau einen Anruf: Mein Pass sei da, ich könne fahren. Als ich das erfuhr, saß ich mitten in meinem Seminar in Leipzig. Schrecksekunde. Kurze Verständigung mit den Verantwortlichen, volles Verständnis: »Da müssen sie natürlich …« Solch eine Reise hatte absoluten Vorrang. Gute Wünsche. Abbruch des Seminars. Am nächsten Tag saß ich im Zug nach München. – In meinem »Jahresbrief«, den ich ein Dreivierteljahr später an Freunde und Verwandte schickte, war über meine Eindrücke zu lesen:

»... Ich war in einer Welt gelandet, in der vieles ganz anders war, manches aber auch sehr vertraut (»deutsche« Ordnung). Illusionen gingen endgültig verloren (ein Schlaraffenland ist eben keins mehr, wenn man mal dort war). Ich stand etwas ratlos vor der ungeheuren Geschäftigkeit und Hektik, die mir überall begegnete, staunte über die Perfektion, die dadurch erreicht wird, machte so meine kleinen Entdeckungen: Wer aus einem Land mit Braunkohle-Kachelöfen kommt, staunt eben darüber, wie man mit Öl aus der Kanne im Stubenofen oder mit Öl in der Zentralheizung oder mit Erdgas und was weiß ich noch wie Stuben warmmacht. Überhaupt haben mir die vielen so vertrauten rauchenden Schornsteine gefehlt – später habe ich auch die entdecken gelernt (es ist im Westen nur alles viel schöner angestrichen und Unangenehmes gut versteckt). Interessant war auch, Freunde an ihren Arbeitsplätzen zu besuchen: Ich habe Lehrer im Schulunterricht erlebt, einen Schichtarbeiter in seiner Werkhalle besucht.
In Nürnberg stand ich plötzlich vor den steingewordenen Resten finsterer deutscher Vergangenheit – das Feld der Reichsparteitage, die Kongresshalle als NS-Monumentalbauten –, da wird man schon nachdenklich.
Das heitere München habe ich genossen mit seiner perfekten Verkehrsgestaltung und der gelungenen Wiederaufbauleistung. Fast verpasst hätte ich das Deutsche Museum. Dann habe ich aber doch ehrfürchtig vor dem Küchentisch gestanden, an dem Otto Hahn vor 50 Jahren die Kernspaltung entdeckt hat. Aber wichtig waren vor allem die Gespräche mit alten und neuen Freunden, die Begegnung mit ihrem Alltag und ihren Sorgen und Freuden.
Und dann war ich wieder zu Hause, Aber nun mit einem neuen Gefühl: Ich war freiwillig wieder da!«

Der letzte Satz klingt für mich heute fröhlich und trotzig zugleich. Es war schon ein erhabenes Gefühl, sich selbst für das HIER-Sein entschieden zu haben. Obwohl das Heim-Kommen nicht ganz ohne gewesen war. Am Eisenbahn-Grenzübergang Gutenfürst wurde ich nämlich bei meiner Rückkehr schon erwartet. Alle anderen Reisenden wurden aus dem Abteil gebeten. Hochnotpeinliche Gepäckkontrolle, eine unangenehm-mürrisch-aggressive uniformierte Frau. Natürlich gab es da ein paar Zeitschriften und Bücher, die beanstandet und zum Teil einbehalten wurden. Schmerzlicher aber war: Ein Freund aus alten Dresdner Tagen, der schon länger im Westen lebte, hatte mir vertrauliche Briefe mitgegeben (seine angestrebte Anstellung als Pfarrer im Westen bedurfte einer Befürwortung aus Sachsen, ich wollte vermitteln). Die Briefe wurden demonstrativ erst einmal ganz langsam gelesen und dann konfisziert. Ohnmacht, gepaart mit Wut. Ein paar Tage später hatte ich meinen Frust gebändigt. Frech schrieb ich einen höflichen, aber deutlichen Brief nach Plauen ans Bahnzollamt. Darin forderte ich die Herausgabe der unrechtmäßig beschlagnahmten Dinge aus meinem persönlichen Eigentum. Und siehe da: Wenige Tage später kam ein Offizier der Dienststelle extra mit dem Auto zu mir nach Hause und händigte mir doch tatsächlich den größten Teil meiner Sachen aus. Wenn wir doch immer etwas mutiger gewesen wären!

Noch ein Schock-Erlebnis sei erwähnt. Ich war lesebesessen, ich konnte keinem bedruckten Stück Papier widerstehen, erst recht nicht, wenn es aus dem Westen stammte. Natürlich hatte ich bei meiner ersten West-Reise einen Zettel in der Tasche, auf dem die Autoren und Titel besonders begehrter Literatur notiert waren. Ich erlebte nun einen durchaus feierlichen Moment. Ich war im Paradies angekommen. Ich stand in der größten Münchner Buchhandlung, kramte meinen Merkzettel hervor, um auf Schatzsuche zu gehen. Es war schrecklich: Es gab hier ja nicht nur alle die von mir gesuchten Bücher, sondern ringsum in den Regalen standen Dutzende andere, deren Titel genauso verlockend klangen. Was brauchte ich denn nun – wirklich? Mit der Überfülle des Angebots war eine dramatische Ent-Wertung verbunden. Ich habe nach zwei Stunden entnervt, verstört und ohne ein einziges Buch gekauft zu haben, dieses Haus verlassen.

Urlaub mit Sputnik
In den Jahren 1988/89 wurden wir alle mutiger. Was hatten wir uns bisher alles gefallen lassen! Hatten geahnt, gemerkt, gewusst, dass wir als unmündig behandelt wurden, und hatten geschwiegen. Jetzt aber machte es Spaß, genüsslich eine alte Parole zu zitieren: »Von der Sowjetunion lernen heißt siegen lernen!« Dank Gorbatschow waren Begriffe wie »Glasnost« und »Perestroika« – nicht falsch übersetzt mit den für DDR-Verhältnisse eigentlich unsagbaren Worten »Informationsfreiheit« und »Veränderung, Umgestaltung« (der Gesellschaft) – Ansporn auch für uns, die Freiräume, die es doch auch hier gab, neu auszutesten und auszufüllen.

Im Sommer 1988 waren wir wie jedes Jahr mit der Familie auf unseren Lieblingszeltplatz an die Ostsee gefahren. Drei Wochen. Für die Lücken, die zwischen Volleyball und Wellenspaß und Kinderfest und Rotweingesprächen blieben, war immer auch ein Stapel Bücher dabei, für deren Lektüre zu Hause keine Zeit blieb. Diesmal lagen ein paar bunte Heftchen dazwischen. »Sputnik«, eine deutschsprachige Zeitschrift aus der Sowjetunion, all die Jahre hatten wir sie gar nicht gekannt, Propaganda eben, langweilige Geschichten vom »Sozialismus« da drüben im Mutterland. Seit einigen Monaten aber war frischer Wind in die bunten Seiten gefahren. Gorbatschows Politik der Öffnung auch nach innen hin machte es möglich, dass nun auch über die bisher verdrängten dunklen Seiten des Sowjet-Sozialismus informiert wurde, aufregend spritzig und ungewohnt kritisch. Sowjetische Wirklichkeit zwar, aber bei uns lief vieles ja doch sehr ähnlich. Also Anlass zum Nachdenken und für Diskussionen auch in der DDR. Da die Zeitschrift aus dem Land des »großen Bruders« kam (so hieß die Sowjetunion manchmal im euphorischen Sprachgebrauch der Ideologen), war sie für Kritik tabu, und ihr Vertrieb in der DDR wurde zähneknirschend geduldet. Wir hatten die so überraschend verwirrende Zeitschrift seit einigen Monaten abonniert. Nun lagen die bunten Hefte im Sand in unserer Strandburg. Ein Mann, der mit seiner Familie gleich nebenan im Sand lag, hatte die verführerische Lektüre schnell erspäht, schlich erst ein-zwei Tage mit begehrlichen Blicken herum, und dann fragte er mutig: »Darf ich mal?« Ein völlig fremder Mensch, aber natürlich durfte er. Politische Rotweingespräche, das zarte Pflänzchen einer neuen Freundschaft sprießte. Wir blieben auch nach dem Urlaub weiter in Verbindung. Der Mann gehörte zu einer kirchlichen Friedensgruppe in Karl-Marx-Stadt, ging nach der Wende hauptberuflich in die Politik und wäre ein paar Jahre später beinahe mein Umweltminister in Sachsen geworden.

Im Herbst sprach der Staat ein Machtwort. Die Zeitschrift »Sputnik« gab es nicht mehr am Kiosk zu kaufen. In unserer dörflichen Gemeindebibliothek konnten die älteren Hefte plötzlich nicht mehr ausgeliehen werden. Ich beschwere mich zusammen mit meiner Frau Ende November in einem Brief beim Volkspolizeikreisamt Glauchau, Abt. Erlaubniswesen – das war die Stelle, welche für die Einziehung der Zeitschrift verantwortlich war. »... kein Verständnis ... erbitten Erklärung ...sind wir nicht mündig genug, uns selbst eine Meinung zu bilden? ... Anordnung rückgängig machen!«

Kurz nach Weihnachten wurden wir in das Volkspolizeikreisamt Glauchau gebeten. Hier empfing uns ein hoher Polizeioffizier. Er kannte unseren Brief, hörte sich unseren Protest noch einmal an. Und er nickte und – schwieg. Er gestand seine Hilflosigkeit ein, auch er hielte die Maß-

nahme nicht für richtig. Es entstand eine verwirrende Situation: Mit diesem »Feind« konnte man reden, ganz normal.
Natürlich blieb die Zeitschrift verboten.

»Unser Schulhof strahlt!«
Meine Familie saß beim Mittagessen zusammen. Ich war gerade mit Michael Beleites von einer Tour zurückgekommen, bei der wir nach strahlenden Altlasten des Uranbergbaus gesucht hatten. Dabei steuerten wir nicht nur gezielt verdächtige Orte an, die mit dem Bergbau und der Aufarbeitung der Erze direkt in Verbindung standen (Halden, Schlamm-Deponien, Lagerplätze, industrielle Anlagen). Schon seit einigen Wochen legten wir während unserer Erkundungs-Touren mit dem Auto den Geigerzähler einfach eingeschaltet auf den Rücksitz. Auf manchen Straßen und Wegen ertönten dann die Piep-Töne in deutlich schnellerer Folge als im »normalen« Gelände. Dann wussten wir, dass wir wieder einmal »fündig« geworden waren – in solchen Fällen war in der Regel das uran-haltige, strahlende Abfall-Gestein aus der Urangewinnung als Schotter im Straßenbau verwendet worden.

Wir diskutierten über die Entdeckungen auf unserer heutigen Fahrt, als meine 16-jährige Tochter sich unvermittelt einmischte: »Auf unserem Schulhof strahlt es auch.« Nun konnte sie das zwar so genau nicht wissen, aber einer ihrer Klassenkameraden hatte mal erzählt, dass beim Anlegen des Schulgeländes vor zehn Jahren auch Gestein aus dem Uranbergbau verwendet worden sei. Die Mitteilung elektrisierte uns. Eine halbe Stunde später schlichen wir auf dem Schulhof herum und ließen den Geigerzähler piepsen. Und der Verdacht bestätigte sich: Hier steckte zweifellos WISMUT-Material unter der Asphalt-Decke! Schnell fertigten wir eine grobe Lageskizze an und zeichneten einige Messpunkte mit besonders auffälligen Messwerten ein.

Eine Woche später schickte ich ein Päckchen an das für Strahlengefahren offiziell zuständige »Staatliche Amt für Atomsicherheit und Strahlenschutz« (SAAS). Darin befanden sich einige Granitsteine, die besonders stark strahlten, und die wir bei unseren Mess-Exkursionen im Gelände aufgespürt und mitgenommen hatten. In einem Begleitschreiben erinnerte ich an das Gespräch, das ich zwei Jahre zuvor wegen meines Kernenergie-Heftes im SAAS gehabt hatte. Ich teilte nüchtern mit, dass ich in der Umgebung meines Wohnortes orientierende Messungen zur Strahlenbelastung durchgeführt habe, und dass dabei an einigen Messorten eine deutlich erhöhte Strahlenbelastung gegenüber dem Normalwert festgestellt worden sei. Eine Auflistung der Fundorte und der zugehörigen Messwerte lag bei. Vielleicht sei es ja möglich, anhand der mitgeschickten, besonders stark strahlenden Gesteinsproben eine Bewertung vorzunehmen. Vor allem bäte ich um Prüfung, ob derartiges Material an öffentlich zugänglichen Plätzen liegen oder als Baumaterial genutzt werden dürfe.

Mit einem solchen Brief (und der indirekten Selbst-Anzeige, dass wir im Besitz eines Geigerzählers waren) lehnten wir uns natürlich ziemlich weit aus dem Fenster, denn es war nicht genau abzuschätzen, was nun passieren würde. Natürlich bekam die Stasi sofort Wind davon; eine Kopie des Briefes wurde in »meiner« Stasi-Akte abgeheftet. Aber offiziell erfolgte eine sehr »normale« Reaktion, die wir so gar nicht erwartet hatten. Das SAAS schickte umgehend seine eigenen Leute zwecks amtlicher Kontrollmessungen auf den Schulhof im Nachbardorf. Dort wurde an verschiedenen Stellen die Asphaltdecke aufgehackt. Gesteinsproben wanderten zur Untersuchung nach Berlin. Und dann gab es viel Aufregung und Stress, denn der vorgefundene Zustand war auch nach DDR-Maßstäben unzulässig. Schlampereien, Sparen an der falschen Stelle! – Nun wurde angeordnet, dass unverzüglich alles nach Recht und Gesetz in Ordnung gebracht werden musste. Noch im Juli wurden alle betroffenen Flächen mit erheblichem Aufwand durch eine zusätzliche zehn Zentimeter dicke Schicht aus Beton und Bitumen abgedeckt und abgeschirmt. Danach lagen die Messwerte für die Strahlung – das bestätigten auch meine heimlich durchgeführten Kontrollmessungen – im zulässigen Bereich.

Die Schulhof-Affäre hatte noch ein paar pikante, DDR-typische Begleiterscheinungen. Bei unserer ersten Messung war der Hausmeister der Schule aufmerksam geworden und hatte dann interessiert unser Tun verfolgt. Er erzählte aufgeregt dem Physiklehrer vom Ticken und Pfeifen des Geigerzählers – der aber meinte, er solle sich nicht verrückt machen lassen, das sei nur Panikmache. Sofort anschließend aber lief der Lehrer, ein »strammer« SED-Genosse zudem, eilends zum Bürgermeister und informierte diesen von den gefährlichen und illegalen Aktivitäten des Herrn Krause. Der wütende Bürgermeister wiederum wies den Hausmeister der Schule an, »ab sofort jeden vom Schulhof zu schmeißen, der da irgendwelche Messungen macht« ... Der Bürgermeister war übrigens einer von ganz wenigen, die nach der Wende eingestanden, Fehler gemacht zu haben. Er entschuldigte sich für sein Verhalten in der Schulhofgeschichte bei mir.

Trabbi III: Einheitsgrau
Meine Frau hatte im Postamt zu tun. Ich saß geduldig wartend als Chauffeur draußen in unserem grauen Trabbi. Endlich kam sie die Treppe herunter, ging zielstrebig auf den Trabant los, dessen Tür offenstand, knallte sich auf den Beifahrersitz, haute dem Mann am Steuer auf den Schenkel und fragte: »Warum fährst du nicht los?«

Nur – der Mann neben ihr war nicht ich, und der Trabbi, in den sie eingestiegen war, einheitsgrau wie der unsere, war ein fremder, der ein paar Meter weiter vorn auf der Straße parkte ...

Das Erbe der WISMUT
Meinem Terminkalender zufolge hatte ich in einer erzgebirgischen Kirchgemeinde einen Gemeindeabend zum Thema »Schöpfungsverantwortung« zu halten. Achtzig Besucher waren gekommen, das war auch für das »fromme« Erzgebirge ungewöhnlich. Ich informierte und wir diskutierten über das »Erbe der WISMUT«. Viele der Zuhörer waren direkt betroffen. Sie hatten im Uranbergbau gutes Geld verdient, und viele hatten ihre Gesundheit riskiert. Eine kritische Gemengelage, das Gespräch wogte zwischen Wissensdurst und Aufklärung auf der einen Seite und Angst und Verdrängung auf der anderen Seite hin und her.

Nach der Veranstaltung bat mich der Pfarrer in sein Arbeitszimmer. »Ich zeig Ihnen mal was.« Aus einem Schrank holte er ein altertümlich eingebundenes Urkundenbuch. Handschriftliche Eintragungen. »Das ist das Sterbebuch unserer Gemeinde.« Darin waren die Namen nicht nur der verstorbenen Mitglieder der Kirchgemeinde, sondern aller Toten des Ortes eingeschrieben. Und noch mehr: Bei fast allen Verstorbenen war zusätzlich die (von den Ärzten offiziell angegebene) medizinische Todesursache mit vermerkt. Und der Pfarrer sagte: »Ich bin schon einige Jahre hier, ich kenne meine Leute alle, und ich weiß in der Regel auch, wer von den Verstorbenen bei der WISMUT gearbeitet hat.«

Das klang so interessant, dass ich zwei oder drei Wochen später noch einmal nach B. gefahren bin. Ich legte eine Tabelle an, in der alle männlichen Verstorbenen der letzten 15 Jahre aufgelistet waren, vermerkte jeweils das Sterbealter und die Todesursache, und ich ließ mir vom Pfarrer sagen, ob nach seiner Kenntnis jeweils eine Tätigkeit im Uranbergbau vorlag oder nicht.

Damit hatte ich natürlich keine Daten in der Hand, die wissenschaftlichen Kriterien genügten und statistisch aussagefähig waren, aber es ergab sich schon eine interessante und bedrückende Momentaufnahme: Die Mehrheit der verstorbenen Männer (reichlich 300 Fälle), die NICHT im Uranbergbau gearbeitet hatten, hatte ein Durchschnittsalter von fast 75 Jahren erreicht, für die bei der WISMUT beschäftigten Männer (75 Fälle) ergab sich ein durchschnittliches Sterbealter von etwa 64 Jahren. Elf Jahre verlorenes Leben?! Unter den vermerkten Todesursachen traten bei ehemaligen Beschäftigten des Uranbergbaus Silikose (»Staublunge«) und Lungenkrebs deutlich häufiger auf, ebenfalls ein überdeutlicher Hinweis auf die besonderen beruflichen Belastungen.

Ich habe die Wahl
Es war ein für das politische Schicksal der DDR wichtiger Tag. Im Mai 1989 fand die letzte Kommunalwahl in der DDR statt. Das »offizielle« Ergebnis, das wieder einmal eindrucksvoll die breite Zustimmung der Bevölkerung für die Kandidaten der Nationalen Front beweisen sollte, wurde dank der kritischen Beobachtung in vielen Wahllokalen als handfeste Fälschung entlarvt. Die Beweise waren erdrückend, erschreckend – und es wurde gar nicht der Versuch gemacht, sie zu widerlegen.

Ich bin an diesem Tag nicht zur Wahl gegangen. Aber ich habe doch gewählt. Ich habe in der DDR an jeder Wahl teilgenommen. Diesmal hatte ich am Wahlsonntag einen auswärtigen Veranstaltungstermin. So war ich schon einige Tage zuvor in ein Sonderwahllokal in der Nachbarstadt gegangen. Ich legte meinen Ausweis vor, erhielt den Wahlzettel. Dann fragte ich nach der Wahlkabine. Das führte zu kurzer Irritation beim Vorstand, aber natürlich gab es eine Kabine (wie eigentlich immer bei allen Wahlen, auch wenn sie manchmal etwas versteckt und nur unter kritisch-bösen Blicken zu erreichen war). Hinein, allein, Stimmzettel lesen: Ich traute meinen Augen nicht – ich hatte einen Wahlzettel in der Hand, der gar nicht für »meinen« Wahlbezirk gedacht war, sondern für Wähler im 30 Kilometer entfernten Karl-Marx-Stadt. Aber ich wurde dadurch »entschädigt«, dass auf meinem Zettel der Name des großen Generalsekretärs gedruckt war, Erich Honecker! Ich strich aus Prinzip und wie immer in der Kabine ALLE Namen einzeln durch, das war die einzige sichere Möglichkeit, seine totale Ablehnung aller Kandidaten zu bekunden. Fazit: Ich hatte den »Formfehler« zwar bemerkt (das hätte man auch reklamieren können), aber dafür die Chance gehabt, einmal Honecker persönlich meine Stimme zu verweigern ...

Das Fußballschaf
Wir wohnten auf dem Dorf. Wir hatten Kinder. Wir hatten eine Riesen-Wiese, die bewirtschaftet werden musste. Gründe über Gründe, auch Schafe zu halten. Nun sah's im Garten ländlich aus, die Kinder konnten streicheln gehen, das Gras blieb kurz – und man konnte mit dem Verkauf von Schafwolle in der DDR richtig Geld verdienen.

Unser Mutterschaf hatte drei Lämmer geworfen. Aber ein Schaf ist biologisch nur für zwei Junge eingerichtet, am Euter gibt es nur zwei »Zapfstellen« zum Milchtrinken. Das Muttertier wusste das wohl, und es hat daher konsequenterweise ein Junges »verstoßen« – es wurde im Wortsinne immer wieder beiseite gestoßen, bekam nichts zu trinken und wurde schnell schwächer. Erfahrene Bauern, die wir befragten, sagten: »Duutschlahn!« Das hieß: totschlagen, das wird sowieso nichts. Das konnten und wollten wir nicht. So stellten wir eine Plaste-Wanne, gefüllt mit Heu, als Liegestatt in die Küche, kochten Milasan-Babynahrung, füllten dieses Lebenselixier in eine Babyflasche – und das Schaf trank, taumelte und stand! Es hat, auch dank mancher Fütter-Nachtschichten, überlebt. In den nächsten Tagen hatten wir Besuch. Die Freundin hörte ein zartes Blöken aus der Küche, deutete es aber falsch. »Ich wusste ja gar nicht, dass ihr noch ein Kind ...«. Das Schaf gehörte in den nächsten Wochen richtig zur Familie. Wir mussten uns mit allerlei Tricks aus dem Grundstück schleichen, weil uns das Tier gern auch auf der Straße begleitete. Wir haben mit ihm auch Fußball gespielt. Und als das Schaf später längst normal im Garten wohnte, klingelten eines Tages früh zeitig die Handwerker, da schlüpfte als erstes das Schaf ins Haus, rannte die Treppe hoch und bettelte in der Küche.

Nächtlicher Besuch am Schaukasten
Am Zaun vor unserem Haus hing der Schaukasten der Kirchgemeinde. Er war da, manchmal sah auch jemand nach den Aushängen, aber ein Blickmagnet war er nun nicht gerade. Umso erstaunter war ich, als ich eines Morgens gegen fünf – normalerweise war ich so früh sonst nicht auf den Beinen – einen Blick aus dem Fenster warf und ungewohnte Betriebsamkeit vor unserem Grundstück bemerkte. Im Dämmerlicht sah ich einen Trabbi am Straßenrand stehen. Zwei Männer bauten ein Fotostativ auf und fotografierten – den Schaukasten!

Mir war sofort klar, dass sie ein (geheim-)dienstliches Interesse hergeführt hatte. Die Jugendlichen in der »Junge-Gemeinde«-Gruppe der Kirchgemeinde hatten zwei Tage zuvor eine heftige Diskussion geführt. In wenigen Tagen stand die Kommunalwahl in der DDR an – es war die letzte im Frühjahr 1989 –, und da war viel Kritisches zu bereden über »Wahlen« generell. Im Ergebnis des Abends hatten die Jugendlichen ihre Einsichten und Gefühle zum Thema in Plakaten gestaltet, und diese waren in den Schaukästen der Kirchgemeinde öffentlich ausgestellt. In unserem Schaukasten war ein Bild zu sehen, bei dem ein Mensch durch eine Gasse von grauen Gestalten den Weg zur Wahlkabine ging. Überhaupt in die Wahlkabine zu gehen, war nach dem Staatsverständnis der DDR schon ein öffentliches Ärgernis, und wenn, dann ähnelte das Ganze tatsächlich einem Spießrutenlauf.

Die Leute von »Horch und Guck« hatten nun jedenfalls ihre Beweise für die Untat im Kasten. In den nächsten Tagen gab es einige heftige Gespräche zwischen Pfarrer und Staatsmacht, was in der Öffentlichkeitsarbeit der Kirche zulässig sei und was nicht.

Es geht sogar noch besser als im Westen!
Ich »durfte« auf Dienstreise in die Schweiz fahren, in ein idyllisches Schlösschen am Genfer See.

Erste Entdeckung: Es gibt Privateigentum.

Zweite Entdeckung: Schweizer sind stolz darauf, Schweizer zu sein.

Dritte Entdeckung: Ich war mit der Bahn unterwegs. Und da ich nicht wusste, ob ich jemals wieder in die Schweiz kommen würde, hatte ich die Reiseroute als Rundfahrt geplant. Es ging das Rheintal runter, über Basel rein, Genf, zurück über Bern, Zürich, Bodensee, München. Deshalb war es mir ein wichtiges Anliegen, gleich nach der Ankunft einen Fahrplan zu inspizieren, um optimale Termine für die Rückfahrt zu finden. Enttäuschung, denn von den sonst so ordentlichen Schweizern hatte niemand einen Fahrplan. Weil, so lernte ich, der Schweizer keinen Fahrplan braucht. In der Schweiz kann man sich darauf verlassen, dass man von zeitig morgens bis nach Mitternacht sicher überall noch einen Zuganschluss bekommt. Von jedem Bahnhof bzw. von jeder Haltestelle fährt mindestens im Stundentakt – auf stark frequentierten Strecken auch häufiger – immer zur gleichen Minuten-Zeit, also 8.05, dann 9.05, 10.05 usw. ein Zug ab. Bei der Ankunft am nächsten Knotenpunkt kann man sich darauf verlassen, dass zur gleichen Zeit Züge auch aus allen anderen möglichen Richtungen eintreffen, man steigt in Ruhe um, und nach 5 bis 8 Minuten fährt alles wieder sternförmig auseinander. Die gleiche Passung gibt es auch am nächsten und am übernächsten Knotenpunkt, und das alles klappt auch um Mitternacht noch;

wenn sich die Fahrt eines ganzen Zuges nicht mehr lohnt, kann der Kunde zum Bahntarif ein Taxi kommen lassen. Auch viele Busse, Schiffe und Bergbahnen sind an das System angetaktet. Praktisch alle Schweizer, die hin und wieder mit der Bahn fahren, hatten damals schon ein »Halbpreisabo«: Man kauft sich einen Pass für reichlich hundert Schweizer Franken, und dann gelten halbe Preise auf allen Verkehrsmitteln. Mich hat das sehr beeindruckt, weil wir zu Hause gerade in Überlegungen steckten, wie das marode Reichsbahn-System modernisiert werden könnte – das Vorbild Schweiz wäre ein Modell nicht nur für uns, sondern auch für die Bundesrepublik West gewesen.

Denk mal
Anfang des Jahres 1989 war ich auf Dienstreise in Norwegen, also im Westen, oder doch mehr im Norden ...
 Wir hatten etwas Freizeit. Drei Ossi-Teilnehmer erkundeten Oslo. Wir besuchten das Munch-Museet mit den großformatigen Munch-Gemälden (»Der Schrei« in mehreren Variationen), die Ausstellung am Hafen über Thor Heyerdahls Weltreisen, und dann hatten wir Hunger. In einem normalen Lebensmittelgeschäft entdeckten wir in der Auslage ein kleines rundes Pfund-Brot – und mussten dafür acht Westmark bezahlen. »Nahrungsmittel sind hier so teuer, weil sie uns das wert sind«, so erfuhren wir später von Einheimischen. Norwegen möchte weiter eine eigene bodenständige Landwirtschaft haben, die auch produziert. Aber nach Weltmarktkriterien lohnt sich das überhaupt nicht, Importe wären viel günstiger. Die Norweger sind bockig und sagen: Das leisten wir uns! Aus solcherlei Gründen sind sie später auch nicht der EU beigetreten.
 Ich habe dann noch eine private Extratour gestartet. Mit der Straßenbahn hinauf zur berühmten Holmenkollen-Schanze. Herrlicher Blick auf die Bucht vor Oslo, Spielzeug-Flugzeuge, die weit unter mir zur Landung einflogen. Und dann stand ich vor einem Denkmal. Es wurde von den dankbaren Norwegern für ihren König errichtet. Nach der deutschen Besetzung Norwegens im April 1940 stand König Haakon zwei Monate lang an der Spitze des Widerstands, erkannte die von den Nazis eingesetzte Regierung nicht an, ging nach England und leitete dort die norwegische Exilregierung. Das Denkmal machte mich nachdenklich. Hier stand kein Herrscher mit Fernblick auf einem Sockel, kein Krieger hoch zu Ross – nein, ich stand vor der lebensgroßen Bronzeskulptur eines skilaufenden Königs, begleitet von seinem – ebenfalls in Bronze gegossenen – Hund.

Aber eigentlich waren wir ja zum Arbeiten hier. Umweltprobleme, Schöpfungsverantwortung, als gemeinsame Aufgabe über Grenzen hinweg. Ich sollte nicht nur zuhören und mit diskutieren, ich sollte auch einen Vortrag halten. Das Thema allerdings war so brisant, dass ich kein Manuskript mitgenommen hatte. Lediglich ein paar Folien für den Overhead-Projektor hatte ich eingepackt – ohne Erläuterungen waren sie kaum zu entschlüsseln. Ich sollte darüber informieren, mit welchen Auswirkungen mein Land DDR durch 40 Jahre Uranbergbau konfrontiert war. Es ging um die Gewinnung des Rohstoffs für den Bau russischer Atombomben, die das zweifelhafte atomare Gleichgewicht möglich gemacht hatten, aber auch des Brennstoffs, der im Reaktor von Tschernobyl das nukleare Feuer in Gang gehalten hatte. Rücksichtsloser Raubbau hatte ganze Landstriche verwüstet, Menschenleben gefährdet oder gar zerstört, und viele radioaktive Altlasten hinterlassen. Mir blieb eine Stunde Zeit, um dieses komplexe Geflecht Menschen aus ganz unterschiedlichen Kulturen und Gesellschaftssystemen deutlich zu machen. Mehrsprachig auch noch. Ich schrieb aus dem Gedächtnis ein Vortragsmanuskript, und dann saß ich mit den deutschsprachigen Dolmetscherinnen zusammen und machte mit ihnen einen Crashkurs – sie mussten ja erst einmal selbst einigermaßen etwas verstehen von der Physik und Chemie und Technik der Kernspaltung und der Urangewinnung, inklusive der angemessenen Übertragung der Fachbegriffe.

Wessis im Wunderland
Kurz vor der Wende besuchten uns vier junge Männer aus Münster. Sie waren noch nie in der DDR gewesen und konnten sich über Dinge wundern, die wir gar nicht mehr beachteten. Eines Tages fuhren sie im Nieselregen in unsere triste Kreisstadt auf Erkundungstour. Erst nach Stunden kamen sie zurück, und sie erzählten beeindruckt von ihren Entdeckungen. Da hatten sie doch zum Beispiel einen Laden gefunden, da wurden wirklich Regenschirme repariert! Im Westen war so was längst ein Wegwerfartikel, aber hierzulande wurden Risse und Löcher kunstvoll gestopft.

Wenn an unserem großen Urlaubszelt ein Reißverschluss klemmte, gab es selbstverständlich eine Werkstatt, die das richten konnte, da wurden schon auch mal rundum neue Ösen eingesetzt oder neue Fensterfolien eingenäht. Man hatte in der DDR einen rechtlich verbrieften Anspruch darauf, dass es für jeden Gegenstand, den man gekauft hatte, mindestens zehn Jahre lang alle Ersatzteile geben musste. Die konnte man im Notfall auch direkt beim Hersteller besorgen. Wenn also der Griff an der Thermoskanne gebrochen war, wurde er für 70 Pfennige als Päckchen losgeschickt, und ein paar Tage später kam das Ersatzteil. Auch zerbissene Mundstücke für meine Pfeife fanden so immer wieder Nachfolger.

»Die Zeit ist reif« –
Konziliarer Prozess und Ökumenische Versammlung in der DDR

Ende der 1980er Jahre gärte es in der DDR. Politische Bevormundung, Umweltprobleme, militaristische Kraftprotzerei ... es gab einen regelrechten Problemstau. Alle merkten es, seit Gorbatschow gab es auch neue Spielräume, die Zeit war einfach reif. Irgendjemand musste doch wenigstens anfangen, darüber zu reden! – Die Kirchen in der DDR waren bereit, dafür eine Plattform zu bieten, stellvertretend für die Gesellschaft ein Gespräch zu beginnen, in dem Bestandsaufnahme, aber auch Zukunftsperspektiven Thema sein sollten. Der Physiker und Kulturphilosoph Carl-Friedrich von Weizsäcker hatte 1985 die Leitungen der Kirchen in Deutschland dazu aufgerufen, um der Gefährdung des Überlebens willen ein gesamtchristliches Friedenskonzil einzuberufen. Ende 1987 begann die Arbeitsgemeinschaft christlicher Kirchen in der DDR mit den Vorbereitungen einer »Ökumenischen Versammlung für Frieden, Gerechtigkeit und Bewahrung der Schöpfung in der DDR«. Welche Themen aber bewegten die Menschen vorrangig? Mit dem Aufruf »Eine Hoffnung lernt gehen« hatten sich die Kirchen bereits im Oktober an die Gemeinden gewandt mit der Bitte, Fragen und Vorschläge für die Themen einzureichen, mit denen sich die Versammlung vorrangig beschäftigen sollte. Die Resonanz war überwältigend. In wenigen Wochen gingen mehr als zehntausend schriftliche Vorschläge ein – eine Art spontane »Meinungsumfrage« und »Volksabstimmung« –, manche als handgeschriebene Stichworte auf Postkarten, andere als ausgefeilte Konzeptentwürfe für die Gestaltung einer neuen Gesellschaft auf vielen Schreibmaschinenseiten, von Einzelpersonen geschrieben oder in Arbeitsgruppen formuliert.

Ich saß damals in einer Gruppe, die alle Vorschläge auszuwerten hatte, die sich mit Umweltfragen, Lebensstil, Schöpfungsverantwortung usw. beschäftigten. Es war beeindruckend, mit wie viel Herzblut da manches geschrieben war, und in welcher Deutlichkeit sich schnell auch Schwerpunkte für die weitere Arbeit herauskristallisierten. Wir haben in den nächsten Wochen zu sechst tagelang Körbe voller Post gelesen, die Papiere im Raum ausgebreitet (die Skala reichte von einfachen Notizzetteln bis hin zu präzise formulierten umfangreichen Arbeitskonzeptionen), und versucht, aus den Anregungen griffige Fragen und Arbeitsthemen für die Versammlung zu destillieren.

Die Vorschläge unserer und anderer Auswertegruppen bildeten die Grundlage für die Arbeit der »Ökumenischen Versammlung für Frieden, Gerechtigkeit und Bewahrung der Schöpfung«, die nun ihre Tätigkeit begann. In dieser Versammlung saßen Vertreter aller wichtigen Kirchen der DDR, »Amtliche« und Laien in guter Mischung, Theologen und Naturwissenschaftler und Lehrer und Arbeiter.

Die Vollversammlung trat 1988/89 innerhalb eines Jahres dreimal für jeweils mehrere Tage zusammen.

Zwischen den großen Tagungen aber wurde in zwölf zu speziellen Themen gebildeten Arbeitsgruppen intensiv gesucht, gestritten und um Formulierungen für Texte gerungen, deren erste Zwischenergebnisse öffentlich zur Diskussion vorgestellt wurden. Es ging um deutliche, klare Aussagen zu schmerzlich verdrängten und vernachlässigten Themen, es galt aber auch aufzupassen, dass die Staatsmacht nicht »durchdrehte«, sondern sich als ernst genommener und eingeladener Gesprächspartner verstehen konnte. Ich war zunächst als Berater (also nicht als stimmberechtigter Delegierter) in die Ökumenische Versammlung berufen worden und wurde dann zum fachlichen Leiter der Arbeitsgruppe, »Energie für die Zukunft« ernannt, die die Energiepolitik der DDR analysieren, ihre Folgewirkungen vor allem im Umweltbereich darstellen und mögliche Perspektiven für die Zukunft skizzieren sollte. Im Folgenden werden einige – damals (1988, in der DDR!) tatsächlich visionäre – Sätze aus dem ersten Entwurf zu unserem »Energie«-Text wiedergegeben:

Wir haben die Vision einer Zukunft, die sich im Wesentlichen auf <u>regenerative Energiequellen</u> stützt. Erste gute Erfahrungen z. B. bei der Nutzung von Erdwärme, Biogas, Sonnenenergie und Windkraft sowie darauf aufbauende Prognosen ermutigen uns. Wir sind überzeugt, dass durch gezielte Anstrengungen in Forschung und Entwicklung rasch Fortschritte erzielt werden können. ...

<u>Kernenergie</u> darf nicht Grundlage unserer zukünftigen Energieversorgung sein. Wegen ihrer sozialen, technischen, ökologischen und militärischen Risiken ist der Ausstieg aus dieser Technik unumgänglich. Wir sind und bewusst, dass eine solche Forderung erhebliche Bedenken und Widerstände hervorruft. Wir können diesen Verzicht nur glaubhaft fordern, wenn wir auch bereit sind, Konsequenzen mitzutragen.«

Die in großer Zahl eingehenden Rückmeldungen zu den ersten Textentwürfen wurden von den Arbeitsgruppen aufgenommen und weiter bearbeitet. Der Staat beobachtete den Prozess kritisch, bellte auch manchmal heftig, aber er biss nicht.

In einer dritten und letzten Sitzungs- und Beratungsrunde im April 1989 befasste sich die »Ökumenische Versammlung« der DDR-Kirchen abschließend mit den zwölf Texten, die als Ergebnis der einjährigen Arbeit in den Themen-Gruppen entstanden und in einer wirklich offenen Diskussion von einer breiten Öffentlichkeit kritisch diskutiert worden waren. Es galt »nur« noch, über 802 Änderungsanträge zu entscheiden. In den Abschlussabstimmungen erhielten alle Texte die erforderliche Zwei-Drittel-Mehrheit.

Es war schon ein bewegender Moment, als den Vertretern der am Prozess beteiligten Kirchen und kirchlichen Gemeinschaften in der Dresdner Kreuzkirche die Dokumente feierlich überreicht wurden. Zum ersten Mal seit der Reformation war es gelungen, an drängenden Fragen der Gesellschaft gemeinsam zu arbeiten und mit einer Stimme zu sprechen.

Nun hätte die eigentliche Arbeit beginnen sollen. Theoretische Vorarbeiten und Denkanstöße lagen bereit. Es wäre ein spannender und sicher nicht leichter Prozess gewesen, die Ideen der Ökumenischen Versammlung in die gesellschaftlichen Diskussionsprozesse einzubringen und ihre Umsetzung im »real existierenden Sozialismus« zu testen. Diese Prüfung draußen, in der Praxis, stand noch bevor. Aber dann überschlugen sich ab Sommer 1989 die Ereignisse. Das ganze Land war in Bewegung gekommen. Fast alle der im Herbst neu gegründeten politischen Formationen nahmen zwar Gedanken der Ökumenischen Versammlung in ihre Erklärungen und Programme auf, viele Akteure kamen aus diesem Prozess. Aber zum Ausprobieren eigenständiger Lösungen und Wege kam es dann nicht mehr, weil bald alles auf Wiedervereinigung hinlief und die »Sieger« im Wettlauf der Systeme der DDR schnell ihre Rahmenbedingungen und Spielregeln aufprägten. Es wäre spannend gewesen zu erkunden und zu erproben, ob da vielleicht auch Einsichten und Ansätze drinsteckten, die einem wirklich erneuerten Deutschland gut getan hätten ...

Stalinallee
In der kirchlichen Umweltarbeit der DDR hatte ich mich nun schon länger mit Energiefragen beschäftigt. Ich galt darum wohl als exotischer Geheimtipp. Jedenfalls erhielt ich Anfang 1987 eine ungewöhnliche Einladung nach

Berlin. Ein »Hauskreis«, kein innerkirchlicher Zirkel, wurde mir gesagt, Fachleute. Etwas geheimnisvoll die Vorbereitung, kein Veranstaltungsort (»Wir holen Sie am Bahnhof ab«). Ich fuhr hin, den üblichen POLYLUX (Overheadprojektor) in der Hand, und wurde von einem mir unbekannten Herrn per Auto in die Stalinallee kutschiert. Die hieß natürlich schon lange »Frankfurter«, aber sie sah immer noch aus wie »Stalinallee«. Wir betraten ein Eckhaus, kamen in eine höchst geräumige »Bonzen«-Wohnung, ich schätze mal: 50 Quadratmeter Wohnzimmer mit riesigen Fenstern. Nach und nach versammelten sich etwa 25 Menschen. Damen und Herren mittleren Alters, die interessiert meinen Ausführungen lauschten, offenbar ziemlich sachkundig und kompetent waren. Wahrscheinlich arbeiteten die meisten in irgendwelchen Behörden oder Ministerien. Wir haben fünf Stunden lang (!) im offenen Gespräch um Fragen gerungen, die unsere gemeinsame Zukunft betrafen. Und das ging, obwohl wir ja eigentlich auf verschiedenen Seiten standen. Schon 1987 also gab es das Suchen nach Alternativen, nach Veränderung, frühe Aufbruchsstimmung.

Informationsbeschaffung
Im Laufe des Jahres 1989 wurde intensiver und lautstärker über Veränderungen in der Energiepolitik der DDR nachgedacht, diskutiert und gestritten. Ich war wieder einmal zu Besuch im Institut für Energetik in Leipzig (IfE), um in Erfahrung zu bringen, was in den »inneren Zirkeln« der Mächtigen und Verantwortlichen gedacht wurde. Bei der Gegenseite gab es eine so nicht erwartete Gesprächsbereitschaft. Fragen und Ideen stießen auf offene Ohren. Es war auch ein wenig Unsicherheit zu spüren, wie alles weitergehen könnte. Suche nach neuen Verbündeten ...

Mein Gesprächspartner hatte aus seinem Tresor ein paar Papiere mit strategischen Überlegungen geholt. Auf jedem Blatt prangte zwar unübersehbar ein Geheimhaltungsstempel, aber er ließ mich darin blättern, erklärte die Tabellen. Ich hätte mir gern manches genauer angesehen. Wir vereinbarten, unser Gespräch bald fortzusetzen.

Das geschah schon fünf Tage später. Wieder hatte ich Spannendes über neue energiepolitische Weichenstellungen für eine erneuerte DDR erfahren. Ich bekundete mein fortbestehendes großes Interesse an den Materialien im »Giftschrank«. Kurzes Zögern, aber dann gab mir mein Gesprächspartner das brisante Material in die Hand. Ich solle damit in die Bibliothek gehen. »Nehmen Sie sich ruhig Zeit.« Welche Chance lag in dieser nicht einmal halblegalen Einsicht! Da hatte ich sie endlich in der Hand, die Daten, Fakten, Zusammenhänge, über die wir immer gemutmaßt und geraten hatten in der »Szene«.

Mir blieben ein oder zwei Stunden, viel zu wenig, um sich Sinnvolles aus den vielen Tabellen zu merken oder gar abzuschreiben. Da schoss es mir durch den Kopf: Im PC (kirchliches »Pastoralkolleg«) hier in Leipzig hatte ich doch vor einer Woche ein leistungsfähiges Kopiergerät stehen sehen! Eine moderne Westmaschine, solch ein Gerät hatte 1989 in der DDR noch großen Seltenheitswert und war auch nicht für jedermann zugänglich. Ich ließ meine Aktentasche und meinen Schreibblock in der Bibliothek liegen, auch meine Jacke blieb zur Tarnung am Garderobenhaken hängen. Der Akten-Ordner mit dem brisanten Material verschwand im Hemd, kurze Erklärung an die Dame am Tresen, dass ich gleich wiederkäme. Draußen stand mein Trabant. Rasante Fahrt ins Stadtzentrum zum PC. Natürlich kam ich unangemeldet, aber ich hatte Glück. Der Studienleiter ließ mich ein, hatte nach einigen hastig hervorgestoßenen Erklärungen großes Verständnis für mein Anliegen, erklärte mir die Funktion des Gerätes. Und dann kopierte ich hektisch hunderte von Blättern, stundenlang. Rückfahrt zum IfE, Haare gekämmt, Rückmeldung in der Bibliothek, harmlose Beendigung der Lektüre. Ich gab die Unterlagen mit Dank und Unschuldsmiene zurück, und sie wanderten wieder in den Tresor.

In den nächsten Tagen habe ich meine »Schätze« zu Hause noch einmal gesichtet und sortiert. Dann gingen Briefe auf Reisen, in denen ich das Material zur Auswertung an »unsere« Fachleute verteilte.

Schon wenig später war ich zu einem weiteren Gespräch im IfE in Leipzig. Unsere Überlegungen aus der Ökumenischen Versammlung zur »Energie für die Zukunft« wurden jetzt ernst genommen, waren ein diskutabler Ansatz für neue Überlegungen:

Im Abstand von einigen Wochen war ich in der Folgezeit immer einmal wieder im IfE. Als das Institut im Februar 1990 ein Papier mit »Thesen zur Erarbeitung eines neuen Energiekonzeptes der DDR« erarbeitet hatte, wurde ich sogar formell um eine kritische Stellungnahme gebeten. Ob mein achtseitiger Diskussionsbeitrag allerdings dann (noch) irgendetwas bewirkt hat, ist fraglich.

Heißer Herbst
Herbst 1989. Es kochte und brodelte schon seit Wochen. Nach und nach ließen oppositionelle Gruppierungen die Tarnkappen fallen und wurden öffentlich erkennbar. Aber das meiste geschah auch im September noch

höchst konspirativ – so konspirativ, dass sogar in meinem Terminkalender ein falsches Datum und ein falscher Ort für die folgende Begebenheit eingetragen sind. Mit Freunden hatte ich damals vereinbart, dass für besonders »heiße« Absprachen am Telefon oder in Briefen immer ein Termin benannt wurde, der 1 Tag *vor* dem *wirklich gemeinten* Termin lag. Und so war es *NICHT der 17.9.* und es war auch *NICHT in Leipzig*, wie das tatsächlich in meinem Tages-Kalender steht, sondern es war in Berlin, und es handelte sich NICHT um eine Vortragsveranstaltung, sondern um ein Treffen, zu dem ich von einem Freund eingeladen worden war. Telefonisch, erkennbar dringlich, aber ohne konkrete Inhaltsangabe.

Ich strich alle anderen Termine und fuhr nach Berlin-Pankow. Dort versammelten sich im Haus und im Garten der Evangelischen Superintendentur immer mehr Menschen. Schweigsam – man kannte nur wenige von den anderen –, Grüppchenbildung. Es waren fast nur Leute aus Berlin, und ich stellte gemeinsam mit zwei weiteren Freunden fest, dass wir die einzigen Vertreter aus der »Provinz« waren. Offenbar hatte man erst spät bemerkt, dass Berlin eben doch nicht die ganze DDR abdeckte. Je ein oder zwei Vertreter der wichtigsten oppositionellen Gruppen waren gekommen, vom »Neuen Forum«, von »Demokratie jetzt«, vom »Demokratischen Aufbruch«, von der »SDP« (die »Sozialdemokratische Partei in der DDR« betonte mit dem Namen ihre Unabhängigkeit von der West-SPD, mit der sie sich erst 1990 zusammenschloss). Es war wohl auch das erste Mal, dass diese Gruppierungen formell Kontakt miteinander hatten. Alle hatten ihre druckfrischen Verlautbarungen, Programme und Aufrufe dabei. Texte, die wir »Provinzler« bis dahin nur gerüchteweise kannten. Ich packte natürlich alles bedruckte Papier begierig in meine Tasche, um später zu Hause für die Verbreitung zu sorgen.

Demokratische Aufbrüche
Für den 1. Oktober hatte ich erneut eine Einladung nach Berlin erhalten. Diesmal sollte der »Demokratische Aufbruch« offiziell als Organisation gegründet werden. Ich hatte bei einem Freund übernachtet, der dann – neugierig geworden – gleich mitkam. Als wir die Straße zur Samariterkirche hinaufliefen – dort wollten wir uns bei Rainer Eppelmann treffen –, standen schon Stasiautos und Stasibeobachter demonstrativ auffällig und in großer Zahl herum. Wir trafen zwei weitere »Spaziergänger« aus Dresden (man erkannte sich eben so), die ebenfalls zu dem Treffen wollten, und die hatten schon neue Zielkoordinaten erfahren: Die Zusammenkunft sollte

nun in Ehrhart Neuberts Wohnung in der Berliner Innenstadt stattfinden. Wir fuhren ein Stück weit mit dem Auto der Dresdner, wurden aber erkennbar verfolgt. Wir stellten das Auto ab, flitzten in die U-Bahn, spielten mit den Verfolgern ein bisschen »Scotland Yard« und fragten uns zum Treffpunkt durch. Aber auch vor Neuberts Haus standen schon bewaffnete Polizisten, die niemanden hinein ließen. Andere Ausgesperrte auf der Straße flüsterten uns einen weiteren Ausweich-Treffpunkt zu. Also neue Verfolgungsjagd in U-Bahn-Schächten – es ging nun zum Kirchgemeindehaus Alt-Pankow im Berliner Norden. Dort warteten schon einige bekannte Gesichter. Weitere Gestalten schlenderten heran. Etwas ratlos angesichts der Situation saßen wir herum. Aber nach kurzer Zeit waren alle wieder draußen. Aufregung: Polizei war vorgefahren, ein Uniformierter blockierte das Gartentor. Auch hier durfte jetzt niemand mehr rein oder raus! Ein paar Meter weiter vorn am Gehsteig war ein LO geparkt (sprich Ello, ein DDR-LKW-Typ, der vor allem bei Polizei und Feuerwehr im Einsatz war), dessen Motor lief und bei dem hinten die Plane geöffnet, die Klappe heruntergelassen und eine Leiter angestellt war – fertig zum Einladen! Eine Drohgebärde nicht ohne Wirkung!

Es lief dann aber nicht ganz so heiß. Teilweise wurde es sogar grotesk. Wir – drinnen – bekamen Hunger, durften aber nicht raus. Aber wir konnten über den Gartenzaun mit den Uniformierten und den unsrigen, die draußen standen und nicht hereindurften, reden. Und dann durften die draußen für uns drinnen was zu essen besorgen, gaben es dem Uniformierten und der reichte uns die belegten Brötchen vorsichtig über den Zaun. Den »Demokratischen Aufbruch« gründen konnten wir nun nicht. Aber wir haben natürlich diskutiert. Zu meiner Rechten saß Ibrahim Böhme, später Vorsitzender der DDR-SDP (= Ost-SPD) – und Stasi-IM! – zu meiner Linken saß Wolfgang Schnur, später Vorsitzender des »Demokratischen Aufbruchs« – und ebenfalls Stasi-IM! Was ich damals natürlich weder wusste noch ahnte. Die Situation war ungemütlich, und eigentlich wollte ich auch wieder nach Hause. Zur Entkrampfung der Situation tauchte dann der Berliner Bischof auf. Auf meine vorsichtige Anfrage hin war er natürlich bereit, mich in seinem Auto ein Stück Richtung Bahnhof mitzunehmen, und so war ich wieder draußen.

Am 28. Oktober gab es einen zweiten Anlauf zur Gründung des »Demokratischen Aufbruchs«. Die Versammlung unter Leitung von Schnur lief teils erzbürokratisch, teils sehr basisbewegt ab. Die inhaltlichen Ziele waren für mich nicht klar erkennbar, oder sie waren nicht die meinen. So habe ich dann auch Nein gesagt auf die Frage nach einem Sitz im Vorstand. Überhaupt bin ich danach wieder zu meiner alten Gewohnheit zurückgekehrt, keinem politischen Verein beizutreten, damit ich unverkrampft mit allen reden kann.

Die gewendete Welt
Aufbruch zu neuen Horizonten
(1990 bis 2021)

Alles steht Kopf (Jahresbrief 1989)
Ein Wertgegenstand wird Restmüll ◆ *Konsum-Schock*
Auf Augenhöhe ◆ *DEMO-kratie*
Verschiedenheiten und Missverständnisse (1990)
Hoch hinaus ◆ *Vereins-Vorsitz* ◆ *Der tiefste Schacht Europas*
Noch schlimmer als befürchtet ◆ *Wissenschaft mit Wünschelrute*
»Man kann viel Jammern hören« (1991)
»Das Leben ist hektischer geworden« (1992)
Von »Wild-Ost«-Goldgräbern und Stasiakten (1993)
Mitbestimmung ◆ *Der Bock als Gärtner*
Zu Besuch bei Darwin ◆ *Loslassen (1999)*
Welt-Umwelt-Tag ◆ *Vernebelter Strahlen-Smog*
Verschwörerische Kondensstreifen
Nachdenken über Gott und die Welt
1989? – 20 Jahre danach (2009)
Auch mal »gute« Strahlung (2010) ◆ *Die große Flut (2011)*
Stolpern über meine fremden Eltern (2012/13)
Krause Gedanken (2013) ◆ *Asoziale Elektronen (2016)*
Das C-Wort (2020) ◆ *»Mit fröhlichen Grüßen« ...? (2021)*
Acht Milliarden ◆ *Auf den Weg*

Lebenslauf-Skizze V

Ich hatte das Glück, nach der Wende in meinem Beruf weiterarbeiten zu können. Manche Fragen, mit denen ich vorher intensiv zu tun hatte, zum Beispiel die Auseinandersetzung mit DDR-spezifischen Umweltproblemen, waren nun nicht mehr aktuell. Andere Fragen sind systemneutral spannend geblieben – so der sich abzeichnende Klimawandel – oder stellten sich nun neu, wie etwa ethische Fragen am Anfang und am Ende des menschlichen Lebens.

Im Folgenden sind auch einige Ausschnitte aus meinen »Jahresbriefen« wiedergegeben, in denen ich Freunden und Bekannten davon berichte, was ich im letzten Jahr erlebt habe und was mich bewegt.

Alles steht Kopf

(Originalton aus meinem Jahresbrief 1989)

Jetzt ist wieder Dezember. Aber eben Dezember im '89er Jahr, und da steht alles Kopf. Ich kneife mich manchmal und frage, ob das alles wirklich wahr ist, oder ob ich in einem Traum – einem sehr schönen meist, manchmal inzwischen aber auch in einem Albtraum – gefangen bin. Totale Reisefreiheit – für uns, bisher nicht für Euch drüben! –, völlig verwandelte Menschen, daneben schnell verfallende Monumente, Entlarvungen über einen Fast-Feudalstaat im 20. Jahrhundert, aber eben nicht nur Empörung, sondern auch Rache-Geschrei, manche haben einfach vergessen, dass sie bis vor wenigen Wochen noch in diesem DDR-Theater perfekt funktioniert haben, dass in diesem Klima viele korrupt und bestechlich gewesen sind, jeder stolz war auf seine »Beziehungen«. Ich bin hin- und hergerissen. Keine Nachrichtensendung möchte man verpassen, um den Lauf der Zeit nicht zu verschlafen. Überall möchte man sich nun einmischen, mitgestalten, endlich gibt es die Möglichkeit dazu. Aber dann auch schnell Resignation: Auf der Straße, das ist nicht mehr nur der Aufbruch des Volkes (»Wir sind das Volk!«), das hat jetzt auch die Dimension einer DEMO-kratie, eines Erzwingens ständiger Veränderungen unter dem Druck der Parolen von der Straße. Andere – meist mäßigende – Meinungen werden in Sprechchören niedergeschrien, auch Leute vom »Neuen Forum« müssen sich inzwischen als »Verräter« titulieren lassen. Es gibt einen starken Trend ins Nationale und nach rechts. Die Bonzen, die den Sozialismus gepachtet hatten, haben auch alle guten linken Ideen für die Leute höchst verdächtig gemacht. Ich kenne SED-Genossen und Lehrer, die Morddrohungen erhalten oder deren Kinder verprügelt werden. Ich lese in der Zeitung, dass über Beschlüsse von Gerichten – da geht es um ganz zivile Sachen wie Zahlung von Mietrückständen oder Unterhalt – die Verurteilten laut lachen und sich nicht daran zu halten gedenken. Die ehemals berühmte Demo von Leipzig erinnert jetzt schon wieder ein wenig an Weimarer Zeiten. Rücktritte sind bis in die unteren Ebenen an der Tagesordnung, unter dem Druck von Demos und Unterschriftensammlungen schließen Betriebe ... Meine Tochter hat mal gefragt, was ANARCHIE ist. Ich glaube, jetzt erleben wir so etwas, aber das nun in Mitteleuropa – viele hier haben zunehmend Angst. Es geht alles so schnell und trifft uns unvorbereitet. Demokratie will gelernt sein, dieses mühselige Geschäft haben wir noch vor uns. Neuwahlen müssen sicher schnell stattfinden, um diesem Land eine legitimierte Regierung zu geben, aber wenn ich mir die neuen Gruppierungen und Parteien ansehe und die alten in ihrem schlechten Zustand dazu – angesichts der fehlenden inhaltlichen und personellen Profile wird eine sinnvolle Wahl eigentlich unmöglich. Im Hintergrund ja auch immer die Frage, ob es eine eigenständige DDR überhaupt noch lange geben wird. Ich befürchte, die schweigende Mehrheit hat schon entschieden, bewusst oder resigniert: Wir lassen uns einkaufen und vom reichen Westonkel sanieren. Mir gefällt das nicht ganz, das scheint mir doch ein zu einfacher Weg zu sein. Wir sollten unsere Schwierigkeiten hier, an denen wir doch alle ein bisschen mit Schuld haben, erst einmal selbst in Ordnung bringen. Natürlich mit westlicher Hilfe und von mir aus in einer konföderativen Ordnung – aber so viel Stolz sollten wir doch haben, den Karren selbst aus dem Dreck zu ziehen und erst einmal in Ruhe zu erkunden, was wir unter neuen Bedingungen leisten können, was aus unseren letzten 40 Jahren wir retten und sichern wollen. Ich glaube, viele hier ahnen gar nicht, was das neben Apfelsinen und Bananen noch heißen würde, wenn uns der reiche Nachbar jetzt gleich schluckt: härtere

Bandagen im Sozialen, weit höherer und ungewohnter Arbeitsstress, Sich-selbst-um-alles-kümmern-dürfen, aber auch – müssen ...
 Ihr merkt, ich alter Mann hätte gern eine etwas ruhigere Gangart.
 Dabei ist das alles doch so wunderschön. Eine spontane Bürgerversammlung in unserem Dorf macht sich Gedanken um eine politische, kulturelle, ökologische Verbesserung der Heimat. Freunde berichten mit belegter Stimme am Telefon, dass sie dabei waren bei der Erstürmung der Bastille, sprich der Besetzung des verhassten Stasi-Hauptquartiers durch Bürgerkomitees. Das gute Gefühl, dass nun nachts keine Anrufe mehr kommen werden, weil Freunde verhaftet sind, oder dass man vor Angst Schriftstücke verbrennt ...

Ein Wertgegenstand wird Restmüll
Schafe sehen schön aus in einem ländlichen Garten. Schafe zu halten brachte aber zu DDR-Zeiten auch richtig Geld. Der Staat DDR kaufte Schafwolle für etwa 70 Mark pro Schaf auf. Und zusätzlich brachten Schafe ja auch noch Fleisch in den Kochtopf. Nach der Wende war alles schlagartig anders. Es gab keinen Staat mehr, der Wolle kaufte, also wohin damit? Eines Tages stand eine Annonce in der Zeitung: In Lengefeld, 40 Kilometer weit weg, würde dann und dann Schafwolle aufgekauft. Wir luden ein paar Säcke mit Wolle, die sich angesammelt hatte, frohgelaunt in den Trabbi und fuhren hin. Lange Schlange, na ja, das kannten wir noch, also anstellen. Dann aber gab's lange Gesichter. Für 1 Kilogramm Wolle – das ist etwa das, was auf einem ganzen Schaf drauf ist – erhielten wir 70 Pfennige! Da war es auch kein Trost, dass das West-Pfennige waren.

Konsum-Schock
In den ersten Wochen und Monaten nach der Währungsunion (1.7.1990) hatten wir zwar Westgeld in der Hand, aber noch gab es keine West-Läden in unserer Nähe. Lange Kolonnen von Trabants und Wartburgs wälzten sich Tag für Tag über die Grenze, hin zu den Tempeln des Glücks in Hof oder Bayreuth. Auch wir hatten uns anstecken lassen und machten uns auf die Reise. Irgendwo hielten wir dann vor einem ALDI. Der Markt war hoffnungslos überfüllt, also: Schlangestehen bei der Wagenausgabe, Schlangestehen vor dem Eingang. Dann waren wir endlich drin. Aber auch hier gab es nur eine einzige dichte Menschentraube, die langsam in Dreierreihen in Richtung Kasse weiterrückte und in der wir willenlos mitschwammen. Aus den Regalen, an denen wir vorbeigedrängt wurden, packten wir das eine

oder andere in unseren Wagen. Mitten im Gewusel zogen sich ungerührt Leute an und aus, um Kleidungsstücke zu probieren. Die Viertelstunden vergingen, das Knurren in der Masse wurde merklich lauter. Irgendwann verloren wir schlicht die Nerven, ließen einfach unseren Einkaufswagen stehen und flohen.

Auf Augenhöhe
Im Berliner Johannishof – in staatlich-feierlich-gediegenem Ambiente also – fand im Januar 1990 ein »Regierungsgespräch« zum Thema »Energie und Umwelt« statt. Gesprächspartner war eine »Kirchliche Delegation«, die sich erstaunlicherweise vor allem aus Leuten zusammensetzte, die nicht zum kirchlichen Establishment gehörten, unter anderem zwei Physiker, ein Energetiker, ein Ingenieur und ich. Engagierte, kritische »Experten« aus der kirchlichen Umweltszene. Die staatliche Delegation war hochkarätig besetzt: Staatliche Plankommission, Amt für Atomsicherheit und Strahlenschutz, Staatssekretäre und Abteilungsleiter aus mehreren relevanten Ministerien.

Die Sitzung stand unter der Leitung eines mir damals noch unbekannten Mannes, der souverän moderierte: Lothar de Maizière. Er war schon seit Jahren Vizepräses (d. h. stellvertretender Vorsitzender) der Synode (des Parlaments) des Bundes der Evangelischen Kirchen in der DDR und erst seit wenigen Wochen Minister für Kirchenfragen in der Regierung Modrow.

Drei Stunden lang dauerte das Streitgespräch. Immerhin: Fehler aus der Vergangenheit wurden eingestanden, alles stand auf dem Prüfstand, über alles konnte gesprochen werden, die Energiezukunft war offen und sollte gestaltet werden – nun auch unter Berücksichtigung von Umweltfragen und sozialer Akzeptanz. Auch die Preis- und Subventionspolitik stand zur Disposition. Wir erfuhren Spannendes: Dass die Braunkohleförderung sofort zurückgefahren werden sollte. Dass geplant sei, in den Kernkraftwerken des Landes die »sowjetische« Technik gegen DDR-Technik auszutauschen (in Zusammenarbeit mit westlichen Spitzenfirmen). Dass die privaten Haushalte in der DDR bei der Energieversorgung mit fast neun Milliarden Mark im Jahr subventioniert wurden (je Haushalt zwischen 700 Mark bei Ofenheizung und 3000 Mark bei Fernwärmeversorgung; für Elektroenergie wurden pro Haushalt weitere 450 Mark pro Jahr an Subventionen eingesetzt). Man begann staatlicherseits schon, sich vorsichtig auf offene Märkte und EG-Standards (z. B. bei Umweltschutzmaßnahmen) einzustellen. Amtliche Festlegung zum Schluss: Wenn wir weitere Fragen hätten zu Daten und Fakten – es ergehe die Anweisung, uns ab sofort die benötigten Auskünfte zu erteilen.

DEMO-kratie

Die empörten Massen gingen auf die Straße. Es waren Wochen der »Demo«-kratie. Empörung und Wut schufen sich auf der Straße Platz. Es wurde demonstriert, protestiert und abgerechnet. Ich habe in meiner Nachbarstadt Meerane erlebt, wie die ehemals Mächtigen vom »Rat des Kreises« am Pranger standen. Eigentlich sollte die Veranstaltung im Jugend-Klubhaus stattfinden. Aber hunderte Menschen fanden keinen Einlass. Daraufhin wurde das vorgesehene »Gespräch« ins Freie verlegt. Ein unwirkliches Ambiente. Dunkelheit. Grelle Bau-Scheinwerfer erleuchteten die »Bühne«. Verängstigte Bürokraten standen im »Rampenlicht« und versuchten hilflos, Rede und Antwort zu stehen. Aus dem anonymen Dunkel hinter mir meldeten sich bedrohliche Stimmen. Herausgebrüllter dumpfer Groll. Pogromstimmung. Es ging um gnadenlose Abrechnung. Dass viele von denen »da unten« (da hinter mir) noch wenige Wochen zuvor die blöden Spielchen in der DDR perfekt mitgespielt hatten, war verdrängt. Jetzt ging es denen »da oben« an den Kragen.

Durch die lautstarken und andauernden Proteste auf der Straße und in Versammlungen wurden Rücktritte erzwungen, Betriebsschließungen durchgesetzt – und damit oft auch der eigene Arbeitsplatz oder der des Nachbarn vernichtet.

Einige Wochen zuvor hatte eine Demonstration in Glauchau stattgefunden, bei der die besonderen Umweltbelastungen der Stadt zum Thema gemacht wurden (Spinnstoffwerk, Fluatwerk, der Zustand der Zwickauer Mulde). Viele Menschen hatten sich beteiligt, um klarzumachen, dass hier dringend etwas getan werden musste. Um zum Ausdruck zu bringen, dass es nicht nur um Kritik ging, wurde angeregt, die Arbeit der sich neu formierenden Umweltbewegung zu unterstützen. Ich erhielt einen Anruf. Während der Demonstration waren Spenden gesammelt worden, »für die kirchliche Umweltarbeit«, ich wüsste sicher eine sinnvolle Verwendung. 711,67 Mark! Ich war überrascht, etwas verwirrt ob der unerwarteten Wertschätzung, aber ich kannte eine Menge Umwelt-Projekte mit leeren Kassen.

Verschiedenheiten und Missverständnisse
(Originalton aus meinem Jahresbrief 1990)
Die Schule ist schon ein Phänomen. In gerader, kaum gebremster Fahrt nebst fast allen Lehrern aus der alten Zeit fährt der Zug weiter. Neue Schlagworte (wie im Westen), neue Schulmodelle (wie im Westen), neue Strukturen (ich sitze jetzt als Elternvertreter in einer Schulkonferenz) – man staunt. Manches ändert sich auch wirklich, aber die Menschen – auch die Lehrer sind ja solche – wohl viel langsamer. Befreiung und gleich wieder neue Anpassung; mir ging da vieles zu glatt.

Was ist über mich zu sagen? Etwas rundlicher geworden – ist's der Kummer oder der Wohlstand? Anzug gekauft – die Zeiten machen's nötig. Viel zu tun – das ist ja für uns Ossis plötzlich auch was Wertvolles geworden nebst zugehörigem Arbeitsplatz. Im vergangenen Jahr war ich zum Teil in ganz neuer Weise gefordert. Da fand ich mich eingeladen an die verschiedensten Runden – oder eckigen – Tische. Mitreden beim Aufarbeiten der Vergangenheit und bei Neu-Entwürfen für die Zukunft. Das war spannend, sehr lehrreich, wenn auch im Rückblick meist auch Nulleffekt vom wirklichen Ergebnis her – die Wirklichkeit veränderte sich einfach noch schneller. Schule der Demokratie, Bändigen der Aggressionen der alten und neuen Kräfte – es war schon der Mühe wert, dass der Umsturz im Gespräch stattfand. Plötzlich waren unsere lange im Untergrund ausgebrüteten Ideen salonfähig. Mancher staatliche Widersacher aus alten Tagen klopfte unsereinem locker marktwirtschaftlich-gewendet auf die Schulter: »Wir konnten doch schon immer gut miteinander ...«. Bärtige Gesichter waren gefragt im Fernsehen. Ich hatte ja mal im heißen Herbst '89 den »Demokratischen Aufbruch« mit gegründet. Schon vergessen? Das war die »Allianz-für-Deutschland-Partei« mit Schnur an der Spitze. Aber die politische Richtung war mir sehr schnell verdächtig, und so war ich bald, wie früher immer, in keinem Verein mehr, habe es genossen, dass man so mit allen weiter gut reden konnte, ohne gleich in Schubladen einsortiert zu werden.

Irgendwann hatte ich dann das Gefühl, schon wieder unbequem zu sein; Opposition, wie in den letzten 20 Jahren gelernt. Ich geb's zu: Mir ging das alles viel zu schnell. Ich wünsche mir noch immer mal ein paar Monate Zeit, das alles zu kapieren, was sich da gedreht hat. Wenn's nach mir gegangen wäre, säßen wir vielleicht heute noch irgendwo zwischen Krenz und de Maizière mit einer erst halb eingerissenen Mauer. Fürchterliche Vorstellung – aber ich bin eben ein vorsichtiger Mensch, der einen durchschaubaren Schritt nach dem anderen machen möchte.

Aber ich hab's schon genossen, was da so passierte. Die bisher so unterwürfig-angepassten DDR-Menschen: Plötzlich waren sie aufgewacht und gingen selbstbewusst zu ihren revolutionären Wanderungen, pünktlich montags nach Feierabend – zum Glück war im Herbst '89 das Wetter stabil gut. Da kippte die verhasste Mauer unter dem Druck von fröhlichen Menschen, die zunächst »rüber« gingen mit der freundlichen Drohung »Wir kommen wieder!«; viele davon sind dann doch endgültig gegangen, dahin, wo es mehr Geld gibt und weniger Probleme. Bis nachts gegen zwei habe ich am Fernseher erlebt, wie – ausgelöst durch ein paar nebulöse und deutbare Sätze in einem Interview des Politbüromitglieds Schabowski – das Bauwerk von einer Flut fröhlicher Menschenmassen einfach überspült wurde, das mein Leben seit meinem 14. Lebensjahr so sehr geprägt hatte. Da kam die späte Erfüllung meiner '68er Träume: Wieder versammelten sich – und diesmal siegreich – fröhliche Menschen auf Prager Straßen, und die Tschechen hatten einen sympathischen Dissidenten-Präsidenten, Václav Havel, solch ein Analytiker mit Tiefgang und Durchblick hat uns in der »DDR« sehr gefehlt.

Und noch vieles hat mir Spaß gemacht. Manchmal muss ich mich mit Gewalt daran erinnern, dass es schon ein Wunder ist, als »OV« nicht vorsorglich in ein Lager gebracht worden zu sein. Ich war solch ein »Operativer Vorgang« bei der Stasi. Der »Firma« habe ich überhaupt einiges zu verdanken, zum Beispiel einen »Ehrendoktor-Titel«: Ich werde in meinen Stasi-Akten als »Dr. Krause« geführt – hihi. Oder wie herrlich entkrampft das Verhältnis zwischen Ost und West ist, wenigstens im militärischen Bereich: keine Feinde weit und breit in Sicht, welch mühsames Geschäft für Generäle! Und gleich daneben auch Angst an der gleichen Stelle: Wie gestalten wir reich-gemachten Ossis und alle Deutschen unser neues Verhältnis zu den östlichen Nachbarn, die es ja mit einem Neuanfang – ohne reichen Westonkel – noch viel schwerer haben? Schon zeigen es denen manche meiner Mitbürger gern: Dicke Brieftasche mit richtigem Geld – und nun tischt mal auf! In Tschechien kostet 1 x Mittagessen plus Getränke für die ganze Familie 5 DM.

Jaja, meine Mit-Ossis haben's nicht leicht mit mir. Weil ich das Gerede von »Revolution« nicht hören kann (die Zeit war reif, Gorbi sei Dank); weil ich das Gejammere nur schwer ertrage vom Wie-sind-wir-doch-betrogen-worden (da haben doch viele ihr Schäfchen im Trockenen gehabt und sich selbst und andere kräftig mit betrogen); weil ich mir zwischen fast 16 Millionen »Widerstandskämpfern« etwas merkwürdig vorkomme.

Dass viele auf die D-Mark hin gehofft und gewählt haben, ist mir irgendwo verständlich, wie auch das schnelle Lossagen von der eigenen Vergangenheit. Aber dass die gewünschte Hochleistungsgesellschaft ihre Kehrseite hat, dass hartes Geld auch hart erarbeitet sein will, dass man nur aus einer starken Position heraus ein großes Stück vom Kuchen kriegt – das haben viele sich nicht vorstellen können und erleben es nun schmerzlich am eigenen Leibe. Arbeitslosigkeit, mit der man nicht gelernt hat umzugehen, die ist längst Realität in allen Nachbarhäusern. Die Industrie in unserer Heimat bricht flächendeckend zusammen. Fernost macht Textilien billiger und Trabis will keiner mehr – also gibt es Zehntausende freigesetzte Arbeitskräfte und wenig Hoffnung auf eine schnelle Trendwende.

Da sind die vielen neuen Freiheiten und Werkzeuge, mit denen wir nicht gelernt haben umzugehen, zum Beispiel Streiks (Der Reichsbahn[!]streik im November brachte mir einen Zwangsaufenthalt im Westen ein). Ich denke da auch an Drogen, neue Kriminalität, PS-Raserei, Kreditversuchungen. Für mich ist das schon ein richtiger Kulturschock, was wir so erleben. Hineingeworfen in eine völlig anders aufgebaute Gesellschaft – die gleiche Sprache kann da sehr irreführen –, die auf Hochtouren läuft, dazu noch belastet mit Sorgen um den Arbeitsplatz, Schwierigkeiten mit der eigenen Identität usw. – da fällt es schon schwer, innerhalb von wenigen Monaten all das zu verstehen und richtig anzuwenden, was die lieben Wessis im Laufe von 40 Jahren langsam und ohne Bruch gelernt haben. Wie fülle ich die vielen nicht vertrauten Formulare aus, um meine Rechte und Pflichten wahrzunehmen, wie gehe ich mit Konsum-Versuchungen um, ohne mich zu verschulden, wie lebe ich mit Risiko sinnvoll und wo wird's gefährlich, wie beiße ich mich durch den für mich zutreffenden Berg von Gesetzen, welches neue Amt ist wo und was muss ich dort ...?

Da kriegt man schon manchmal seine Wut, wenn man aus Wessi-Mund erfährt, dass in der DDR eine ordentliche Verwaltung ja überhaupt erst einmal aufgebaut werden muss – das klingt, als kämen wir aus der Steinzeit, dabei hatten wir eine aufgeblähte, aber leider ungeeignete Bürokratie deutschester Art. Und dass West-Fachleute in Justiz und Verwaltung unverzichtbar sind für die »FNL« (die »fünf neuen Länder«) – die kennen eben einfach ihr altes und unser gemeinsames neues System und wir nicht. Immer kriege ich gute Ratschläge von Wessis, die nichts, aber auch gar nichts neu lernen müssen, die so weiterleben dürfen wie gewohnt, da fühle ich mich doch bestraft von den neuen wie von den alten Besserwissern. Das ist auch die Quittung für 40 Jahre fürsorgliche staatliche Aufsicht mit

Maulkorb, für das DDR-Leben ohne Risiko im warmen, wenn auch nicht zu komfortablen Nest.

Ich jammere dem Alten keine Träne nach, aber ich befürchte, wir werden noch viele Verschiedenheiten und Missverständnisse entdecken, ehe wir EIN VOLK sind. Die Losung »Wir sind das Volk« hat mir übrigens damals besser gefallen; aber das mit dem e i n e n Volk ist ja irgendwo auch sehr sehr normal, nur hatte man's fast vergessen.

Hoch hinaus
Eines meiner Kinder hatte mir einen Zettel auf den Schreibtisch gelegt: Ich solle mal beim Bischof anrufen, es gehe um eine Terminabstimmung. Solche Kontakte gab es nicht allzu häufig. Ich suchte also die Telefonnummer heraus, griff nach dem Hörer und wählte. Zunächst knisterte es, dann meldete sich eine weibliche Stimme: »Hier Herrgott.« Ich musste etwas schlucken und stotterte dann: »So weit nach oben wollte ich eigentlich gar nicht – kann ich vielleicht mal den Landesbischof sprechen?« Die Verwirrung wurde aufgeklärt. Die Chefsekretärin des Bischofs hieß tatsächlich Herrgott.

Vereins-Vorsitz
Die Wendezeit brachte mir erstaunliche Ehrungen und neue Aufgaben ein. So wurde ich für ein halbes Jahr Vorsitzender von GREENPEACE für das Land DDR – ein Land in Abwicklung. Ich gewann dabei erstaunliche und ernüchternde Einsichten in das Machtgefüge und die Arbeitsweise eines Umweltkonzerns.

»Greenpeace DDR e.V.« wurde im Juni 1990 in Berlin als Verein gegründet. 17 Gründungs-Mitglieder waren formell dabei, das war dann aber auch schon »Greenpeace DDR« im eigentlichen Sinne. Alle Leute, die in der Folgezeit Mitglieder bei Greenpeace wurden, waren nur Mitgliedsbeitrag zahlende Fördermitglieder ohne Stimmrecht bei irgendetwas.

Ich war – für mich etwas überraschend – zum Vorstandsvorsitzenden gewählt worden, hatte aber, da die Geschäfte straff von Greenpeace International und aus Hamburg ferngesteuert wurden, in der Folgezeit kaum etwas zu entscheiden. Nur die Abwicklung des Vereins ein halbes Jahr später musste ich selbst tätigen. Das war relativ schwierig, weil das vor einem richtigen Notar passieren musste, mit Siegel und so, und ein solcher war 1990 in Ostdeutschland nur mühsam und erst in dreißig Kilometern Entfernung zu finden.

Der tiefste Schacht Europas
Mit der Vereinigung übernahm die Bundesrepublik Deutschland-West auch die Zuständigkeit über einige schwierige Hinterlassenschaften der DDR im Umweltbereich. Dazu gehörte die »SDAG WISMUT« (Sowjetisch-deutsche Aktiengesellschaft), ein Staat im Staat DDR, der bei der Gewinnung von Uran ganze Landstriche verwüstet und durch radioaktive Altlasten verseucht hatte, und durch dessen hartes Arbeitsregime Tausende von Bergleuten zu Tode gekommen oder schwer geschädigt worden waren. Diese Vergangenheit galt es nun aufzuarbeiten, die Umweltschäden mussten saniert und den Geschädigten zu ihrem Recht verholfen werden.

Im Umweltministerium in Bonn hatte man anfangs kaum Vorstellungen vom tatsächlichen Umfang der anstehenden Aufgaben. »Wir dachten, wir schicken da mal ein paar Beamte hin, und dann läuft's ...« sagte mir später ein Ministerialer. Immer mehr Probleme wurden in der Presse publik, die Wut in der Bevölkerung wuchs. Umweltminister Töpfer kam nach Schneeberg, um sich selbst einen Eindruck von der Situation zu verschaffen. In einer bis auf den letzten Platz besetzten Kirche hörte er sich die Vorwürfe und Fragen der Bevölkerung an und versuchte, Antworten zu geben. Ein Verdacht, der ihm entgegenschlug, war: Könnte die WISMUT jetzt, in der unklaren Übergangssituation, vielleicht belastende Unterlagen über die gesundheitlichen Auswirkungen des Uranbergbaus auf die Bergleute und die Bevölkerung manipulieren oder verschwinden lassen? Töpfer versprach, da schnell etwas zu tun.

Ein paar Tage später bekam ich aus heiterem Himmel einen Anruf aus dem Bonner Ministerium. Ob ich – doch wohl einigermaßen sachkundig im Uranbergbau, bekanntermaßen in kritischer Distanz zum DDR-System und wegen meiner Tätigkeit bei der Kirche auch in einer neutralen Mittler-Position – mir vorstellen könne, Herrn Töpfer bei der Sicherung der Gesundheitsunterlagen der WISMUT zu beraten. Ich konnte, und dann saßen ein paar Tage später zwei Ministeriale in meinem heimatlichen Arbeitszimmer und besprachen mit mir Genaueres. Dann musste ich noch »amtlich« beauftragt werden, was mir eine nächtliche Fahrt mit dem Zug im schwarzen Anzug nach Bonn einbrachte. Dort wurde ich sehr förmlich die Leiter der Hierarchie hochgereicht, plauderte also erst einmal eine halbe Stunde mit meinem Kontaktmann, dann wurde ich weitergereicht zum Abteilungsleiter (der offensichtlich Schwierigkeiten damit hatte, dass auch ich Fragen stellte oder Position bezog), und dann saß ich endlich beim Staatssekretär, der mir feierlich eine Urkunde über meinen Beraterstatus aushändigte. Anschließend ging's als Abschluss feierlich zum Essen, und obwohl das Lokal nur einige Hundert Meter entfernt war, zwängten wir uns zu fünft in die gepanzerte Dienstlimousine des Ministeriums, fuhren um die Ecke, und dann tafelten und tranken wir ausgiebig.

Zu Hause angekommen habe ich mich dann in diese »ehrenamtliche Nebentätigkeit« gestürzt. Erst nach und nach wurde mir die wirkliche Dimension des Molochs WISMUT deutlich. Da gab es nicht nur Dutzende von Standorten, an denen im Laufe von 40 Jahren nach Uran gesucht und gegraben worden war. Da gab es noch mehr Einrichtungen des eigenständigen »Gesundheitswesens WISMUT«: Arztpraxen, Ambulatorien, Polikliniken, Krankenhäuser, Rehabilitationseinrichtungen, Archive usw. Ich musste mir mühsam einen Überblick verschaffen; die WISMUT-Insider waren mit Unterstützung sehr zurückhaltend. Und dann habe ich eine Einrichtung nach der anderen besucht, Berichte über den vorgefundenen Zustand geschrieben und Empfehlungen für die Sicherung der Akten gegeben. Zum Glück hat sich nach meinen Beobachtungen in keinem Fall der Verdacht bestätigt, dass gezielt gesundheitsrelevante Unterlagen »beiseite geschafft« worden wären. Aber es gab schon manchen Missstand. Ich fand Karteikästen in der Besenkammer einer Baracke, es gab Einrichtungen, die hatten den Kumpels einfach »ihre« Unterlagen mit nach Hause gegeben, ich musste einem ehemaligen WISMUT-Arzt seine halbe Krankenkartei wieder wegnehmen lassen; er hatte einfach die Akten aller Bergleute, die früher bei ihm in Behandlung waren, bei der Privatisierung seiner Praxis als Kundenstamm mit »übernommen«.

Der Briefbogen, auf dem ich zum »Beauftragten« ernannt worden war, erwies sich als ein Generalschlüssel. Wo immer ich nun auch anklopfte im ehemals hermetisch abgeschlossenen »WISMUT«-Imperium – plötzlich öffneten sich mir alle Türen. Ich konnte – auch wenn es jetzt gleich sein sollte! – mit jedermann reden, ich durfte in Akten lesen, die mich interessierten und ich konnte besichtigen, was mir wichtig erschien. So bin ich eines Tages auch noch zu der Ehre gekommen, in den tiefsten Schacht Europas einzufahren. In zwei Etappen ging es mit dem Fahrkorb bis auf 1600 Meter hinunter (ursprünglich war der Schacht mehr als 1800 Meter tief). Da es in dieser Tiefe eigentlich 60 oder 70 Grad heiß ist, gab es »im Berg« eine gigantische Klimaanlage, die mit kalter Frischluft (»Bewetterung«) das Arbeits-Klima erträglich machte. Weil die Wege vom Fahrschacht bis zum Arbeitsplatz oft mehrere Kilometer weit waren, fuhr da unten eine Kleinbahn. Und dann standen wir vor dem »Erz«. Von Uran wurde in der DDR nie gesprochen, bei der WISMUT war immer nur von »Erz« oder »Metall« die Rede. Mein Geigerzähler tickte nicht mehr, sondern ging zu einem fiependen Pfeifton über. Ich durfte auch einmal versuchen, mit einem der schweren Presslufthämmer ein Loch ins Gestein zu bohren und bekam ein Gespür dafür, welch harte Knochenarbeit das auch heute noch ist.

Ein andermal besuchte ich eine Abteilung, die sich mit den Berufskrankheiten der Uranbergarbeiter beschäftigt hatte. Etwas bedrückend war es schon, in nüchternem Mediziner-Latein Erläuterungen zu Tausenden von Gewebe-Proben zu erhalten, wenn diese Präparate jeweils der Beleg für den tödlich verlaufenen Lungenkrebs eines Menschen sind.

Irgendwann später habe ich einmal auf einer Tagung vor Fachleuten über meine Rechercheergebnisse berichten sollen. Ich hatte mir ein Stück Uranerz mitgebracht, das ich vor mir auf den Tisch legte. Im Laufe des Gesprächs holte ich meinen Geigerzähler aus der Tasche, um die vorhandene Radioaktivität »hörbar« zu machen. Interessant war, wie meine Nachbarn zur Rechten und zur Linken, allesamt nüchterne Naturwissenschaftler und beim Thema Strahlung eigentlich recht gelassen, von einer Sekunde auf die andere unruhig wurden und darum ersuchten, dass das Erzstück aus dem Raum verschwand. Über Strahlengefahren theoretisch zu reden oder ihnen wahrnehmbar zu begegnen, das war eben doch zweierlei.

Insgesamt schrieb ich in den nächsten Jahren 45 Berichte an das Bonner Ministerium (so viel zum Stichwort »Ehrenamt«!). Meine Tätigkeit endete erst 1998: Per Brief wurde ich vom GRÜNEN-Minister Trittin freundlich als Berater verabschiedet – wohl weil ich nun als Altlast aus CDU-Zeiten zählte.

Noch schlimmer als befürchtet
Schon seit einigen Jahren wurden auch in der DDR Messungen der Luftbelastung durchgeführt. Das geschah bevorzugt an Brennpunkten mit besonders hohen Schadstoffkonzentrationen. Die Messorte waren in der Öffentlichkeit nicht bekannt, die ermittelten Messwerte blieben geheim. Auch in meiner Nachbarstadt Meerane waren auf dem Dach einer Poliklinik Messgeräte installiert worden. Mit der beginnenden Öffnung sickerten im Laufe des Frühjahrs 1990 erste Informationen über die Belastung der Umwelt durch. Die Gerüchteküche kochte.

Ich wollte gern etwas genauer wissen, was denn so an »harten« Fakten vorlag. In Karl-Marx-Stadt (wenige Wochen später bekam die Stadt ihren alten Namen Chemnitz zurück) gab es das »Bezirks-Hygiene-Institut«

(BHI), das die Schadstoffmessungen durchführte. Bis dahin hatte ich nie eine Chance gehabt, mal mit den Wissenschaftlern und Technikern dort über die von ihnen verwalteten Staatsgeheimnisse zu sprechen. Ein Anruf im Mai 1990 zeigte, dass sich die Lage total verändert hatte. Natürlich könne ich mal vorbeikommen. Ich wurde im Zimmer 120 freundlich begrüßt. Man hatte Zeit für meine Fragen. Es war spürbar, wie wichtig es meinen Gesprächspartnern war, endlich über ihre Erkenntnisse auch öffentlich, mit den Betroffenen, reden zu dürfen. Ich erfuhr erstaunt, dass seit Jahren in detaillierten Berichten Daten zum Zustand der Umwelt vorlagen. Ich durfte auch darin lesen. Stundenlang kämpfte ich mich durch Tabellen und Texte. Ich fragte konkret nach »meinem« Messort im benachbarten Meerane. Die Daten der letzten Jahre wurden mir vorgelegt. Ich traute meinen Augen nicht, als ich die Grafiken aus dem Winter 1988/89 vor mir hatte. Die Balken, welche die Halbstunden-Messwerte für Schwefeldioxid darstellten, sprengten den Rahmen der Grafik, ragten weit über die vorgesehene Skala hinaus. Als trauriger Rekord lagen am 1. Februar 1989 die Schwefeldioxidkonzentrationen (die für »Smog«-Situationen als Leitsubstanz galten) fast den ganzen Tag oberhalb von 1 Milligramm pro Kubikmeter (mg SO_2/m^3) und erreichten über Stunden hinweg Maximalwerte von 4,6 mg/m^3. Wie war das einzuordnen? Ich habe mich damals vergewissert: Bei der berühmten Londoner Smog-Katastrophe im Jahre 1952 hatte die maximale SO_2-Konzentration 3,8 mg/m^3 betragen. Natürlich waren die Verhältnisse nicht vergleichbar – in London hielt der kritische Zustand, verschärft durch extreme Witterungsverhältnisse, über mehrere Tage an. Aber mir war deutlich: Die Belastungssituation in der DDR hatte offenbar ein Ausmaß angenommen, das ich mir so doch nicht hatte vorstellen können. Der Zustand wurde mit deutscher Gründlichkeit besorgt zur Kenntnis genommen, messtechnisch erfasst, die vorgenommenen Bewertungen durch die Wissenschaftler waren sachlich, kritisch und eindeutig – und dann verschwanden die Berichte in irgendwelchen Schubladen.

Der erste (und einzige) »Umweltbericht der DDR« (März 1990) lieferte dann erstmals auch für eine breitere Öffentlichkeit ein ungeschminktes Bild von den Realitäten. Aber im Sommer 1990 beschäftigten die Menschen in der DDR ganz andere Fragen, sodass ein Aufschrei der Empörung ausblieb:

Verursacht durch einen jährlichen Ausstoß von 2,2 Millionen Tonnen Staub und 5,2 Millionen Tonnen Schwefeldioxid hat die DDR gegenwärtig die höchsten (Luft-)Belastungen aller europäischen Länder. –

Der Grenzwert für die menschliche Gesundheit als Langzeitbelastung liegt für Schwefeldioxid bei 150 µg/m³. –
Belastungen im Jahresdurchschnitt für 1989 (in µg/m³):
Leipzig: 160–310; Raum Erfurt, Weimar: 210–300; Raum Zwickau, Glauchau, Meerane: 170–220. (S. 7, 20)

Wissenschaft mit Wünschelrute
Ich wollte mich kundig machen, welche modernen Untersuchungsmethoden und Messgeräte es gab, um Radioaktivität nachzuweisen, in der Luft, im Gestein, in Lebensmitteln. In Schlema im Erzgebirge existierte eine Arbeitsgruppe, zusammengesetzt aus diplomierten und promovierten Naturwissenschaftlern, die bereit waren, mich einen ganzen Tag lang zu betreuen.

Eines blieb mir besonders eindrücklich. Wir waren hinaus gefahren auf eine Bergwiese, um dort die Radonbelastung im Erdboden zu messen. Und damit wir ordentlich was messen konnten, sagte man mir, müssten wir an einer Spalte messen, wo die Struktur des Untergrunds gestört, zerklüftet sei. Man zeigte mir zunächst, dass in der Landschaft in einigen hundert Metern Entfernung deutlich eine geologische Verwerfung zu sehen war, eine Bruchkante, an der sich schon vor langer Zeit Gesteinsschichten um Hunderte Meter gegeneinander verschoben hatten.

Nun galt es, diesen Spalt auch in der Nähe zu orten, um Messungen durchzuführen. Um den Spalt zu finden, ging einer der Geologen an sein Auto und holte ein paar gebogene Drähte hervor. Als ich interessiert guckte, war es ihm irgendwie peinlich, und er erklärte mir: Das ist eine Wünschelrute, das machen alle so, das funktioniert noch am besten. Wünschelrute – das war für mich was Verdächtiges, aus dem Esoterikkabinett, und nun gar noch in der Hand eines WISMUT-Geologen? Die Wissenschaftler bemerkten meine Irritation und meinten, das könne ich gleich auch selbst einmal ausprobieren. Auf der Wiese war ein Entwässerungssystem installiert worden, von dem nur im Abstand von jeweils einigen zig Metern Betondeckel zu sehen waren. Von einem dieser Gullys zum nächsten verliefen jeweils in gerader Linie Rohrleitungen, das war klar. Nun bekam ich die Wünschelruten in die Hand gedrückt. In diesem Fall bestand sie aus zwei einzelnen, etwa 4 Millimeter dicken Drahtstangen aus Schweißdraht (Eisen), etwa 60 Zentimeter lang, davon die letzten 15 Zentimeter rechtwinklig nach unten gebogen. Ich solle in jede Hand einen der Drähte nehmen, die Hand um die kurze Seite geschlossen, locker, damit sich die Drähte bewegen konnten. Nun wurde ich an eine Stelle geführt, die etwas außerhalb der Verbindungslinie zwischen zwei Gully-Öffnungen lag. Und dann hieß es: Einfach geradeaus losgehen, Stäbe voran. Es war verrückt, aber die langen Seiten der Stäbe bewegten sich nach einigen Schritten plötzlich erkennbar nach außen! Ich ging ein Stück weiter, versuchte es diesmal in der Gegenrichtung – und wieder kam ein Ausschlag, genau über der unter mir liegenden Wasserleitung.

Ich war etwas durcheinander.

Später zu Hause habe ich mir aus verschiedenen Metalldrähten solche Stäbe gebaut. Nur Eisen funktionierte gut. Ich bin im Garten umher gegangen, dort, wo wir vor 20 Jahren unsere Hauswasserleitung vergraben hatten, ich habe die unterirdische Telefonleitung geortet, ich habe in einem anderen Grundstück erfolgreich die Abwasserleitung gesucht und gefunden. Der heiße Test fand statt, als Monate später mitten auf unserer großen Wiese plötzlich Wasser zutage trat. Die Vermutung war, es könne die alte Wasserleitung sein, die vom Sammelbecken hinten im Garten das Wasser ins Haus führte. Ich bin mit meinen Drähten ein paarmal hin- und hergegangen, und dann habe ich mutig mit dem Spaten ein tiefes Loch gegraben. In anderthalb Metern Tiefe stieß ich tatsächlich auf die Leitung, die aus Eichenholzröhren gefügt war. Ich hatte mit meiner Wünschelrutenmessung nur zehn Zentimeter danebengelegen!

Manchmal habe ich auch überraschten Mitmenschen die Drähte in die Hand gedrückt und sie einfach mal loslaufen lassen. Das Fazit meiner spielerischen Studien: Manchmal klappt's und manchmal klappt's nicht. Wenn ich sicher bin, dass da wirklich was zu finden ist, dann habe ich relativ gute Chancen, auch fündig zu werden. Ich würde mir aber nie wagen, für jemanden eine Wasserader oder Quelle zu suchen, wo der Erfolg unsicher und die (Fehl-)Investitionen erheblich sein könnten. Und ich habe festgestellt: Wer relativ locker rangeht, kann's besser, als jemand, der verkrampft ist. Und bei benebeltem Kopf (Schnupfen z. B.) geht gar nichts.

»Man kann viel Jammern hören«
(Originalton aus meinem Jahresbrief 1991)

Es war – den dürftigen Auskünften der Sippe nach – wohl ein recht unauffälliges Jahr, normal eben. Geschichten zum Lachen fallen mir keine ein, meinte meine Frau. Dieses Gefühl hab ich auch, obwohl ich mich und andere eigentlich recht oft in Hektik und Dauer-Stress erlebe, aber warum eigentlich? Das wird an den Zeiten liegen. Der Umbruch greift doch viel tiefer in das Alltagsleben ein, als mancher zunächst gemeint hatte. Unsicherheit mit dem Arbeitsplatz, ständig sich verändernde Preise und Tarife, bisher unbekannte Formulare und Behörden in Hülle und Fülle, die vielen Dinge, um die man sich jetzt selbst kümmern darf, aber eben auch kümmern muss, das Balancieren zwischen notwendiger Hilfe und oft begleitender Bevormundung aus dem Westen – solch ein Leben strengt einfach an. Und so hat jeder viel mehr als früher mit sich selbst zu tun, einige Kontakte sind eingeschlafen – mancher wird's an ausbleibenden Briefen oder sparsameren Besuchen gemerkt haben. Und ein Thema ist in jeder Runde, in der man zusammensitzt, nach spätestens ein paar Minuten ganz vorn: GELD – woher, wieviel, wohin? Das hab ich früher bei Gesprächen im Westen nie verstanden, wie man um dieses eigentliche Hilfsmittel zum Leben so viel Gewese machen kann; jetzt hat's auch uns voll erwischt ...

Wir stellen uns also um: auf neue Teesorten (passionierte Teetrinker werden es nachempfinden können, wenn die gewohnte Lieblingsmarke nicht mehr zu haben ist), auf neue Einkaufsgewohnheiten (einmal in der Woche mit ein paar Kisten in den Supermarkt statt wie bisher täglich mit Körbchen und Plausch in den Dorf-»Konsum«: der ist längst wegrationalisiert worden), auf mehr Ellenbogen im menschlichen Miteinander, auf mehr Selbstdarstellung (ich denke da an junge Möchtegern-Manager in lila Modejäckchen) ...

Jammern kann man viel hören, ich kann's manchmal nicht mehr erhören, dieses »Wie-haben-wir-doch-gelitten-wie-hat-man-uns-betrogen-wie-schlecht-gehts-uns-jetzt«. Natürlich haben manche schreckliche Repressionen erdulden müssen, manche haben die Wahrheit wirklich nicht gewusst (aber wo haben die eigentlich gelebt?). Einige finden sich nun am Sozialhilferand dieser reichen Gesellschaft wieder. Die Bewältigung der Vergangenheit, der eigenen kleinen wie der großen – mit all dem Stasi-Ballast –, wird uns noch eine Zeitlang beschäftigen. Ich hoffe, dass wir uns auch die Zeit dafür nehmen und nicht zum zweiten Mal in diesem Jahrhundert im Aufbruchsrausch alles verdrängen ...

In diesem Sommer ist auch unser großer Teich vorm Haus verschwunden, schlicht eingetrocknet. Eines Tages wurden vom Pächter die großen Fische gerettet, etwas später haben wir einige hundert Winzlinge, die in den letzten Pfützen strampelten, in den Bach befördert – und dann blieb tief aufgerissener Schlamm übrig. Es sah aus wie auf manchen Fotos aus Dürregebieten. Nun jammern die Kinder im Dorf, weil erstmals seit Jahren das beliebte Schlittschuhfahren ausfällt. Bange Frage: War's nun schon der Treibhauseffekt oder war's nur ein normaler Schlenker im Wettergeschehen?

»Das Leben ist hektischer geworden«
(Originalton aus meinem Jahresbrief 1992)
Ich fahre dann gleich zu einem Seminar, bei dem wir nicht nur an Adventsplätzchen knabbern wollen, sondern an der Frage, wie das eigentlich mit dem Christ-Sein in der Marktwirtschaft aussieht: Kann sie wirklich so »sozial« und »ökologisch« gemacht werden – und wie geht das? –, dass man laut JA sagen kann? Und wenn nicht, was dann ...? Jedenfalls ist das schon spannend, mitten im weihnachtlichen Marktgetümmel solches zu tun. Es haben sich übrigens ganze sieben Leute zum Seminar gemeldet; die anderen haben offensichtlich mit dem Glück und mit den Tücken praktischer Marktwirtschaft genug zu tun ...

Eindrücke: Das Leben ist hektischer geworden. Die Kontakte untereinander sind seltener geworden, im Dorf, aber leider auch zu manchen von Euch – haben wir wirklich keine Zeit ...? Beim Zahnarzt wird jetzt manchmal bar gezahlt. Wenn man schon mal auf die Autobahn muss, trifft man auf LKW in lückenloser Schlange, die die Segnungen des Westens in den Osten fahren. In der Gegenrichtung nach Westen fahren die Pendler und die Wegzieher – die Jungen, die Beweglichen – auf der Suche nach Arbeit und mehr Geld. Wenn ich Termine in hundert Kilometern Entfernung habe, brauchte ich früher mit dem Trabi anderthalb Stunden, jetzt muss ich zwei Stunden zusätzlich (!) einplanen, um trotz Verkehrschaos und Umleitungen rechtzeitig dazusein. Aufschwung Ost? Der Wohlstandsmüll verstopft ganze Täler. Wir lesen weniger, meist nur noch irgendwelche Formulare, die uns die Bürokratie schickt. Trotz gestiegener Miete (jetzt 500 Mark West statt 39 Mark Ost vor vier Jahren) und ähnlicher dramatischer Veränderungen – es geht uns gut. Materiell besser als in der alten Zeit, wir haben Arbeit (schon ein Wert an sich), die auch noch Spaß macht. ...

Manchmal sind es auch ganz kleine Dinge, die uns froh machen. So steht in unserer bisher im Winter wegen eisiger Kälte kaum nutzbaren Küche jetzt ein von Nachbarn ausrangierter Dauerbrandofen (25 Jahre alt!), es ist gemütlicher geworden. Noch knarrt im Wohnzimmer vor dem Kachelofen die Ofenbank, nächstes Jahr soll im Haus eine Heizung gebaut werden. Jemand hat uns aus gehamsterten DDR-Alt-Beständen ein neues (geruch-dichteres) Becken für unser Plumps-Klo versorgt – bis bald auch hier ein WC sein soll.

Von »Wild-Ost«-Goldgräbern und Stasiakten
(Originalton aus meinem Jahresbrief 1993)
Idyllisches Landleben in Schönberg? In diesem Jahr gab es auch Alarm, der uns ziemlich in Trab gebracht hat. Wir erfuhren nur durch Zufall, dass eine wildgewordene West-Firma den Antrag gestellt hatte, das ganze Gebiet zwischen Meerane und Schönberg bei der Suche nach Kies und Kalkstein in einen 340 Hektar großen Tagebau zu verwandeln, und der sollte gleich auf der anderen Straßenseite beginnen! – Für Ostdeutschland gelten nämlich bei der Gewinnung von Bodenschätzen andere Spielregeln als im Westen: Hier sind im Wesentlichen die alten Regelungen aus DDR-Zeiten weiter in Kraft, wonach alle irgendwie verwertbaren Rohstoffe (auch Sand, Lehm und Ton) »Volkseigentum« waren, mit der Folge, dass jetzt im »Wilden Osten« jedermann den Antrag auf ihre Gewinnung stellen kann, ohne dass Grundeigentümer oder Kommunen gefragt werden müssten. – Große Aufregung, Gründung einer Bürgerinitiative, Suche nach Verbündeten, Alarmbesuche bei den Verwaltungen, Briefe, Zeitungsartikel, Unterschriftensammlungen. Abgesehen von dem unmittelbaren Erfolg (innerhalb von zwei Wochen unterschrieben mehr als 80 Prozent der Wahlberechtigten) ergaben sich hochinteressante Gespräche auf der Türschwelle. Im Plaudern über Kies-Abbau lernten selbst langjährige Nachbarn einander besser kennen. Misstrauen gegen das Funktionieren der Demokratie begegnete uns genauso wie Resignation (»die da oben machen ja doch, was sie wollen ...«) – die meisten unterschrieben trotzdem. Und nach all der Aufregung hat sich der Aufstand gelohnt: Die Bagger kommen endgültig nicht!

XIV 1148/83 – sagt das jemandem was? Oder die Erläuterung »OV Grüner«, TV 4 im ZOV »Konflikt«? Für mich waren das auch Böhmische Dörfer, bis ich im Frühjahr anfing, meine Stasi-Akten zu lesen. 1993 auch als Jahr der Akten. Da fand sich – in vier »Vorgängen« seit 1968 zusammengetragen – viel Banales und Belangloses, Dummes, Bösartiges und Giftiges, neben- und durcheinander, es gab Wahres und Falsches. Namen von Informanten tauchten auf, auch aus dem näheren Umfeld, z. B. ▮▮▮▮▮. Mit solchen schwarzen Balken ist in den Akten das gelöscht, was den Leser nichts angeht, also mach ich's auch hier so, weil's nicht so wichtig ist und nicht weiterhilft. Schmerzlich und das Haupt-Problem war eigentlich, dass wir zwar gerne abschließend mit einigen hätten reden wollen, damit man normal weiter miteinander leben kann, dass ein solches Gespräch aber nicht zustande kommt.

(Späterer Nachtrag: Ich habe den Stasi-Oberstleutnant, der mich in Berlin jahrelang in einem »Zentralen Operativen Vorgang« bearbeitet hat, nach der Wende mal bei einer Buchlesung getroffen. Dort stellte er seine Beschäftigung mit dem »kirchlichen Untergrund« vor (»Das Kreuz mit dem Kreuz«), konnte sich an manche brisanten Vorgänge erst dann erinnern, wenn jemand faktensicher bohrte, und Wahrheit und Klarheit gab es, wenn überhaupt, nur scheibchenweise. Er schrieb mir als Widmung in sein Buch »Mit frdl. Grüßen«!)

Mitbestimmung
Ich hielt am Diakonenhaus in Moritzburg wie jedes Jahr meinen »Blockunterricht Naturwissenschaften«. Die Studenten, deren eigentliches Berufsziel Gemeindepädagogik oder Kirchenmusik war, mussten sich zwei Mal während ihrer vierjährigen Ausbildung für einige Tage mit Naturwissenschaft-Technik-Ethik beschäftigen. Dabei sollte ich zum einen Grundlagenwissen vermitteln, zum Beispiel zu »Ökologie«, aber die Themen richteten sich immer auch an aktuellen Fragestellungen aus. Da war mal Gentechnik Schwerpunkt und ein andermal ging es um Weltanschauungsfragen (»Darwin«) oder um Energieprobleme. Ich hatte schon die Hälfte meines Kurses hinter mir, als an einem Nachmittag ein Freund auftauchte, Landtagsabgeordneter von Bündnis 90/Die Grünen, der etwas geheimnisvoll seinen Besuch angekündigt hatte. Er fragte mich ziemlich unvermittelt, ob ich mir vorstellen könne, bei der Wahl des Bundespräsidenten dabei zu sein. Ich? Wie das? Ich lernte, dass der Bundespräsident von der Bundesversammlung gewählt wird. Dieses Gremium setzt sich zur Hälfte aus den Abgeordneten des Deutschen Bundestages zusammen, eine genau gleich große Anzahl von Wahlmännern und Wahlfrauen werden von den Parlamenten der Bundesländer entsandt, differenziert nach Bevölkerungszahl und den politischen Mehrheitsverhältnissen vor Ort. Dabei müssen nicht zwingend Mitglieder der Landesparlamente benannt werden – die Parteien dürfen auch andere Personen delegieren. Die Fraktion Bündnis 90/Die Grünen im Sächsischen Landtag konnte zwei Mitglieder für die Bundesversammlung nominieren. Die Abgeordneten wollten »Bürger« entsenden. Ausgeguckt hatten sie sich Sebastian Krumbiegel, den Sänger der »Prinzen«. Aber der wurde wohl so gut von seinem Management »abgeschirmt«, dass mehrfache Versuche zur Kontaktaufnahme vergeblich geblieben waren. Da entsann sich Klaus Gaber, dass auch ich zu den Kriterien »Kultur und Grün« passte. Ich hatte früher einmal selbst Rockmusik gemacht und 15 Jahre lang

Texte für Rockmusikgruppen in der DDR geschrieben. Und als »grünem« Gedankengut nahe stehend war ich wegen meiner umweltbewegten Vergangenheit und meiner Tätigkeit als kirchlicher Umweltbeauftragter ohnehin bekannt. So war die Wahl nun ersatzweise auf mich gefallen – obwohl ich kein Mitglied der Grünen Partei war. Ich zögerte. Lampenfieber. Sachliches: Konnte, wollte ich den Kandidaten der Grünen, den Bürgerrechtler Jens Reich, unterstützen? Ich sagte endlich tapfer ja. Eine große Ehre war das ja schon. Ich las nun wenigstens gewissenhaft erst einmal das neueste Buch von Jens Reich.

Dann kam eine offizielle Mitteilung des Landtagspräsidenten, dass der Landtag mich gewählt habe. Weitere Briefe aus Dresden, dann aus Berlin. Mitgliedsausweis, Hotelreservierung, Parkkarte, Namenslisten, Programmhinweise, Sitzplatzskizzen für den Plenarsaal im Reichstag.

Dann war Pfingsten. Die 14. Bundesversammlung trat zusammen. Sonst eine Nebenbei-Meldung im Fernsehen, diesmal war ich gemeint. Eine der seltenen Gelegenheiten, meinen »guten« Anzug zu tragen.

Am Sonntag Nachmittag vor der Wahl traf sich die »grüne« Abteilung separat. Kennenlernen. Jens Reich (»unser« Kandidat, sehr zurückhaltend). Joseph Fischer (so war er also aus der Nähe, der »Joschka«; er wollte und sollte sich eigentlich zurückhalten, schaffte das aber doch nicht so richtig – er war sehr präsent!). Nach einer Einweisung in die Organisationsabläufe und Regularien des Wahlgeschehens bei Kaffee und Kuchen machten wir gemeinsam einen »Geschichtsspaziergang« zu einigen politischen Denkwürdigkeiten im Zentrum von Berlin. Danach erlebte ich beim Einchecken im Hotel, dass ich einen weiteren Schritt im Älterwerden gehen musste: Im Halbdunkel am Tresen sollte ich einen Anmeldeschein ausfüllen. Ich konnte den Text nicht lesen, mit Brille nicht, und auch ohne Brille bekam ich ihn nicht mehr scharf. Ich gehörte jetzt zur Lesebrillen-Generation!

Am nächsten Morgen war die Welt verdreht. Vor dem Hotel, vor dem Dom, vor dem Reichstag – überall waren Absperrungen aufgebaut. Wo ich mich sonst normalerweise bewegte, das war jetzt »draußen«, und ich mit meinem Ausweis gehörte zu denen »drinnen«. Gesichter aus der Nähe, die sonst nur auf dem Fernsehbildschirm zu sehen waren. Ein Gottesdienst im Dom – schwülstige Pracht. Dann Bustransfer in den – damals noch alten – Reichstag. Unsere Gruppe saß als Block unmittelbar vor den Bänken der 12 Republikaner, angeführt von Franz Schönhuber. Ich saß auf der hintersten Reihe (Erlebnis »Hinterbänkler«), und so konnte ich im Weiteren auch das Geschehen und die Gespräche im »rechten Block« ganz gut verfolgen.

Die »Fraktion« traf sich noch einmal intern. Eine Trendabstimmung brachte 35 Stimmen für Jens Reich, zwei gegen ihn.
Dann feierliche Eröffnung. Wahlgang 1. Namentlicher Aufruf in alphabetischer Folge. Unmittelbar vor mir ging Günther Krause zur Wahlurne, ostdeutscher Verhandlungsführer bei den Gesprächen über den Einigungsvertrag. Da wir uns an dieser Stelle bei jedem Wahlgang wieder trafen, habe ich ihn dann doch mal von Krause zu Krause begrüßt. Als das Wahlergebnis bekanntgegeben wurde, war ich plötzlich etwas erschrocken über mein Verhalten. Ich hatte sklavisch und ohne Alternativen überhaupt in Erwägung zu ziehen, unter selbstverordnetem »Fraktionszwang« stehend natürlich Jens Reich gewählt.
Unser Kandidat zog nach der ersten Runde zurück. Pause. Taktische Besprechung. Kuriere standen im Kontakt mit anderen Fraktionen. »Wenn wir im nächsten Wahlgang Hildegard Hamm-Brücher wählen, dann kann die FDP sie in der dritten Runde nicht hängen lassen ...« Im zweiten Wahlgang habe ich dann, wie später auch im dritten, den Kandidaten gewählt, der mir nun der beste erschien.
Es gab immer wieder Gelegenheit, in den langen Pausen in den Gängen des Hauses zu wandeln. Hier und da überraschende Begegnung mit vertrauten Gesichtern aus DDR-Zeiten. Plausch mit dem Liedermacher Gerhard Schöne, Händedruck mit dem Hackl-Schorsch (einem erfolgreichen Renn-Rodler), kleine Witzeleien mit Otto Schily, der sich im Block der »Grünen« räkelte, obwohl er doch eigentlich da drüben bei der SPD hätte sitzen müssen. Überall gab es Häppchen und Trinkbares (der ehemalige Fraktionsvorsitzende einer großen Partei hatte schon mittags sein Promille-Maß erkennbar ausgeschöpft). Joschka Fischer saß leger und erhöht auf einem Tischchen und unterhielt und belehrte eine Schar von Journalisten, die nach Hintergrundinformationen gierten. Unterhaltsam. Das Ergebnis des dritten Wahlganges erfuhr ich auf dem Weg nach Hause. Dort erwartete mich der Alltag. Ich ging wieder durch die Absperrungen, hinüber auf »meine« Seite.

Der Bock als Gärtner
Ich saß in der Bezirksstelle der Gauck-Behörde und las in meinen Stasiakten. Der für mich zuständige Bearbeiter hatte mir ein Formular auf den Tisch gelegt. Wenn ich bei der Lektüre auf Decknamen stoßen sollte, die ich entschlüsseln konnte, sollte ich das aufschreiben. An einer Stelle der Akte berichtete ein »IM«, dass er gezielt Kontakt mit mir gesucht hatte,

und dass wir uns dann tatsächlich auch einmal getroffen und unterhalten hatten. Die Schilderung war so präzise, dass mir der Vorgang wieder klar vor Augen stand: Da war ich bei einem Arzt gewesen, der sich lange um einen Gesprächstermin bemüht hatte, und der sich nun mit mir ausführlich über Umweltprobleme in der DDR unterhielt. Der Name fiel mir auch ein, und ich schrieb ihn in das Formular. Als der Bearbeiter den Zettel an sich nahm, stutzte er und meinte, das könne nicht stimmen. Er lief weg, kam nach zehn Minuten wieder und sagte: Sie hatten recht. Peinlich. Der von mir »enttarnte« IM arbeitete inzwischen als Betriebsarzt bei der Gauck-Behörde.

Zu Besuch bei Darwin
Familienurlaub, England, Bildungsreise. Erst bei der Feinplanung der Reiseroute merkte ich, dass wir praktisch alle wichtigen Lebensstationen von Charles Darwin berühren würden. Lebensspuren eines berühmten und umstrittenen Naturforschers ...

In der Nähe von London fanden wir versteckt in ländlicher Umgebung das Dörfchen Downe, in dem Darwin mit seiner Familie mehr als vierzig Jahre lang lebte. Die jungverheirateten Eheleute waren aus der rußigen Großstadt dorthin umgezogen – der Kinder wegen! Darwins Frau brachte zehn Kinder zur Welt, die so in einer idyllischen Umgebung aufwachsen konnten. Das Haus wuchs mit der Kinderschar. Ein Gelände von mehr als sieben Hektar bot Platz für Spielwiese, herrliche Blumenbeete, Gemüsegarten, eine Heu- und Obstwiese – und für Tiere. Darwin, der als »Farmer« im örtlichen Adressbuch eingetragen war, organisierte den bäuerlichen Kleinbetrieb »nebenbei«. Der fürsorgliche Vater ließ im Treppenhaus eine hölzerne Rutschbahn errichten, die Kinder durften ihn aber auch in seinem Arbeitszimmer besuchen. Die Darwins kümmerten sich intensiv um soziale Nöte ihrer Dorfgenossen.

Eine weitere Station war die Universität in Cambridge, an der Darwin studierte. Drei Jahre lang mühte er sich mit klassischem Griechisch und Latein, büffelte Geometrie und Mathematik, den Schwerpunkt aber bildete die Beschäftigung mit biblischen Texten und theologischer Literatur. Mit dem erworbenen Abschluss hätte er – so der ursprüngliche Plan – nach einem Jahr weiterer Vorbereitung in den Dienst der Englischen Kirche gehen können. Darwin wäre beinahe Pfarrer geworden! Er hatte jedoch mancherlei kritische Anfragen an das Bibelverständnis seiner Zeitgenossen, die zum Beispiel meinten, alle heutigen Arten von Leben seien vor wenigen tausend Jahren jede einzeln von Gott so erschaffen worden. Darwin war sich unsicher, ob Gott beweisbar existiert, ob er wirklich allmächtig ist –aber ein Atheist wollte er dennoch nicht genannt werden. In seinem wichtigsten Buch »Von der Entstehung der Arten« fasste er seine Vorstellungen zur Evolution so zusammen, »dass möglicherweise alle Lebewesen, welche jemals auf dieser Erde lebten, von einer ursprünglichen Form abgestammt sind, in welche das Leben zuerst vom Schöpfer eingehaucht wurde.« – und von diesem Anfang her entwickelt sich die Welt, immer neue Lebensformen entstehen, und dies lässt sich naturwissenschaftlich erklären.

Ich habe Darwin noch einmal ganz neu kennengelernt, als einen Menschen, der mitten im Leben stand, stets voller Zweifel war – und immer neugierig blieb.

Loslassen
(Originalton aus meinem Jahresbrief 1999):
Neulich bin ich nachts gegen vier Uhr aufgewacht. Und dann habe ich gewartet auf das, was immer um diese Zeit passiert: dass der alte Trabi vorfährt, dass später in der Wohnung die Türen krachen, geschäftiges Teller-Klappern in der Küche einsetzt. Ich wollte mich wie immer kurz ärgern – aber es ist diesmal still geblieben.

Eigentlich hatten wir uns bereits fast abgefunden mit den Turbulenzen, die das Zusammenleben mit erwachsen werdenden Kindern bringt. Manchmal kann einen das schon nerven, diese Zeit der Umbrüche, des Ausprobierens, die quälend langen Monate zwischen Schule und Bundeswehr und Beruf und Studium. Wenn die groß gewordenen »Kinder« zwar noch im elterlichen Hause sind, aber so ganz anders leben, ihren völlig eigenen Rhythmus haben, nachts spät oder gar nicht nach Hause kommen, dafür mittags noch im Bett liegen. Computer-Partys, Disco, Sport – immer unterwegs, nie richtig zu greifen, für häusliche Pflichten schon gar nicht zu begeistern. Manchmal kommen wir Eltern uns ein wenig vor wie Verpflegungsstelle und Hotel und Wäsche-Service: alles organisieren, aber ja keine Fragen stellen oder Ratschläge geben! Die bange Frage taucht auf: Haben wir was falsch gemacht? Und dann wünscht man den Kindern (und sich selbst): Flieg doch endlich aus, bloß raus aus dem Nest, mach endlich alleine, was dir Spaß macht ...!

Und eines Tages ist es dann wirklich so weit. Der Termin für den Studienbeginn oder die Aufnahme einer »richtigen« Arbeit ist da. Umzug, ein eigenes Zimmer ist gemietet. Im bisherigen Kinderzimmer wird sortiert und ausgemistet. Wäsche und andere nützliche Dinge wandern päckchenweise aus dem Haus. Anderes nimmt seinen Weg auf den Dachboden, dorthin, wo schon das alte Spielzeug aus Kindertagen liegt, wo die Schulhefte verstauben – Erinnerungen an frühere Abschiede.

Elterliche Augen verfolgen aufmerksam jeden Schritt (sie dürfen sich's nur nicht anmerken lassen!). Bange Fragen: Was erwartet unsere Kinder da draußen? Haben wir sie genügend darauf vorbereitet, nun auf eigenen Füßen zu stehen, wirklich für sich selbst verantwortlich zu sein?

Und was wird aus uns Zurückbleibenden? Der Abschied war ersehnt und doch ist er schmerzlich. Bedeutet der frei gewordene Platz am Tisch mehr Erleichterung und Freiheit, oder ziehen nun auch Leere und Einsamkeit ein?

Abschied nehmen, loslassen, Neues beginnen – das gehört zum Kreislauf des Lebens. Mach's gut, »Kind«, du darfst gehen, du wirst ankommen, unsere Gedanken begleiten dich und gute Wünsche sowieso.

Wir halten erst einmal ein Zimmer und ein Bett frei. Vielleicht schreckt uns demnächst nachts wieder das Aufheulen eines Trabi-Motors hoch. Dann wird auf jeden Fall vieles anders sein.

Welt-Umwelt-Tag
Eine neugierig-lärmende Kinderschar stieg aus dem Bus. Sie startete zu einer Exkursion mit dem Thema »Unterwegs in Gottes Schöpfung«. Die Bande stürmte als erstes zum Dorfteich, und entdeckte – gleich am Ufer hinter Margeriten und Glockenblumen im trüben Wasser – ein quirliges Leben. Das schwarz-braune Gewusel wurde mit dem Schrei »Kaulquappen!« identifiziert: wir standen vor der Kinderstube von Kröten und Fröschen. Für die meisten war das Staunen groß, hier gab es das wirklich »live«, was sie nur aus Tierbüchern kannten oder im Unterricht hatten lernen müssen! Aufgeregt lagen bald die ersten jugendlichen Entdecker auf dem Bauch und teilten den anderen mit, was sich ihnen im flachen Wasser in immer größerer Vielfalt krabbelnd und schlängelnd und rudernd zeigte.

Meine Tochter hat mit mir noch am gleichen Abend ein altes Aquarium mit Steinen und Sand gefüllt und es wohnlich mit Wasserpflanzen eingerichtet. Dann wurden ein paar von den »Froschkindern« vorsichtig eingefangen und zusammen mit Schnecken, Wasserkäfern und weiteren Krabbeltieren in die neue Heimat umquartiert. Als Ehrengäste – und ziemlich mühsam zu fangen – nahmen wir noch ein Pärchen Teich-Molche mit. Das Männchen entpuppte sich als ein kampflustiger kleiner Drache mit gespreiztem Kamm, schwarz-weiß-gestreiftem Gesicht und einem himmelblau-orangenen Bauch.

In den nächsten Tagen drückten neugierige Kinder sich die Nasen an der Glasscheibe platt. Eines Tages ein Schrei: das erste Froschbaby stützte sich auf zwei zarten Hinterbeinchen ab, die ihm über Nacht gewachsen waren. Wir haben im Familienkreis immer neu gestaunt, genauer hingesehen, schlaue Bücher gewälzt. Dann quakten – wie zur Mahnung – jede Nacht die Laubfrösche vom Teich herüber, lange und laut. Da haben wir alle unsere »Untermieter auf Zeit« wieder zurückgebracht, dorthin, wo sie leben, unbemerkt, unscheinbar, selten geworden, schützenswert. Bald werden die kleinen Frösche an Land klettern, um erst im nächsten Jahr wieder in das Gewässer ihrer Kindheit zurückzukehren.

Vernebelter Strahlen-Smog
Einladung zu einem Ortstermin, ein Pfarrer hatte mich angerufen. Es gab Streit. Der Kirchenvorstand hatte der Errichtung einer Mobilfunksendeanlage auf dem Kirchturm zugestimmt. Jetzt bekam er es mit einer Bürgerinitiative zu tun: »Ihr habt das alles im Geheimen gemacht, für Geld«. Drohung mit Kirchenaustritt: Manche Leute hatten schlicht Angst, sich jetzt noch ins Kirchenschiff zu setzen, während es oben vom Turm »strahlte«. Der Gemeindepädagoge weigerte sich, den Religions-Unterricht mit den Kindern weiterhin im »Turmzimmer« durchzuführen – das war ein lauschiger Raum oben im Kirchturm, aber nun sendeten noch acht Meter weiter oben die umstrittenen Antennen: »Ich kann das nicht verantworten.«

Der Pfarrer hoffte, dass sich die Diskussion versachlichen ließe, wenn erst einmal harte Fakten auf dem Tisch lägen. Auf seine Bitte hin sollte nun die Strahlenintensität rund um den Kirchturm gemessen werden, um die konkreten Strahlenquellen aufzuspüren und die Belastung besser einordnen und bewerten zu können.

Nachmittags wurden zunächst Messungen durch das Staatliche Umweltfachamt durchgeführt. Das hierbei verwendete Gerät erfasste praktisch summarisch das gesamte »Strahlengemisch« rund um die Mobilfunk-Frequenzen. Am Abend kamen zwei Techniker des Anlagenbetreibers. Sie hatten ein Messgerät, welches auch einzelne Frequenzanteile gezielt erfassen und die jeweilige Strahlung bestimmten Sende-Quellen zuordnen konnte (z. B. der »eigenen« Mobilfunk-Sendeanlage auf dem Kirchturm oder dem Sender der »Konkurrenz« in einigen hundert Metern Entfernung).

Hier kam bei den kritischen Beobachtern aus der Bürgerinitiative schon der erste Verdacht auf: Waren staatliche Behörden wirklich neutral (Hatte der »Staat« nicht viel Geld für die Funk-Lizenzen eingestrichen?), und musste man da nicht erst recht misstrauisch sein, wenn der Betreiber selbst die Auswirkungen seines Tuns protokollieren würde? Für mich galt eher: Physik ist Physik. Der »Praktikumstag« brachte für mich einige interessante Lernergebnisse.

Wo auch immer an diesem Tag gemessen wurde – auf oder unter dem Turm, in der benachbarten Schule oder einige hundert Meter weit entfernt –, überall wurden nicht nur die staatlichen Grenzwerte eingehalten, sondern sogar die wesentlich strengeren Vorgaben strahlenkritischer Gutachter-Institute waren erfüllt. Die geringste Strahlenbelastung, die den Antennen auf dem Kirchturm zuzuordnen war, wurde im Turmzimmer ermittelt, das sich eine Etage unterhalb der Sendeanlagen befand. Dort war also der »sicherste« Ort im ganzen Dorf! Die Antennen sollen technisch nach der Seite abstrahlen und nicht nach unten, und das taten sie offenkundig auch. In der Dorfschule, hundert Meter weit von der Kirche entfernt, stammte nur ein reichliches Zehntel der gemessenen Strahlenbelastung von der Antenne auf dem Kirchturm, der »Rest« war anderen Strahlungs-Quellen in der Umgebung zuzuordnen. Ähnlich sah es in einem Haus aus, deren Bewohnerin uns als Mitglied der Bürgerinitiative begleitete. Allerdings mussten wir irritiert feststellen, dass (ausgerechnet! – natürlich?) in diesem Haushalt zwei Mobiltelefone betrieben wurden: »Ich kann sonst meinen Beruf nicht ausüben!«; aber damit die Telefone zuverlässig funktionierten, mussten ja auch irgendwo Sendeanlagen stehen ... Die höchste Strahlenbelastung wurde ermittelt, als der Pfarrer sein schnurloses DECT-Telefon aus dem Arbeitszimmer holte und einen Meter vom Messgerät entfernt einschaltete. Und geradezu abenteuerlich schnellten die Messwerte hoch, als wir versuchten, ein Handy innerhalb eines PKW in Betrieb zu nehmen. Für den Fall einer solchen – unsachgerechten – Nutzung ist das Gerät in einem abgeschirmten »Faraday'schen Käfig« eingeschlossen; das Handy muss also seine Sendeleistung ständig steigern, um überhaupt Kontakt zur Sendeanlage herstellen zu können.

Für die in privater Nutzung betriebenen Mobilfunkgeräte in der Hand hat der Gesetzgeber keine Grenzwerte festgelegt, damit verbundene Risiken muss jeder Nutzer selbst verantworten. Der Gemeindepädagoge war auch nach dem Rundgang weiter verunsichert. »Ich gehe mit den Kindern nicht mehr da hoch« ... Das hatte ich schon vorher geahnt. Wenn Angst erst einmal tief verinnerlicht ist, dann helfen keine rationalen Argumente und keine Fakten.

Verschwörerische Kondensstreifen
Eine Gruppe von besorgten Bürgern wollte meinen Rat. Sie hatten Angst vor bösen Machenschaften, sie sorgten sich um ihre Gesundheit. Ich wüsste doch sicher von den Experimenten, welche tagtäglich da oben am Himmel stattfänden. Sie zeigten mir zum Beweis Fotos mit von Flugzeugen hinterlassenen Kondensstreifen am Himmel über Dresden. Jeden Tag sei das so, sie hätten es lückenlos dokumentiert. Gefährliche Experimente. Ich hörte zum ersten Mal von »Chemtrails«, fragte nach, war verwirrt. Man hatte mir ein paar kopierte Blätter in die Hand gedrückt mit weiteren Informationen (»Raum & Zeit« vom Januar 2004). Zu Hause widmete ich mich dann in Ruhe den Einzelheiten: Eine weltweite Verschwörung sei im Gange. Von Flugzeugen aus würden gezielt chemische Substanzen (= »chem«) über die Abgase in den Kondensstreifen (= »trails«) in der Atmosphäre versprüht, meist nachts. Das Projekt unterliege strenger Geheimhaltung, geschehe aber mit Billigung der UNO, der Weltgesundheitsorganisation, der NATO und weiterer Organisationen, werde auch von den großen zivilen Luftfahrtgesellschaften mit betrieben. So solle der Treibhauseffekt im Interesse mächtiger Wirtschaftskonzerne effektiv gestoppt werden, aber das geschehe um den Preis der Freisetzung von Giftstoffen in gigantischen Dimensionen. In den nächsten 50 Jahren sei mit dem Tod von einem Drittel bis zwei Dritteln der Menschheit zu rechnen. Zwei bis vier Milliarden, rechnete ich nach ...

Einige Monate später erfuhr ich, dass an der an TU in Chemnitz eine Veranstaltung stattfinden werde, in welcher endlich die »Fakten« über die »Chemtrails-Verschwörung« öffentlich dargestellt würden. Vor Ort fand ich mich inmitten von einigen hundert Menschen wieder, darunter waren auch erstaunlich viele Naturwissenschaftler und Techniker. Zwei »Experten« mit militärischer DDR-Vergangenheit legten in einer langatmigen Darstellung eine erschlagende Fülle von »Beweisen« für die »Verschwörung« vor. In einer Pause erklärte mir ein Teilnehmer anhand der Symbole auf einer Dollarnote, dass die »Illuminaten« längst die Macht übernommen hätten und allgegenwärtig auf sein und mein Leben Einfluss nähmen, das Finanzkapital, die Juden, die Geheimdienste ... Ich verzichtete auf den zweiten Teil der Veranstaltung und ergriff die Flucht.

Fast ein Jahr später hatte mich ein Gesprächskreis in eine Kirchgemeinde eingeladen, ich solle doch mal etwas über »diese Chemtrails« sagen. Als ich ankam, wurde ich auf die Situation vorbereitet: Der Mann, welcher das Thema eingebracht hatte, war Mitglied der »Republikaner«, und nun sei zu erwarten, dass viele Sympathisanten aus der rechtsextremen Szene kommen würden. Auch Bürgerinitiativen, die gegen die »Chemtrails« kämpften, hatten ihr Kommen angekündigt. Die »normalen« Mitglieder des Gesprächskreises verloren sich dann fast in dem Raum, der mit 45 Leuten prall gefüllt war. Man hörte mir immerhin zu, manche meiner Argumente hinterließen auch Nachdenklichkeit, dennoch blieb ein Grummeln. Die Teilnehmer aus der »rechten« Ecke waren übrigens an diesem Thema vor allem deshalb interessiert, weil sie durch die vermeintlich international gesteuerten Machenschaften die Souveränität Deutschlands bedroht sahen.

Nachdenken über Gott und die Welt
Ich war, wie gesagt, seit 1982 im Auftrag der sächsischen Landeskirche tätig als »Beauftragter für Glaube, Naturwissenschaft und Umwelt.«

Im Alltag bedeutete das hauptsächlich, dass ich im Lande unterwegs war. Ich wurde eingeladen von Menschen, die in dieser Welt hier und heute leben, und die Antworten suchten auf ihre Fragen. Ich hatte die Antworten oft auch nicht, aber ich stand zur Verfügung, um Informationen zu geben und die Nachdenklichkeit zu befördern. In den Gesprächsrunden und Seminaren oder bei Fortbildungen ging es dabei in den letzten Jahren vor meinem Ruhestand z. B. um folgende Themen:

- »Gentechnik – Frevel oder Fortschritt?«
- »Lebensstil – gut leben statt viel haben!«
- »Wir sind Sternenstaub – der Mensch im Kosmos«
- »Schöpfung contra Evolution? – Glaube und Naturwissenschaft zwischen Weltbildern und Bibelverständnissen, Ideologie und Ethik«
- »Hirnforschung und Willensfreiheit«
- »Wie viele Menschen (er-)trägt die Erde?«
- »Organspende – Pflicht aus Nächstenliebe oder Verstoß gegen die Menschenwürde?«
- »Unter die Lupe genommen – Biomedizin, Gentechnik, Ethik«
- »Ist die Welt ein Würfelspiel? – Entdeckungen der Chaosforschung«
- »In Würde sterben – Sterbebegleitung, Sterbehilfe, Euthanasie«
- »Klimawandel – vom Menschen verursacht?«

Mal war ich bei Jugendlichen zu Gast, mal in einem Akademikerkreis, mal saß ich in einer Runde von Senioren. Immer erlebte ich andere Menschen (gläubige, zweifelnde, Atheisten), immer wurden mir neue Aspekte deutlich, stellten sich unerwartete Fragen.

Ich musste schon von Berufs wegen neugierig bleiben.

1989? – 20 Jahre danach
(Originalton aus meinem Jahresbrief 2009)
Es gab viel öffentliche und private Nachdenklichkeit, »20 Jahre danach«. Trotz des medialen Trommelfeuers, in dem das, was da im Jahre 1989 passiert war, auch hätte totgeredet werden können – ich fand manche aufregend neuen Puzzlesteine. Ist damals alles nur zu schnell gegangen, oder habe ich manches einfach vergessen oder verdrängt, oder braucht es 20 Jahre und länger, damit manche Geschichten (überhaupt, richtiger, anders) erzählt werden können? Manche »Helden« waren wohl doch keine (nur zur richtigen Zeit an der richtigen Stelle), andere wirklich Mutige wurden zu Unrecht vergessen, und es sollte wohl auch nicht allein ausreichen, dass die Stasi jemanden aktenkundig als »IM« geführt hat, damit er für den Rest seines Lebens keine Chance mehr bekommt. Ich wollte immer wissen, was einer tatsächlich *getan* hat – auf der einen oder auf der anderen Seite. Und was schlechte Menschen oder die Verhältnisse mit ihm und aus ihm *gemacht* haben.

Bei der entscheidenden Demonstration in Leipzig am 9. Oktober 1989 hat es zwei Aufrufe gegeben, der Gewalt keinen Raum zu bieten. Einer stammte von der Gruppe um Gewandhauskapellmeister Kurt Masur – und zu den sechs Unterzeichnern gehörten drei Mitglieder der Bezirksverwaltung der SED; ob sie sich nun mutig, vernünftig, resigniert oder opportunistisch engagiert haben, auch sie wussten: So konnte es nicht weitergehen, auch sie wollten Veränderung! Ein zweiter Aufruf war von kirchlichen oppositionellen Gruppen verfasst und in 30 000 Exemplaren gedruckt und verbreitet worden. Darin wurden beide Seiten, Demonstranten und Ordnungskräfte, zur Gewaltlosigkeit aufgerufen, mit dem Kernsatz »Wir sind *ein* Volk!«. Dahinter stand die realistische Einsicht: Wir müssen weiter in diesem Land DDR zusammen leben, dann lasst uns auch gemeinsam neue Wege (ver-)suchen. Überhaupt ist mir erst jetzt aufgefallen, dass alle oppositionellen Gruppierungen, die im Herbst '89 gegründet wurden (Neues Forum, Demokratie Jetzt, Demokratischer Aufbruch usw.), an eine reformierbare und zu reformierende, weiter eigenständige DDR glaubten –

Wiedervereinigung, ein kapitalistisches Wirtschaftssystem, das waren mehr Schreckgespenster als ein anstrebenswertes Ziel. Nachträglich sicher eine illusionäre Weltsicht, aber hier nur zur Erinnerung noch einmal sperrig eingebracht ... Auch ich bin schon lange froh, dass die »Geschichte« in jenen Wochen eine interessante Eigendynamik entfaltet hat. So richtig vorausgesehen oder gar gewollt hat die weitere Entwicklung ja wohl kaum jemand in West oder Ost (das ist hier auch geopolitisch gemeint), das hat sich einfach ereignet ...

Zum Erinnern:
Aus der »Resolution« von Musikern und Schriftstellern, September 1989:
»Es geht nicht um Reformen, die den Sozialismus abschaffen, sondern um Reformen, die ihn weiterhin in diesem Land möglich machen.«

Aus dem Brief des NEUEN FORUMS vom 1.10.1989:
»Für uns ist die »Wiedervereinigung« kein Thema, da wir von der Zweistaatlichkeit Deutschlands ausgehen und kein kapitalistisches Gesellschaftssystem anstreben. Wir wollen Veränderung hier in der DDR.«

Bürgerbewegung »Demokratie jetzt«, Aufruf zur Einmischung in eigener Sache, 12.9.1989:
»Der Sozialismus muss nun seine eigentliche, demokratische Gestalt finden, wenn er nicht geschichtlich verloren gehen soll. Er darf nicht verloren gehen, weil die bedrohte Menschheit auf der Suche nach überlebensfähigen Formen menschlichen Zusammenlebens Alternativen zur westlichen Konsumgesellschaft braucht, deren Wohlstand die übrige Welt bezahlen muss.«

Demokratischer Aufbruch, vorläufige Grundsatzerklärung, 30.10.1989:
»Die kritische Haltung des DA zum real-existierenden Sozialismus bedeutet keine Absage an die Vision einer sozialistischen Gesellschaftsordnung. Wir beteiligen uns am Streit um die Konzeption des Sozialismus. ... Wir gehen von der deutschen Zweistaatlichkeit aus.«

Auch mal »gute« Strahlung
(Originalton aus meinem Jahresbrief 2010)
Im Frühjahr war ich eine Woche lang in einem Zimmer eingesperrt, zusammen mit einem zweiten Mann. Das klingt nach Knast, geschah aber ganz freiwillig. Die Mediziner hatten festgestellt, dass ich eine zu große

und überaktive Schilddrüse hätte. Das Rezept verordnete »Strahlentherapie«. Also packte ich Schlafanzug und Zahnbürste ein, durchschritt eine Schleuse und schluckte tapfer eine kleine Kapsel. Darin war radioaktives Jod, das nun in meine Schilddrüse wandern und dort das überzählige Gewebe be- und zerstrahlen sollte. Von der Einnahme an (die für mich eine hilfreiche Behandlung sein sollte) war ich für das Personal eine gefährliche Strahlenquelle! Ich musste Mundschutz tragen und gebührenden Abstand zu den Schwestern halten (mindestens zwei Meter), die sich auch nur wenige Minuten in meiner Nähe aufhalten durften. Die Luft aus unserem Raum wurde ständig abgesaugt, alles Wasser, alle Abfälle separat erfasst und beseitigt. Immerhin strahlte es in mir und aus mir heraus zu Anfang mit 142 Millionen Strahlenereignissen in jeder Sekunde (142 MBq). Das macht einen nachdenklich, und man hat auch genügend Zeit zum Grübeln, denn der Lebensraum besteht aus drei mal vier Metern Zimmerfläche und dem (sehnsüchtigen) Blick aus einem immer geschlossenen Fenster auf eine Kleingartenanlage. Deren Mitglieder hatten versucht, sich mit einer Bürgerinitiative die als bedrohlich empfundene Strahlentherapie-Einrichtung vom Leibe zu halten.

Die große Flut
(Originalton aus meinem Jahresbrief 2011)
Geprägt ist unser Jahr ganz wesentlich von der »großen Flut«, die am 31. Mai geschah. Es heißt zwar in einem alten Gassenhauer »Am 30. Mai ist der Weltuntergang ...«, bei uns kam das einen Tag später. Aus heiterem Himmel. Nachmittags. Es hatte länger nicht geregnet, die Felder waren ausgedörrt. Da erschienen dicke Wolken, von Süden her kamen sie gezogen, was nichts Gutes heißt, weil die sich über dem warm-feuchten Mittelmeer mit Wasser vollgesaugt haben. Ich setzte mich auf die Terrasse, um die Erfrischung zu genießen. Es platschte, die Tropfen waren ungewöhnlich groß und schwer. Nach zehn Minuten stand das Wasser auf der Wiese, ein Bach floss den Gartenweg hinunter. Ich ging nach oben in die Wohnung, um mir einen Kaffee zu kochen. Die Tasse stand sieben Stunden später noch immer ungetrunken im Wohnzimmer, denn ein Blick aus dem Fenster machte mich mobil. Im Bett des Dorfbachs schoss eine braune Flut talabwärts, er war schon bis oben voll, und es regnete weiter. Alarm! Erinnerung an die Flut, die uns im Sommer 2009 überrascht hatte. Ich wusste: Machen kann man jetzt ohnehin nichts, aber Dokumentieren. Ich lief von einem Fenster zum anderen, immer den Fotoapparat im Anschlag, und leider wurden

die Motive immer großartiger. 20 Minuten nach dem ersten Regentropfen kam die FLUT. Von den Feldern im Tal hinter unserem Haus wälzte sich ein breiter brauner Strom durch unseren Garten. Er nagte und fraß und fetzte einen tiefen Graben hinter unserem Haus in die Wiese (bis zu 5 Meter breit und 2 ½ Meter tief). Im Gemüsegarten schwamm der Mutterboden einfach fort. Und vor dem Haus, wo vor wenigen Monaten ein ordentlicher neuer Fuß- und Fahrweg ausgebaut worden war, riss das Wasser das Geröll auf die Wiese und an der Stelle, wo der Fußweg gewesen war, schoss der Strom in einem fast einen Meter tiefen Graben hinunter. Vor der Haustür staute sich die braune Flut.

Wir hatten – eigentlich mehr als kuriose Erinnerung, so hatten wir gemeint – von der letzten Fluterfahrung vor zwei Jahren her noch einige Sandsäcke im Keller stehen, die stellte ich den Wassermassen nun etwas hilflos in den Weg. Im Keller pladderte es zu den geöffneten Fenstern herein, als ich das bemerkte, stand ich schon knietief im braunen Modder. Inzwischen hatte es draußen aufgehört zu regnen (eine reichliche halbe Stunde lang mit gemessenen 116 Litern pro Quadratmeter). Aber das Wasser strömte zunächst weiter im Tal zusammen, Schuppenteile, Plastefässer, Gartenstühle, Kaminholz wirbelten durcheinander. »Spaziergang« unterm Schirm zu den Nachbarn. »Hilfe«-Rufe aus dem ersten Stock. Die Wohnetage war längst überflutet! So auch im nächsten Haus, und ein Stück weiter wieder ... Die Feuerwehr kam. Wo zuerst anpacken? Unerwartete Helfer traten auf den Plan. Ein paar junge Leute schippten zunächst vor unserem Grundstück das Geröll von der versperrten Straße. Ich kannte die nicht. Aber als im Weitergehen einer flapsig fragte, ob bei mir vielleicht auch was zu retten wäre, erinnerte ich mich an meinen Keller. Schnell waren Eimer und Schaufeln zur Hand, und dann wateten fünf mir völlig fremde Leute im Schlamm herum, schaufelten den Lehm ein und schleppten die Eimer ins Freie. Wir stellten alles, was vom Mobiliar noch zu retten war, hoch, und wir spritzten den klebrigen Brei von den Fußböden. Stundenlang. Auf uns allein gestellt hätten wir später wochenlang damit zu tun gehabt. Unsere »Engel« – das waren Jugendliche aus einem Heim für »U-Haftvermeidung« im Nachbardorf, also eigentlich Kriminelle, Asoziale ... Ausgerechnet die hatten gespürt, dass sie hier vielleicht gebraucht würden, und waren freiwillig im Freizeitlook in den Schlamm marschiert ... Meine Frau kam spät abends aus der benachbarten Stadt Glauchau nach Hause und war etwas überrascht – dort hatte es nur ein wenig geregnet ... Am nächsten Tag sah es gar nicht gut aus. Viele Menschen im Dorf hatte es weit schlimmer erwischt als uns, total überflutete Keller und Wohnzimmer. Bei uns lag »nur« der Schotter vom Weg in der Wiese, aus dem Keller war vieles nur noch als Müll zu bergen oder aufwendig zu reinigen. Unsere zerstreuten Schafe (den Elektro-Zaun hatte die Flut weggerissen) waren bald wieder eingefangen. Ich stopfte die tiefen Löcher in den Gemüsebeeten mit vielen Schubkarren voller herangekarrter Erde.

Nicht zustopfen konnten wir den »Grand Canyon« im Garten – in den nächsten Wochen hielten immer wieder Katastrophen-Touristen auch bei uns an zur Besichtigung. Der Gärtnerin geliebte Erdbeeren waren nicht mehr genießbar (von den gedüngten und gespritzten Feldern war alles Mögliche auch durch unseren Garten geschwommen). Die Schlammlawine hatte auch das hohe Gras niedergewalzt – also kein Heu dieses Jahr, aber trotzdem war es aus der Wiese zu fitzen und als Müll zu beseitigen, dann viel Rekultivierung, um aus dem schlammigen Geröllfeld wieder eine Wiese zu machen.

(Nach 2009 und 2011 hatten wir in unserem Dorf die nächsten Hochwasserereignisse in beunruhigend dichter Folge in den Jahren 2013, 2014 [2x] und 2021 [2x]).

Stolpern über meine fremden Eltern
(Originalton aus meinen Jahresbriefen 2012 und 2013)
Ich habe gerade mit alten Briefen zu tun, die es eigentlich gar nicht mehr geben dürfte/sollte. Ich habe mich immer geärgert, dass auf den geräumigen Dachböden meiner Eltern Kisten standen mit vergilbenden Papierhäufchen, manche liebevoll mit Bändchen verschnürt, manches auch in Schnellheftern zusammengefasst. Sie wanderten bei jedem Umzug mit und waren dann wieder 20 Jahre lang (fast) vergessen. Nun sind meine Eltern schon viele Jahre tot. Inzwischen stand ihr »Erbe« aus unsortierten Urkunden und Tagebüchern und Jahreskalendern und Briefen und Fotos auf unserem Dachboden. Ballast, sperrig, ärgerlich. Endlich vor einem Jahr hatten wir die Kartons mal grob gesichtet. Geht uns das überhaupt etwas an, Papiere, die ja doch auch sehr persönliche, intime Mitteilungen enthalten? Altes Zeug, Weltkriegskorrespondenz und Liebesbriefe. Manches haben wir weggeworfen, einiges wanderte zurück in die Warteschleife. Und nun, als Rentner, räume ich mancherlei auf – und da stolperte ich wieder über die Kisten. Oberflächliche Lektüre, Blättern in einem Haushaltsbuch meiner Großmutter aus den 1930er Jahren, in zufällig obendrauf liegenden Briefen: Junge Leute Mitte zwanzig (darunter meine späteren Eltern) tauschen

sich im Krieg zwischen Front und Heimat über ihre Erfahrungen, über ihre Liebe und ihre Ängste aus. Ich blieb hängen. Es lohnte sich plötzlich, selbst alte kleine Notizkalender durchzublättern (wenn es z. B. um den des Jahres 1942 von meinem Vater geht, der im November gerade noch dem Kessel in Stalingrad entkam, oder um das Notizheft meiner Mutter, in dem sie knapp Auskunft gibt, was sie im Jahr 1945 erlebt und bewegt). Und siehe da, die Sammlung erwies sich als sehr ergiebig. Komplette Briefwechsel zwischen Mädchen und Soldaten, zwischen herangewachsenen »Kindern« und ihrem elterlichen Zuhause, über die schicksalsschweren Jahre 1933 bis 1945 ziemlich lückenlos aufbewahrt und ordentlich abgeheftet, dazu einige Tagebücher – eine Fundgrube! Ich tauchte ein in diese vergangene Welt. Endlich wurden manche Fragen zu den Lebensläufen meiner Eltern- und Großelterngeneration beantwortet, die wir vergessen hatten, mit ihnen zu besprechen, als sie noch lebten. Solange man dicht beisammen ist, meint man ja, das Wesentliche voneinander zu wissen. Jetzt tauchten so nicht erwartete Ansichten und Verflechtungen auf. Welche Rolle hatte der Zeitgeist (und vor allem der Un-Geist) des »Dritten Reiches« auch in der Prägung dieser eigentlich so normalen bürgerlichen Familien gespielt!? Wie waren sie mit den tiefen Brüchen in ihren Lebensläufen zurechtgekommen? Gescheitert? Gescheiter geworden? Ich habe in den letzten Monaten viel mühselige Übersetzungsarbeit geleistet, krakelige Sütterlinschriften enträtselt und spannende Entdeckungen in den Computer eingetippt. Meine Mutter schreibt in ihrem Tagebuch am 18.4.1945:

»Vielleicht lohnt es doch, das Geschehen dieser bewegten Zeit festzuhalten. Wenn ich einmal einen Sohn haben werde, soll er wissen, wie seine Eltern in diesen schwersten Tagen deutscher Geschichte dachten, fühlten, handelten. Darum drängt es mich, das Erlebte aufzuschreiben ...«

Aha, das ist also sogar für mich aufgeschrieben worden! Ich darf, ich lese, ich grüble ...

Fast zweitausend Briefe habe ich gelesen (Sütterlin!), dazu noch diverse Tagebücher, Kalender, Urkunden, und aus all den Unterlagen das abgeschrieben, was mir nicht nur familiengeschichtlich, sondern vor allem zeitgeschichtlich interessant und bewahrenswert erschien. Inzwischen ist der Textbestand im Computer auf über 400 Druck-Seiten im Format A4 angewachsen, eine dichte Beziehungsgeschichte, die von drei jungen Leuten handelt, die sich in jenen dramatischen Jahren zwischen 1933 und 1945

Briefe schreiben, über Gott (wie hältst Du's mit der Religion?) und die (nationalsozialistische) Welt austauschen, streiten ... Rundum Krieg und Barbarei und Alltag, meine (späteren) Eltern haben sich sieben Jahre lang nicht mehr gesehen, mein Vater erhält »Studienurlaub«, entkommt dem Schicksal seiner Kameraden in Stalingrad, zu Hause Examensprüfung, Kaffeeplausch, ungeplantes Wiedersehen mit seiner Jugendliebe Margarete, und zwei Tage später verloben sie sich, er fährt zurück nach Stalingrad, und nun bleibt (wieder) nur noch das Briefeschreiben, im Abstand von wenigen Tagen. Deutliche kritische Einsichten des Soldaten prallen mit der Treue zum System bei seiner Geliebten zu Hause zusammen. Sie heiraten ein halbes Jahr später und ringen weiter.

Ich habe einigen Mitmenschen zugemutet, mal intensiver in den Texten zu blättern. Die Reaktionen waren ganz unterschiedlich. Zeitgenossen meiner Eltern, Menschen, die diese Zeit selbst erlebt haben, tauchten – angeregt von der Lektüre – noch einmal in diese Zeit ein, und sie schrieben und erzählten endlich über ihre eigenen Erfahrungen, dabei kam manches zum Vorschein, was auch sie bisher so noch nie in ihren Familien erzählt hatten. Und die jungen Leute, die Enkel meiner Eltern, für die das eigentlich so weit weg ist wie die Französische Revolution? In Einzelgesprächen und bei »Seminaren« im kleinen Kreis gab es nicht nur Betroffenheit, es zeigte sich ein erstaunlich großes Interesse – wie hätte ich mich wohl verhalten unter diesen Umständen? Mit GUT und BÖSE, RICHTIG und FALSCH ist das wohl doch nicht ganz einfach.

Tja, was nun? Eigentlich fast zu schade, dass wir von diesen Texten und Geschichten nur innerhalb der Familie wissen. Vielleicht könnten ja auch andere Menschen am Schicksal dieser drei relativ normalen, unbekannten Bürgerkinder Spannendes entdecken, wie eine Diktatur Menschen vereinnahmen, begeistern, verbiegen, stumpf werden lassen – oder auch nachdenklich machen kann. Die gedruckte Fassung sieht ein wenig nach einem Buch aus ...
(Nachtrag: Aus den Briefen und Tagebüchern ist dann wirklich ein Buch entstanden, das 2016 unter dem Titel »Fremde Eltern« erschien.)

Krause Gedanken
(Originalton aus meinem Jahresbrief 2013)
Manchmal treiben mich auch sehr ernste Gedanken um, religions- und kirchenkritische zumal. Mich beunruhigt ganz aktuell, wie Martin Luther trotz seines schlimmen Antisemitismus unbehelligt als Lichtgestalt im

Vorausblick auf die 500-Jahr-Feier der Reformation auf dem Sockel stehen darf. Ich habe zunehmend Schwierigkeiten damit, als Mensch im aufgeklärten 21. Jahrhundert die althergebrachten Glaubenssätze in kirchlichen Bekenntnissen einfach immer weiter so nachzusprechen. Das glaube *ich* doch nicht wirklich. Lehrformeln aus der Antike, alt-ehr-würdig, verwirrende theologische Konstruktionen, aber mit ewiger Geltung? Dazu untrennbar verwoben mit den Weltbildvorstellungen vor zweitausend Jahren. Oder die wahrhaft himmlischen Werke sakraler Musik, die wunderschönen Choräle, die ich wegen ihrer manchmal un-säglichen Texte nicht mehr mitsingen will. Oder wenn manche meiner Mitmenschen verkürzend von einem immer nur lieben(den) Gott, von einer immer guten Schöpfung sprechen, und dabei ausblenden, dass Menschen (und Tiere und Pflanzen) auch ständig (Natur-)Katastrophen, Leid, Schmerzen, Verzweiflung, Tod erleben – ohne eigene Schuld, einem grausamen, ungerechten, unergründlichen Schicksal ausgeliefert, dann beunruhigt mich das tief. Wie steht es da mit der Allmacht und mit der Güte Gottes – will er nicht oder kann er nicht helfen? Die Fragen sind nicht neu, ich weiß, aber *ich* komme damit nicht klar. Gottesvorstellungen revidieren, auf Gott ganz verzichten? Lässt sich ein solches, sich als ewige und unveränderliche Wahrheit verstehendes Glaubens-System überhaupt reformieren (umgestalten)? Ist eine »allein-selig-machende« Religion nicht vom Grundsatz her notwendig intolerant? Ich möchte die großartige, auf religiösem Fundament gewachsene Kultur (Musik, Malerei, Skulpturen, Bauwerke) nicht missen. Auch eine Welt ohne den aufopferungsvollen Einsatz vieler christlich geprägter Menschen in den verschiedensten Bereichen sozialer Arbeit ist mir schwer vorstellbar. Aber Christ sein heißt ja nicht (nur), sich am vorbildhaften Leben des Menschen Jesus und seinen revolutionären Maximen auszurichten, sondern an den »Christus« zu glauben, wie ihn Frömmigkeit und Theologie ausgestaltet und dogmatisiert haben, einschließlich Gottessohnschaft, Jungfrauengeburt, stellvertretendem Opfertod (er ist *für mich* gestorben?, hat dadurch die *ganze Welt* gerettet?) und Höllenfahrt und Auferstehung und Himmelfahrt. Doch welche Lücke entstünde mir ohne die bildgewaltigen und symbolträchtigen und tiefsinnigen Geschichten und Weisheiten biblischer Erzähltradition? Andererseits: Warum blenden wir die unbequemen, manchmal schrecklichen Züge aus, die Gott nach biblischem Zeugnis auch hat, der Kriegs- und Rachegott, nach dessen Willen die Anhänger anderer Religionen auszurotten sind, Hexen und Homosexuelle getötet werden sollen. Auch im Neuen Testament wird noch gedroht: »Wer nicht in mir bleibt (d.h. an mich glaubt), der wird weggeworfen wie eine Rebe und verdorrt, und man sammelt sie und wirft sie ins Feuer und sie müssen brennen.« Ernstnehmen, ausblenden? Ich bin in einer christlichen Umgebung geprägt worden, habe vieles als selbstverständlich aufgesogen und aufgenommen und verteidigt. Aber woran ich glaube(n soll), der in der Tiefe tragende Grund – der ist mir zunehmend unverständlich geworden, abhanden gekommen. Ich frage, ich suche, ich weiß nicht. Und ich möchte auch niemandem weh tun. ...

Asoziale Elektronen
(Originalton aus meinem Jahresbrief 2016)
... Vieles in unserer durchelektronisierten Welt verstehe ich nicht (mehr). Manches geht mir einfach zu schnell. Oft hätte ich gern ein paar mehr Informationen, objektiv zusammengestellt (aber wem kann ich trauen?), um mir ein Bild von der komplexen Lage zu machen. Meist aber hätte ich gern weniger Informationen, weil ich all das, was auf mich medial einstürmt, in seiner Breite und Tiefe gar nicht an mich heranlassen will und darf, weil es mich überfordert. Ich habe Angst vor den vielen wissbegierigen Computern (in Smartphones, Waschmaschinen, Ladenkassen, Suchmaschinen, Bankterminals ...), die mir das Leben eigentlich leichter, überschaubarer machen sollen (und oft genieße ich das ja auch), die aber immer mehr bestimmen, wie ich leben kann-soll-muss, was von der Welt ich überhaupt noch wahrnehme. Ich hinterlasse überall digitale Fingerabdrücke, werde immer durchsichtiger für die Sammler hinter dem Daten-Staubsauger, die längst mehr über mich wissen als meine besten Freunde, und die nichts vergessen, ich werde berechenbar, manipulierbar, erpressbar. Bald wird diese digitale Parallel-Welt mich unvollkommenes Menschenwesen gar nicht mehr brauchen, so fehler-behaftet und gefühls-gestört wie ich bin. Und wenn ich tapfer weiter auf Landkarten und Wegweiser vertraue statt auf Navis, wenn ich versuche, mir selbst die notwendigen Dinge zu merken und zu verstehen, statt mich allein auf's GOOGELN zu verlassen, wenn ich mein Uralt-Handy nur selten (zum Telefonieren!) in Betrieb nehme, wenn ich nicht virtuellen Pokémons hinterherlaufe – da weiß ich durchaus, dass ich so für viele Mitmenschen nicht nur alt-modisch, sondern einfach nicht mehr existent bin. Der unmittelbare (soziale = gesellige) Kontakt miteinander findet immer seltener statt und hat sich mehr und mehr in die »sozialen« Netzwerke verlagert. Eigentlich erlebe ich diese zunehmend als ASOZIAL, auch weil es wegen des Fehlens eines lebenden menschlichen Ge-

genübers offenbar viel leichter fällt, andere hemmungslos zu beschimpfen, mit Scheiße zu bewerfen (Shit-Storm!) und zu vernichten (zunächst erst mal nur mit Worten). Meine Angst vor dem Tag, an dem das Internet zusammenbricht oder nur der Strom ausfällt. Was geschieht dann, wenn alle nur noch auf leere Displays starren? Unsere fast schon totale Abhängigkeit von diesen eigentlich so allgegenwärtig-übermächtigen und doch so sensibel-störanfälligen Systemen, das ist nicht nur ein organisatorisch-technisches (Überlebens-)Problem.

Zum Wort des Jahres ist gerade »postfaktisch« gekürt worden. Man vertraut vorrangig seinen Bauchgefühlen, glaubt (und »liked« und »teilt« mit seinen »Freunden«) einfach nur noch das, was ins eigene Weltbild passt, unabhängig vom Wahrheitsgehalt, und findet für diese Weltwahrnehmung natürlich im Internet auch reichlich Bestätigung (der größte Unsinn darf da ungestraft verbreitet werden!), und man lässt die Tatsachen, die wirklichen Fakten, einfach an sich abprallen – auch das ist eine Un-Kultur, zu der die Verhaltensweisen in den a-sozialen Netzwerken viel beitragen. ...

Das C-Wort
(Originalton aus meinem Jahresbrief 2020)
Am liebsten würde ich (fast) alles, wo 2020 drauf steht, ganz weit nach hinten wegpacken oder genüsslich zusammenknüllen und dieses merkwürdige Jahr fröhlich noch einmal neu starten. Aber – das Leben ist kein Computerspiel, solch ein Jahr zählt (eben, leider, zum Glück) gleichwohl, und wir haben ja doch weitergelebt, von Tag zu Tag, wenn auch mit mancherlei Beschränkungen, die nicht nur die persönlichen Begegnungen betreffen. Wie wenig waren die meisten von uns wirklich betroffen – aber die schlechten Nachrichten erreichten uns eben doch: manche traf es auch SEHR und HART! Sonst aber: Das Klopapier war knapp. Die Familien hockten wochenlang ganz eng aufeinander (ein Zustand, den wir sonst ja für Weihnachten immer gezielt organisieren). Man entdeckte, was man eigentlich alles nicht braucht. Es lohnte sich kaum noch, rauszugehen, jedenfalls nicht mit einem Ziel: kein »Italiener« oder »Chinese« durfte locken (er war stattdessen down-gelockt), überall auch kulturelle Wüste. Für materielle Notstände ließ der Staat inflationär Geld drucken, auf ein paar Milliarden (mit schwer vorstellbaren neun Nullen nach der Ziffer!) mehr oder weniger kams nicht mehr an, und mancherlei Not wurde dadurch sicher gelindert. Oder verschoben, denn: Irgendwann muss die Rechnung bezahlt werden! Wann? Von wem? Zum Nachrechnen: 100 Milliarden Euro, die

da »gepumpt« werden, bedeuten für jeden der 83 Millionen Menschen in Deutschland 1.200 Euro Schulden, zusätzlich zu den 25.000 Euro pro Kopf, mit denen sich die öffentlichen Kassen von Bund, Ländern und Kommunen schon bisher verschuldet haben. Ist vielleicht doch mal an ein »Notopfer« zu denken, an eine Vermögensabgabe, einen Lastenausgleich, zu leisten nur von wenigen Prozent der Reichsten in der Gesellschaft, bei denen in den letzten Jahrzehnten durch Können und Glück besonders viel »kleben« geblieben ist? Ich bin »denen da oben« übrigens dennoch ziemlich dankbar, dass und wie sie versucht haben, unser Staatsschiff durch die rauer werdende See zu steuern. Es gibt ja befremdlich viele Hilfs-Navigatoren, die kreuz und quer denken und genau wissen, was alles schief geht und wer dran schuld ist – aber keine konstruktive Idee für einen besseren Kurs einbringen …

Mittendrin in der ersten Welle erhielt meine Frau, Oma Ellen, von Enkelkind Arya, Schulkind in der ersten Klasse, eine E-Mail, die erste, welche sie selbst geschrieben hat:

»narich von arya

libe oma eln – ich froi mich schon wen wi unswider treffen kön unt uns gechichden aseln un miteinanda spiln unnt einanda bücherlesen nardem goronawirus – daine arya«

»Mit fröhlichen Grüßen« …?

(Originalton aus meinem Jahresbrief 2021)

Seit einiger Zeit schreibe ich unter meine Briefe und E-Mails oft: »Mit fröhlichen Grüßen«. Warum eigentlich? Bin ich denn wirklich froh, sieht es denn tatsächlich erfreulich aus in der Welt – oder schreibe ich das einfach aus Bockigkeit: »Trotz alledem«?

Ich denke, da steckt doch ganz bewusst die Erinnerung (Mahnung?) drin, die mir gerade jetzt wichtiger geworden ist: Warum geht es mir so gut (trotz mancher Zipperlein)? Warum bin ich in Mitteleuropa geboren und nicht etwa in Niger (dem derzeit ärmsten Land der Welt)? Nicht mein Verdienst. Warum ist mir in meinen langen 75 Lebensjahren Krieg (als unmittelbare Erfahrung) erspart geblieben? Glück, Gnade der späten Geburt?

Ich fühle mich geborgen in diesem, meinem Deutschland, trotz aller Turbulenzen – mit seinen vielfältigen Landschaften (wir haben ALLES außer Wüste), mit seiner Demokratie (etwas zerzaust und wirr derzeit, aber sie funktioniert brauchbar, alle anderen Herrschafts-Modelle sind mir viel grauslicher), mit den Begabungen eingewanderter Menschen (z. B. Uğur Şahin und Özlem Türecies – es ist kein Naturgesetz, dass wir so schnell gute Impfstoffe nutzen konnten), mit den meisten meiner Mit-Menschen (den Kindern, den ins Homeoffice geschickten, auch mit den meisten der politisch Verantwortlichen – wäre mir denn wirklich immer was Besseres eingefallen?), die geduldig versuchen, mit einem geREGELten Leben zurechtzukommen. Ich hab ja gut beobachten können, als Bezieher einer (einigermaßen) sicheren Rente, spazierengehend in meiner ländlichen, auch im Lockdown eigentlich immer offen stehenden kleinen Welt. Und da ist mir zunehmend einfach nach Dankbarkeit zumute – und eben nach »fröhlichen« Grüßen.

Es sind schon aufregende und gleichzeitig auch etwas verwirrende Zeiten – manchmal komme ich mir wie in einer Zeitschleife gefangen vor: Hatten wir das nicht alles schon mal, die sich auf- und abschaukelnden Krisen-Symptome, die Meinungsäußerungen der Warner und der Beschwichtiger, die halbherzigen, aber doch immer wieder unangenehmen Maßnahmen, das schöne Gefühl von VORBEI und NORMAL und doch das latente WISSEN darum, dass wir noch WEITER mittendrin stecken, viel besser abgesichert und abgepuffert zwar als die meisten Menschen auf der Welt, aber OHNMÄCHTIG (= wir haben's nicht im Griff), diesmal gegenüber einem sooo kleinen Virus-Wicht?! Eine ganze hochtourige Welt-(= GLOBALisierte)Wirtschaft gerät ins Trudeln. Der Zusammenhalt in der Gesellschaft wird bröcklig. Und ich habe gelernt: Eigentlich bin ich auch kein lupenreiner Demokrat. Ich bin kein Freund der (allzu) direkten Demokratie. Volksbefragungen etwa als häufig eingesetztes Mittel, um den unmittelbaren Willen des »Volkes« direkt zu ermitteln, erscheinen mir höchst problematisch, vor allem in aktuell aufgeheizter Stimmung ...

(Das habe ich am Jahresende 2021 geschrieben, obwohl Syrien und Afghanistan doch so nahe waren, und da gab es ja auch Trump, Erdogan, Xi Jinping [auch Putin] mit beunruhigendem National-Größen-Wahn. Diese Welt war nicht unbedingt ein Anlass zu ausgelassener Fröhlichkeit. Vergessen, verdrängt, Gewohnheit? – Bis im Februar 2022 mit den ersten Raketeneinschlägen in der Ukraine viele meiner Gewissheiten und Überzeugungen ganz grundlegend in Frage gestellt wurden.

»Am Abend mancher Tage, da stimmt die Welt nicht mehr« – jaja, aber das hatte diesmal eine ganz andere Dimension.

War es vielleicht nur eine Illusion, dass »christliches Abendland«, »Aufklärung«, »Humanismus«, »Lehren ziehen aus der Geschichte«, »Demokratie«, »Weltoffenheit«, »Toleranz« uns dauerhaft fit gemacht haben für »Freiheit, Gleichheit, Brüderlichkeit«, uns immun gemacht haben gegen jegliche Rückfälle in die Barbarei vergangener Zeiten? Bildet vielleicht unsere ganze westliche Zivilisation nur eine verletzliche dünne Haut, unter der vieles Urtümlich-Brutale lauert, das schnell geweckt werden, jederzeit [wieder] hervorbrechen kann?

Und dennoch möchte ich weiter auch all das Gute und Schöne und Mutmachende in der Welt sehen dürfen, und manchmal auch einfach fröhlich sein ...)

Acht Milliarden
Wir sind jetzt, Ende des Jahres 2022, 8 Milliarden Menschen auf diesem schönen blauen Planeten (in Ziffern: 8.000.000.000). Als ich 14 Jahre alt war, wurde gerade die 3-Milliarden-Grenze überschritten. Wir sind alle Nachbarn in der EINEN Welt. Wir alle leben in der verständlichen Hoffnung/Erwartung, ein menschenwürdiges Dasein führen zu können, ausreichend trinkbares Wasser, Nahrung, Kleidung und eine Wohnung zu haben, Zugang zu medizinischer Versorgung und Bildung, einen Arbeitsplatz zu finden, zu leben in einer gesunden Umwelt, mit funktionierender Infrastruktur, mit sozialer Absicherung bei Krankheit und im Alter ...

Auf den Weg
(Unter den »fröhlichen Grüßen« stehen derzeit als Anhang in meinen E-Mails die folgenden Zeilen)

Seid besinnlich und kommt zur Besinnung,
findet Ruhe und stiftet Unruhe,
sucht Geborgenheit und geht der Welt draußen auf den Geist,
seid gemütlich und habt Mut,
freut euch am gefüllten Teller und schaut über den Tellerrand,
würdigt die alten Traditionen und seid neu-gierig:
auf euch selbst und auf das Unbekannte,
bleibt auf der Hut und behütet einander,
übt Geduld und seid ungeduldig,
denkt geradlinig und nicht quer,
bewahrt Weitblick und langen Atem,
macht was – aus jedem einzelnen Tag.

Zum Autor

Joachim Krause, geboren 1946 in Ehrenhain in Thüringen; seit 1953 Dorfkinderzeit in Schönberg / Westsachsen; 1965 Abitur in Meerane, danach Studium an der TU Dresden, 1970 Abschluss als Diplom-Chemiker, 1970 bis 1982 wissenschaftlicher Mitarbeiter in der Zentralstelle für Korrosionsschutz in Dresden; Textdichter für die Rockmusik-Gruppen Lift, Panta Rhei, Klaus Lenz, Puhdys; ab 1978 aktiv in der kirchlichen Umweltbewegung der DDR; 1979 bis 1982 Fernstudium der Theologie; wohnt und lebt seit 1982 wieder in Schönberg bei Meerane; 1982 bis 2010 Beauftragter für Glaube, Naturwissenschaft und Umwelt in der Evangelisch-Lutherischen Landeskirche in Sachsen; verheiratet, vier Kinder, sieben Enkel.

**Weitere Veröffentlichungen des Autors
zu den im Buch schon genannten Publikationen:**

»Was Charles Darwin geglaubt hat« (2012, Wartburg Verlag Weimar), vergriffen – im Internet: http://www.krause-schoenberg.de/SB45_Was_Charles_Darwin_geglaubt_hat.pdf

»Die Verschiebung des Horizonts – eine Spurensuche im Terminkalender« (2014, Wartburg Verlag Weimar) – vergriffen, im Internet: http://www.krause-schoenberg.de/buch_JK_horizont.htm

»Am Abend mancher Tage – eine Spurensuche in Mitteldeutschland« (2008, Wartburg Verlag Weimar, 2 Auflagen), vergriffen (Im Internet kann man einige Rezensionen zu dieser ersten Ausgabe des Buches lesen unter www.krause-schoenberg.de/am_abend_rezension_czabka_14-03-08.htm)

»Fremde Eltern. Zeitgeschichte in Tagebüchern und Briefen 1933 –1945«
(2016, Sax-Verlag, Beucha/Markkleeberg, 3 Auflagen) – Infos im Internet:
http://www.krause-schoenberg.de/sachinfos_MeineFremdenEltern.html

ISBN 978-3-86729-177-4
Format 23 x 15 cm
Hardcover, 408 Seiten
69 schwarz-weiße Abbildungen
Preis 24,80 €

Brisante Entdeckung auf dem Dachboden: Lange nach dem Tod seiner Eltern (1995/2000) und 70 Jahre nach dem frühen »Heldentod« seines Onkels findet Joachim Krause fast 2000 Briefe, die sie sich in den Jahren 1933 bis 1945 geschrieben haben, dazu einige Tagebücher.

Wie beim Zusammensetzen eines Puzzles gewinnt in den Texten nach und nach ihr damaliges Denken, ihr Leben und Handeln Konturen. Die drei jungen Leute suchen Orientierung, und sie streiten – über den Nationalsozialismus und die Juden, über den Sinn von Krieg und Tod, über Sexualmoral und Glaubensfragen. Die Mutter erweist sich als glühende Verehrerin Hitlers, der Onkel als fanatischer Offizier, nur der Vater bewahrt sich eine gewisse kritische Distanz zur nationalsozialistischen Ideologie. Ihre Briefe werden zu authentischen Zeugnissen der Zeitgeschichte.

▶ Mitteldeutscher Historikerpreis »Jahresring«, 2018, 1. Preis

»Solch ungeschönte Stimmen aus der Vorzeit lassen uns begreifen, welcher Welt die heutige entstammt. Wir hören, wer unsere Eltern waren, bevor wir sie kannten.« (Christoph Dieckmann)

» […] Die Lektüre zeigt nicht nur, wie Millionen Menschen, infiziert mit demagogischer Propaganda, damals gedacht und gehandelt haben. Sondern auch, wie darüber millionenfach geschwiegen wurde und wird. […]«
(Christoph Kuhn in »Der Sonntag« vom 9. Oktober 2016

»Der Wert einer solch umfangreichen Dokumentesammlung zeigt sich in ihrer Differenziertheit und Authentizität […] Das Buch rechnet nicht ab, es sucht Unfassbares zu verstehen.«
(Tomas Gärtner, in den »Dresdner Neuesten Nachrichten« vom 24. April 2017)

»Im Glauben an Gott und Hitler. Die ›Deutschen Christen‹ aus dem Wieratal und ihr Siegeszug ins Reich 1928–1945«

(2018, Sax-Verlag, Beucha/Markkleeberg, 3 Auflagen) –
Infos im Internet: http://www.krause-schoenberg.de/sachinfos_wieratal.htm

ISBN 978-3-86729-212-2
Format 21 x 14.8 cm
Broschur, 128 Seiten
36 Schwarz-Weiß-Abbildungen
Preis 12,00 €

1927 kamen Siegfried Leffler und Julius Leutheuser – zwei junge Pfarrer aus Bayern – nach Thüringen in die Kirchgemeinden Niederwiera und Flemmingen. Es gelang ihnen in wenigen Jahren, die Lehrer, die Jugend und die Bauern in ihren Dörfern für den Nationalsozialismus und für die von ihnen ins Leben gerufene Bewegung der »Deutschen Christen« zu begeistern. In den Kirchgemeinden ersetzte eine neue »zeitgemäße deutsche Gottesfeier« den herkömmlichen Gottesdienst. Pfarrer Leffler wurde 1939 zum Leiter des sogenannten »Entjudungsinstituts« in der Lutherstadt Eisenach ernannt, das die Aufgabe hatte, alles Jüdische aus Theologie, Kirchenmusik und Gemeindeleben auszutilgen. Nach dem Kriegsende gelang es nur bruchstückhaft, sich mit der eigenen – persönlichen wie kirchlichen – Verstrickung und Schuld in der Zeit des Nationalsozialismus auseinanderzusetzen.

▶ Sächsischer Landespreis für Heimatforschung, 2018, 2. Preis

»... Die bisher nur bruchstückhafte Aufarbeitung ist durch diese Publikation um einen wichtigen Beitrag bereichert worden.
(Matthais Caffier in »Glaube + Heimat« vom 16.09.2018)

»Der Autor widmet sich allerdings nicht allein den christlichen Würdenträgern im Wieratal, sondern auch bekannten Lehrern, die Leffler und Leutheuser und den Nazis nacheiferten und sich sowohl in der NSDAP als auch bei den Deutschen Christen engagierten. Ihr Agieren im Hitler-Reich wird ebenso beleuchtet wie deren Schicksal nach Kriegsende.« (Jens Rosenkranz, OVZ, 13.09.2018)

»**Tracht und Tradition der Altenburger Bauern**«
Hrsg. zusammen mit Andreas Klöppel
(2018, Sax-Verlag, Beucha/Markkleeberg, 2 Auflagen)

ISBN 978-3-86729-227-6
Format 21 x 14.8 x 1 cm
Broschur, 196 Seiten
17 meist farbige Abbildungen
Preis 14,80 €

Carl Friedrich Hempel (1769–1857) kannte seine Altenburger Bauern und ihre Lebensart bestens aus eigener Anschauung und täglichem Erleben. Er wurde als Sohn des Schullehrers in Großlöbichau im Herzogtum Sachsen-Weimar-Eisenach geboren und war nach dem Studium in Jena zunächst als Lehrer in der herzoglichen Residenzstadt Altenburg tätig. 1804 übernahm er die Pfarrstelle im benachbarten Dorf Stünzhain, die er bis 1837 innehatte. Hempel hatte schon zuvor elf Schriften verfasst. Im Ruhestand machte er sich nun daran, das erstmals 1793 verlegte Buch des Altenburger Malers Carl Friedrich Kronbiegel »Über die Sitten, Kleidertrachten und Gebräuche der Altenburgischen Bauern« grundlegend zu überarbeiten und mit neuen Abbildungen versehen zu veröffentlichen. Darin setzte er dem Stand der Altenburger Bauern ein bleibendes Denkmal – in einer Zeit vielfältiger Umbrüche, in der mancherlei »merckwürdige Ceremonien« und Traditionen verloren gingen oder in Vergessenheit gerieten. In der »Bibliothek der Neuesten Weltkunde« (1839) wird die »geschmackvolle Ausgabe« dieses »interessanten Werkes«, dessen »Gegenstände mit der genauesten Sachkenntniß geschrieben und auf eine ebenso unterhaltende als befriedigende Weise vorgetragen sind«, gewürdigt und empfohlen. Die »Literarische Zeitung« (3.4.1839) lobt die »im Ganzen populär gehaltene, aber doch auch durch ihre Gründlichkeit und Frische höheren Anforderungen genügende Monographie« und die »sehr sorgfältig illuminirten Kupferstiche« als »sehr schätzbaren Beitrag zur Ethnographie unseres deutschen Vaterlandes«. Das Buch gewähre »mannichfaltige Unterhaltung« – das gilt auch noch fast 200 Jahre nach seinem ersten Erscheinen.

»Otto Delitsch in Leipzig – Geograph und Künstler«
(1. Auflage 2022, Sax-Verlag, Beucha/Markkleeberg)

ISBN 978-3-86729-275-7
Format 24 x 17 cm
Hardcover, 168 Seiten
170 vorwiegend farbige Abbildungen
Preis 24,80 €

Joachim Krause begegnet hier seinem Ururgroßvater Otto Delitsch, einem namhaften Leipziger Geographen. Delitsch (1821–1882) hatte ursprünglich Theologie studiert, war aber danach lebenslang als Lehrer an der Realschule I. Ordnung in Leipzig tätig. Schon früh kannte man ihn als Verfasser zahlreicher praktischer sowie methodischer Handreichungen für den Geographieunterricht in Schulen – er führte z.B. eine neue Art der Darstellung von Höhenschichten auf Landkarten ein, entwickelte auf Wachstuch gedruckte abwaschbare »stumme« Karten und er gestaltete eine große Schulwandkarte für das Königreich Sachsen. Otto Delitsch begründete die populärwissenschaftliche Zeitschrift »Aus allen Welttheilen«, war Mitbegründer des »Vereins für Erdkunde zu Leipzig«, rief an der Universität eine »Geographische Gesellschaft für Studirende« ins Leben und er gestaltete für die europaweit agierende Manufaktur die Vorlagen für deren in großer Zahl hergestellte Erd-Globen. 1874 wurde Delitsch zum außerordentlichen Professor für Geographie an der Universität Leipzig ernannt.

Von klein auf hat er sich sein Rüstzeug bei Beobachtungen im Freien, beim Zeichnen von Flurkarten, bei Vermessungsarbeiten im Gelände und auf ausgedehnten Wanderungen in seiner erzgebirgischen Heimat erworben. Der Drang nach lebendiger Anschauung führte ihn später auf zahlreiche Reisen durch Deutschland und halb Europa. Das Gesehene hat Delitsch in »Skizzenbüchern« aufbewahrt. Über 150 seiner bisher unbekannten meisterhaften Zeichnungen – Motive aus der mitteldeutschen Heimat sowie aus Italien, Frankreich und der Bergwelt der Alpen – legen davon Zeugnis ab und werden in diesem Buch erstmals veröffentlicht.

Zahlreiche Beiträge zu den verschiedensten Themen hat Joachim Krause auch in seiner **Schriftenreihe** »**Schönberger Blätter**« veröffentlicht (Inhaltsverzeichnis und Download unter http://www.krause-schoenberg.de/materialversand.html)